民國歷史與文化研究

五 編

第 **6** 冊

近代中國刑事審判制度研究
（1902～1937）

施 瑋 著

花木蘭文化出版社

國家圖書館出版品預行編目資料

近代中國刑事審判制度研究（1902～1937）／施瑋 著 — 初版
— 新北市：花木蘭文化出版社，2017〔民106〕
目 2+184 面；19×26 公分
（民國歷史與文化研究 五編：第 6 冊）
ISBN 978-986-404-890-8（精裝）
1. 刑事審判 2. 中國
628.08   106000601

ISBN-978-986-404-890-8

9 789864 048908

民國歷史與文化研究
五 編 第 六 冊
ISBN：978-986-404-890-8

近代中國刑事審判制度研究（1902～1937）

作　者	施瑋
總 編 輯	杜潔祥
副總編輯	楊嘉樂
編　輯	許郁翎、王筑　美術編輯　陳逸婷
出　版	花木蘭文化出版社
社　長	高小娟
聯絡地址	235 新北市中和區中安街七二號十三樓
	電話：02-2923-1455／傳真：02-2923-1452
網　址	http://www.huamulan.tw 信箱 hml810518@gmail.com
印　刷	普羅文化出版廣告事業
初　版	2017 年 3 月
全書字數	154514 字
定　價	五編 6 冊（精裝）台幣 10,000 元

近代中國刑事審判制度研究

（1902 ～ 1937）

施瑋 著

作者簡介

施瑋，1971 年出生。2011 年畢業於中國政法大學法律史專業，獲得法學博士學位。主要研究方向：中國近代法律制度、民法。現任教於安徽巢湖學院，副教授。

提　要

　　近代中國刑事審判體系是以大陸法系國家刑事審判制度爲藍本而構建，其形成也與當時特定的社會背景相聯繫。在刑事審判制度近代化過程中，引進近代西方法治原則，提倡審判獨立、公開審判，建立新式法院，選拔培訓新式審判人員。同時在刑事審判中確立了尊重當事人人權、罪刑法定、證據裁判、控審分離等近代刑事審判基本原則，並以此作爲中國近代時期刑事審判制度的基本理念。

　　但斯時刑事審判法律淵源的多元化，使得刑事審判活動呈現複雜局面，最高審判機關運用法律解釋權，通過司法創制的形式確立了大量判例和解釋例，很好解決了審判人員的困惑，並成爲這一時期各級刑事審判機關審判案件的重要法律依據。在制度研究的基礎上，通過適當引入刑事案例進行實證分析，闡明近代時期刑事審判的實際運行，可以一窺近代西式刑事審判制度在中國的本土化進程。

目

次

緒　言

一、論題解說

　　我國傳統刑事訴訟審判制度發展到了近代，隨著社會的轉型，審判理念、審判原則以及審判方式都發生了前所未有的變化。

　　刑事審判制度是司法制度的重要組成部份，在中國傳統法制發展過程中，傳統刑事審判制度不僅形成了自己鮮明的特色，而且積澱了豐富的法文化內涵和堅實的人文底蘊，成為展現中國傳統法制文明的一個重要窗口。鴉片戰爭以後，伴隨著西方列強的資本輸出和殖民擴張，中國源遠流長的法律傳統文化受到了來自西方工業文明和新型法律文化的嚴重衝擊。在這種情形下，從二十世紀初葉開始，中國法制文明與固有傳統發生決裂，逐步與世界法制的發展接軌，進入了廣泛而深入的、激烈而複雜的法制近代化歷程。而在中國「重刑輕民」的法制傳統中，刑事審判制度幾乎涵蓋了整個司法審判制度的絕大部份，刑事審判制度的變化與取捨一定程度上代表著刑事司法制度變革的方向。

　　加之在近代社會轉型時期，各種主客觀因素的推動使得清末的刑事司法制度加速向近代西式刑事制度轉化，由此西式刑事審判制度的引進與實踐就成為中國刑事司法制度近代化的一個重要縮影，而有關近代刑事審判制度發展變革的研究也成為深化中國近代法制史研究的重要學術課題。

　　本文以傳統刑事審判制度近代化為視角，通過收集、整理大量文獻、史料、案例、著述等資料，在前人已有研究的基礎上，闡述傳統審判制度近代化的具體實施，進而探究傳統刑事審判制度近代化的實施、近代刑事審判制

制度的調整與創制以及刑事審判制度趨新與附舊等方面的問題，對近代中國不同歷史階段傳統刑事審判制度的近代化變革進行深入探討，同時結合近現代刑事審判制度的基本理論，適當引進刑事案例進行實證探討。

本選題的研究擬始於清末變法修律，止於南京國民政府初期，歷經清末、南京臨時政府、北洋政府、南京國民政府等四個歷史階段。研究過程中，擬結合現代刑事審判的基本原理，就傳統刑事審判制度近代化過程中近代刑事審判制度的引進與創設、近代中國法官制度的創設以及刑事審判制度在近代中國的具體實踐等問題展開細緻探討，對清末至南京國民政府時期，中國刑事審判制度的變化作整體研究反思，以期完整地展現這一歷史時期刑事審判制度近代化以致本土化嘗試的變化進程，從而揭示傳統刑事審判制度近代化的路徑以及司法運行的實效，在此基礎上，試圖分析影響新式刑事審判制度難以完美付諸於近代中國司法實踐的多方制約因素。

本文在論證過程中，也將關注近代刑事審制度判近代化轉型中的有關司法理念、司法審判各個層次和階段的變化，通過對刑事審判制度運行的實證研究，發現刑事審判制度的中西差異性，總結其本土經驗性，並期望通過論證進而認為，成功的法制變革必須具備充足的社會政治經濟條件，必須與政治制度的完善相適應，必須與法律文化氛圍的建設和培養相協調，同時也必須考慮相關傳統因素的制約與影響。

二、相關研究成果述評

本人在資料收集整理過程發現，中國近代刑事審判制度的研究基本處於比較薄弱的狀態，學界鮮有專門的論文或論著論及此題。經過本人悉心整理，涉及近代中國刑事審判制度研究的論著主要有以下幾部：

張晉藩教授主編《中國司法制度史》、朱勇教授主編《中國法制通史》（第九卷）；郭成偉教授等著《清末民初刑訴法典化研究》以及張德美博士著《探索與抉擇──晚清法律移植研究》以及《從公堂走向法庭──清末民初訴訟制度改革研究》與李春雷博士著《中國近代刑事訴訟制度變革研究》等。綜合分析這些著作，我們可以看到，他們或是提綱挈領地論述了近代刑事訴訟制度的變化演變，從長時段上就刑事訴訟制度的宏觀變化趨勢進行研究，或者立足於研究刑事訴訟制度在清末民初轉型社會中變遷、傳承以及本土適應的複雜狀況，但並未就近代中國刑事審判制度的具體變革作專題性的研究，而且《清末民初

刑訴法典化研究》及《中國近代刑事訴訟制度變革研究》兩本著作是從宏觀的角度研究近代刑事訴訟制度的變革，有關刑事審判制度的專題性論述以及實證探究則沒有涉及，縱然如此，對於本文的啓發性也是不言而喻。

　　涉及到近代刑事審判制度某一專題性的研究成果主要有：李俊博士所著《晚清審判制度變革研究》〔註1〕、李啓成博士的專著《晚清各級審判廳研究》〔註2〕以及李超博士的專題論文《清末民初的審判獨立研究》〔註3〕，等均對近代刑事審判制度某些相關問題作了初步細緻的研究。但是李俊博士關於審判制度變革研究所選取的時間段僅限於晚清之前，對於民初及南京國民政府時期刑事審判制度的發展轉變卻並未涉及；李啓成博士研究的主題則是晚清各級審判廳的建構與運作，是對近代刑事審判制度所作的前期性研究，但有關民國時期的刑事審判制度卻並未涉及；李超博士的研究則主要以清末民初法院設置和法官選任爲中心，資料翔實，論證有據，是研究近代刑事審判制度不可迴避的研究素材，具有相當的參考價值，但對於近代刑事審判制度的實證研究卻付之闕如。另外韓秀桃博士專著《司法獨立與近代中國》〔註4〕，主要是側重於研究近代中國司法獨立的引進與實踐，這是研究近代時期審判獨立之基礎性研究，但有關刑事審判的具體運行也是闡述不足。

　　同時，有關中國近代刑事審判制度某一階段的研究論文也相對較少，經過收集整理主要有以下幾篇：

　　張生教授《民初大理院審判獨立的制度與實踐》〔註5〕，該文從審判權的獨立與推事的獨立兩個方面，闡述了大理院履行審判獨立的制度與實踐，以及大理院如何克服各種阻力實現審判獨立，指出特定歷史條件下，審判獨立難以在中國全面貫徹的原因，是研究晚近刑事審判制度所涉審判獨立的必讀論文；楊大春博士《論辛亥革命時期中國刑事審判制度的革新》〔註6〕該文以姚榮澤案爲線索，通過研究該案，指出該案的審理貫徹了司法獨立、公開審判、程序公正、無罪推定等刑事法律基本原則，說明該案是中國歷史上第一場控辯式審判，可以說是辛亥革命時期頗具里程碑意義的案件，對我們認識

〔註1〕中國政法大學2000年博士論文。
〔註2〕北京大學出版社，2004年版。
〔註3〕中國政法大學2004年博士論文。
〔註4〕清華大學出版社，2003年版。
〔註5〕《政法論壇》，2002年第4期。
〔註6〕《蘇州大學學報》，2001年10月第4期。

當時刑事審判制度的具體實施有參考價值，可惜時間僅限於民國初期，且有
關刑事審判的討論不免失之簡略；李啓成博士撰《領事裁判權制度與晚清司
法改革之肇端》〔註7〕指出了晚清司法改革的緣由之一，對於研究近代中國刑
事審判制度的近代化動因具有一定的啓發性，但並未就刑事訴訟審判變革進
行展開論述；郭志祥博士《清末和民國時期的司法獨立研究》〔註8〕則是主要
研究了清末和民國時期的司法獨立問題，對於研究近代中國刑事審判制度有
一定的啓發性。

在前述研究成果中，與本文近代中國刑事審判制度研究課題最爲相關的
當屬郭成偉教授等著《清末民初刑訴法典化研究》、李春雷博士的專著《中國
近代刑事訴訟制度變革研究》以及李超博士的《清末民初的審判獨立研究》，
客觀上啓發了有關刑事審判制度近代化的思考；韓秀桃博士的《司法獨立與
近代中國》、李俊博士的《晚清審判制度變革研究》以及李啓成博士的《晚清
各級審判廳研究》等論著於本研究也具有相當的啓迪意義。

綜合言之，有關近代刑事審判制度的研究，有的選題較爲寬泛，僅將刑
事審判制度作爲刑事訴訟制度整體的一部份予以研究，不屬於專題性論述，
系統性不足；有的則將近代刑事審判制度的有關研究局限於某一時期，僅僅
涉及某一時期或某一階段的研究，並沒有將刑事審判制度變革整體納入近代
時期這一宏觀視角進行研究，也有一些學者的理論研究相當成熟，可惜未有
涉及實證分析，這意味著有關中國傳統刑事審判制度近代化的系統研究尚屬
不足，特別是近代時期刑事審判制度理論與實證研究相結合的論題無人涉
及。爲彌補這一缺陷，我不揣冒昧，從宏觀著眼（時間上），微觀著手（審判
制度），並結合實證分析研究近代刑事審判制度之近代化。

三、重要概念說明

（一）時間限定

本文所謂「近代中國」之近代，並非通史意義上的近代概念，我們這裡
則是專指法律發展史上的「近代」，其時間斷限起自 1902 年（光緒二十八年），
在這一年清政府頒布了法律改革的詔書，並由此拉開了中國法律近代化的序
幕，迄至 1937 年抗戰開始，這個期間裏，中國近代法律的發展呈現出一種平

〔註7〕《比較法研究》，2003 年第 4 期。
〔註8〕《環球法律評論》，2002 年第 1、2 期。

穩過渡狀態，刑事審判法律制度也不例外。考慮到本文研究對象是近代刑事審判制度，而本階段近代中國刑事法律制度的發展，是從初步創立逐步走向相對成熟完備的連續趨勢，將研究所涉時間限定在這個時期內，該時期內刑事審判制度具有相當的穩定性，有助於系統研究問題，而不至於失之偏頗。

（二）法院

　　法院，就字面意義來看，是具有法律性質的組織性概念，本質上則是審判機構，與法官同爲最典型司法機關，是主要職掌或負責執行國家司法權的組織體系，具有解決社會糾紛、維護公平正義的功能。我國傳統社會，歷代中央政府都設有主管獄訟的司法機關。秦、漢時期設置的是廷尉，南北朝北齊時正式設置大理寺，作爲最高審判機關，增強了中央司法機關的審判職能，也爲後世健全這一機構奠定了重要基礎，隋唐沿用，一直到明、清。隋朝設置了主管司法行政兼理審判的刑部，有權參與重大案件的審理，對中央、地方上報的案件具有覆核權，以後歷代沿用此制。到明、清時，最高審判機關變爲刑部，大理寺則專掌覆核，清朝以刑部占居主導地位，地方從州縣、道府到督撫，均爲行政機關兼理司法審判。

　　清末的君主立憲及法律改革，引入西式審判體系，近代中國才出現了迥異於傳統審判體系的西式審判機構，審判機構名稱稱爲審檢廳或審判廳，武漢國民政府時期，在司法機構改革中廢止了審判廳的名稱，遂將審判機關一律改稱「法院」，這是我國歷史上首次把審判機關稱爲法院，一直沿用至今。此文中如無特別注明，所論法院皆是指近代意義上法律變革過程的審判機關。

（三）法官

　　傳說最早的法官是堯舜時代的皋陶，但我國歷代對法官的稱呼卻均不相同，諸如司寇、廷尉、推事、判官、司理，以至於近代時期的推事、承審員、審判員等等，可見歷代對司法官員的稱謂不一而足。在傳統中國，法官一詞最早見於戰國時期法家著作《商君書・定分》。該書記載：「天子置三法官，殿中一法官，御史置一法官及吏，垂相置一法官。諸侯郡縣，皆各置一法官及吏。」法官掌管法令，「吏民（欲）知法令者，皆問法官」。〔註9〕由此可以知道，傳統社會是將法官定位於職司審判職務者，也就是於訴訟過程中行使司法審判權，解決法律紛爭、救濟大眾受損權利之審判人員。

〔註9〕《辭源》第三冊，商務印書館，1981 年 12 月版，第 1749 頁。

自清末開始，一般將職司審判之官稱爲「推事」，有的法令又稱爲「法官」、「司法官」，審判官統稱法官則是自 1925 年以後武漢國民政府開始的。在南京國民政府時期，廣義的司法官包括法官（推事）、檢察官、書記官、監獄官以及司法警察、檢驗、執行人員等；狹義的司法官僅僅指推事和檢察官，其職權是不一樣的。〔註 10〕推事的職權就是審判民事、刑事訴訟案件；檢察官的職權主要區分爲下列四種：偵查刑事犯罪，指揮司法警察，監督監獄運作以及監督律師從業。故而近代中國以來一直將法官作爲司法官員的通稱，本文中法官專指近代中國從事刑事訴訟案件審判的司法工作者。

（四）刑事審判

根據英國《布萊克威爾政治學百科全書》的解釋，現代法理意義上的審判是指「（法院）在案件中，對有關各方之間的權利分配問題作出有拘束力的裁決，而這些權利被認爲原則上已爲現行法律所確定。」〔註 11〕說明現代性審判是一項重要的國家訴訟職能，由法院代表國家行使審判權。棚瀨孝雄則認爲，現代審判的主要目的是解決社會衝突、維護社會秩序，而法院則在其中起到中立第三者的作用，「圍繞對立的主張和論點進行爭議的當事者中間存在一個具有權威的第三者，通過這樣的三方相互作用把當事者爭論引導收斂到一個合理解決上的社會機制，就是審判。」〔註 12〕實際上說明了審判制度的中心環節是法院和審判。

刑事審判則是指法院在控辯雙方和其它訴訟參與人的參加下，依照法定的程序對於被提交審判的刑事案件進行審理並作出裁判的活動，也意味著刑事審判是「一種由法院代表國家對被告人的刑事責任問題作出最終和權威裁判的活動。」〔註 13〕作爲整個刑事訴訟的中心，可以說刑事審判是審判程序乃至整個訴訟過程的中心和決定性階段，而且就刑事訴訟的發展歷史看，刑事審判也是刑事訴訟的初始表現形態，我國固有法律傳統歷來重視刑事法律制度，刑事審判制度也很發達，在近代法律發展變革過程中，隨著西式刑事審判制度的引入，司法實踐中與本土固有制度的衝突不可避免，衝突的表現

〔註 10〕 張晉藩主編：《中國司法制度史》，人民法院出版社，2004 年 6 月版，第 534 頁。
〔註 11〕 《布萊克威爾政治學百科全書》，中國政法大學出版社，1993 年版，第 6 頁。
〔註 12〕 （日）棚瀨孝雄著，王亞新譯：《糾紛的解決和審判制度》，中國政法大學出版社，1994 年版，第 256 頁。
〔註 13〕 陳瑞華：《刑事審判原理》，北京大學出版社，1997 年版，第 7 頁。

形式有多種：民刑事的分立，司法體系的設置，專業審判人員的創立以及法治觀念，本論中刑事審判的研究重點定位於近代法官制度的設立，刑事審判的實際運行及司法實踐中的司法創制。

四、研究方法

　　本選題將主要以法學研究方法與史學研究方法相結合進行研究，本著嚴謹求實的科學態度，立足於微觀探討和宏觀考察，在閱讀大量文獻材料的基礎上，具體分析近代刑事審判制度的具體實施及其運行過程，以及最高審判機關爲融合我國固有法與移植法的衝突而施行之刑事司法創制等問題深入分析。具體而言，在採取法學與史學研究的前提下，還將採取以下研究方法：

　　（1）文獻分析法

　　進行學術研究，離不開對已有研究成果進行綜合梳理，文獻分析法是一種重要的學術研究方法，在進行本論研究過程中，作者也將運用文獻分析的方法，對收集的相關資料進行歸類整理並加以分析提煉，以便從宏觀上把握我國傳統刑事審判制度近代化進程，在充分佔有材料的基礎上，微觀上進行細緻分析，使近代刑事審判制度研究既有宏觀認識，又有微觀論證，以便從不同的角度觀察理解，使得該研究確實充分，論據有力。

　　（2）比較分析法

　　運用比較分析法，目的在於分辯事物之異同，評價其優劣良善，並由此提出相異之點，以提升研究的參考價值。比較研究方法，大體上有兩種，一是縱向的比較，通過將近代刑事審判制度與中國傳統審判制度比較分析，吸取歷史經驗，作爲當今刑事審判制度發展的借鑒；二是橫向的比較，相較於西方相對成熟之刑事審判制度，進行橫向的對比，以吸取西式刑事審判制度之優點與經驗，改善自身刑事審判制度之缺失。本文在比較研究的基礎上，運用西式近代刑事審判理論，在有關章節重點分析我國近代刑事審判制度近的實際運作情形，就司法實踐中的具體操作以及司法創製作詳盡探討。

　　（3）實證研究法

　　在上述理論研究的過程中，通過案例分析進行實證研究，以期從靜態和動態兩個方面來認識和把握近代刑事審判制度的運作情形，指出近代刑事審判制度在司法實踐中存在的問題，就司法運行中的審判機關定位、法律規則調適以及有關思想意識和價值觀念等重要問題進行綜合分析。

五、論證材料說明

　　法律史研究的重要基礎之一就是論證材料的選取，鑒於本文研究的是近代時期的刑事審判制度，因此本文論證材料以近代時期民國學者的著述為主，並參考民國時期的報刊雜誌等，同時近代時期制定的一些刑事法典也在參考之列，之所以如此，乃是希望本研究立足於當時情境，在把梳近代史料、近人著述的基礎上，洞悉時人思想，理解斯時社會，以便達到「同情的理解」，準確把握當時刑事審判的實際情形，使得本研究無限接近於真相。當然，在研究過程中，當代大陸以及臺灣學者的一些真知灼見亦給予本文充分的借鑒意義，為研究的深入展開進行了有價值的鋪墊。

　　有必要指出的是，本文實證研究部份，有關案例的選擇乃得益於本人自坊間覓得的兩本案例集：《京師地方審判廳法曹會判牘彙編（第一集）》、《直隸天津地方審判廳判牘彙刊》，為實證研究提供了第一手資料，也為研究近代時期刑事審判制度的實際運作提供了理論論證的重要基礎。就作者有限的研究所見，該兩本案例集乃是第一次以研究資料的形式見諸於世，可以說是新材料，同時也期望其它研究者就此開展一定程度的相關研究。

六、研究架構

　　本文研究大體分為這樣幾個層次，首先是研究近代中國刑事審判制度的設立與發展，在此基礎上，進行實證研究，將其與中國傳統刑事審判進行比較，從而發現問題，由此展開對近代時期為調適立法與司法在實踐中的困境應運而生之司法創制的研究。關於制度層面，本文由近代刑事審判制度的引進開始討論，首先就刑事法律制度的移植以及西式審判機關及法官的選拔、訓練展開論述；其中有關實證分析的研習，則分別北洋政府時期與南京國民政府時期兩個階段，引入代表性刑事案例進行分析，進而對案例所涉刑事審判理論加以評論，提出見解，在前文論證的基礎上，具體分析司法創制之操作及運行實效，最後就我國近代刑事審判制度進行總結反思。綜合來看，全文共分五章，其結構簡要說明如下：

　　首先是緒言，本部份主要說明寫作本文的研究動機、研究材料以及研究方法，對於前人研究成果進行梳理分析，就本文研究涉及的重要概念進行說明。

　　第一章探討「近代刑事審判制度的引進與創設」，首先說明近代刑事法律

制度的引進，分析刑事審判制度近代化的進程，藉以瞭解整個刑事審判制度在近代中國的發展演進及其變革。接著介紹近代時期刑事審判機關的設立，分析近代刑事審判機制的變化，最後對新式法院的設置及其運作情形進行整體研究。

　　第二章討論「近代中國刑事審判之法官形塑」，本章中分別討論近代中國法官制度的建立，並就法官的訓練制度展開研究，揭示刑事審判制度的核心乃是審判獨立，而審判獨立的實現程度則取決於法官獨立，並影響到司法獨立的具體實踐，進而就近代法官獨立原則做法理闡釋，說明其存在的價值所在。

　　第三章爲「近代中國刑事審判實證研究」，在這一章中通過引入近代時期的代表性刑事訴訟案例，就刑事審判制度的具體運作進行實證分析，本部份基於近代時期的發展變化，分爲北洋政府時期與南京國民政府時期兩個階段進行研究，試圖觀察兩個階段刑事審判制度的發展軌迹，從而總結刑事審判制度在近代本土化過程中的規律性。

　　第四章爲「近代刑事審判之司法創制」，在前一章研究的基礎上，本章重點討論近代中國頗具特色的司法創制制度，同樣，由於發展變化的不同，有關司法創制的研究也分北洋政府時與南京國民政府兩個時期進行研究，同時基於司法創制製作機構的變化分別探討其操作程序以及其運作實效，主要分爲大理院、最高法院、司法院三個階段，以期瞭解司法創制之實務運作情形，並試圖從理論上作出解讀。

　　最後第五章爲「近代刑事審判制度分析與反思」。本章作爲全文的研究總結，分析近代時期刑事審判的特點，指出其多元性與多源性特徵，進而分析其與司法實踐的衝突屬性，說明法律制度的移植引進須與本土法律傳統相適應。

第一章　近代刑事審判制度的
引進與創設

　　就訴訟實踐來看，傳統中國存在著現代意義上的民刑訴訟之分工，我們綜觀傳統的司法制度，無論司法機關的設置、訴訟原則的確立、訴訟制度的完善等，無不以保證刑法的實施爲重心，所謂重刑輕民。以唐代爲例，刑部掌刑事訴訟、戶部理民事訴訟。《唐六典・尙書刑部》對於刑部的職掌這樣記載：「刑部尙書，周之秋官，卿也。漢成帝始置三公曹，主斷獄事。……隋初日都官尙書，開皇三年改爲刑部，皇朝因之。……掌天下刑法及徒隸句覆、關禁之政令」。〔註1〕戶部是與刑部相對的機構，「戶部尙書，周之地官，卿也。漢成帝置尙書五人。……開皇三年改爲民部，皇朝因之，貞觀二十二年改爲戶部」，其職掌則相對：「戶曹、司戶參軍掌戶籍、計帳、道路、逆旅、田疇、六畜、過所、蠲符之事，而部斷人之訟竟。凡男女婚姻之合，必辨其族姓，以舉其違。凡井田利害之宜，必比其爭訟，以從其順。」〔註2〕這種官制上的職能區分，唐以後各代都大致沿襲，即刑部、大理寺等職掌如諸惡、諸殺、諸奸及諸贓等重要的刑事案件；戶部則職司婚姻、財產、繼承、水利與錢債等案件的訟爭糾紛。但是卻將田土、戶婚、錢債等事項泛稱爲「細故」，以別於「徒」以上刑事制裁的「重罪」，若非「徒」以上的案件，全部委由基層（州縣）審理並作出判決，無須逐級審轉，甚至不進入司法程序，而由鄉鄰、親族

〔註1〕　（唐）李林甫等，《唐六典》，陳仲夫點校，中華書局，1992 年 1 月版，第 179 頁。

〔註2〕　（唐）李林甫等，《唐六典》，陳仲夫點校，中華書局，1992 年 1 月版，第 63，749 頁。

「調處息訟」。刑事訴訟的發展正如張晉藩先生所言：「爲保障刑法的具體實施，刑事訴訟與審判制度卻得到了相應的發展。譬如，對案件的管轄、訴訟的提起、堂審的技術、刑訊的限制、證據的效力、上訴的程序，以及重大案件的覆核，等等，都有明細的規定。」〔註3〕正是這種重刑輕民的訴訟傳統，我國古代刑事審判制度發展甚爲完善，也由此形成了一系列有效的刑事訴訟制度。

清代的刑事審判制度直接承繼於明代，又因時制宜，間有損益，是西周以來代代相因的刑事審判制度的發展和總結，並形成自己的特色。總體而言，可以歸納爲：第一，刑事審判制度的統一性。清代的刑事審判權高度集中，內外各級衙門集中於長官，各省集中於督撫，全國集中於皇帝，其次是全國刑事審判管轄的統一，刑事審判統一由各級政權機關管轄，包括軍隊在內的其它國家組織原則上都無刑事審判權，即使是滿族旗人、宗室覺羅皇族享有種種司法特權，其最終的刑事審判管轄也要歸於刑部。第二，刑事審判制度的複雜性。清代地域遼闊，社會風俗民情、經濟發展差異都很大，雖是法制統一，在不同的地區，諸多情況下也易形成各自爲政的局面，出現了許多人爲的「制度」。還有刑名幕友、胥吏對刑事審判權的操縱，訟棍架詞唆訟的活動，「成案」類推比附的廣泛適用，各省「發審局」組織的出現，「就地正法」的產生和擴大，等等。這些情況使得實踐中的刑事審判制度要比法律規定的複雜得多，這也就不可避免的產生弊病，影響刑事審判的正常運行。

至清朝末年，刑事審判制度已經積弊甚多，司法行政權合一，無獨立的司法審判機關，事實上往往導致審判不公，且審判官員中多有不諳律例者，而仰仗幕友助審，必有蹊蹺；第二、民刑事訴訟程序未有明確的區分，充其量僅於第四審級布政使司和按察使司，與第五審級戶部和刑部，分掌民事案和刑事案，但是整體而言，實際的運作並無重大的差別；第三、無近代刑事意義下的檢察機關，由審判機關兼掌偵查、逮捕；第四、實體法與訴訟法沒有明確區分，也無獨立的訴訟法典，刑律僅憑《大清律例》以求作爲所有民事、刑事及相關的訴訟運作準據，缺乏完整的訴訟程序，而且刑訊不公開，拷問取供的存在，更爲人所共詬。〔註4〕

〔註3〕張晉藩：《中國法律的傳統與近代轉型（第三版）》，法律出版社，2009年1月版，第93頁。

〔註4〕參見黃源盛：《民初法律變遷與裁判》（1912～1928）臺北國立政治大學，2000年版，第13～14頁。

兼之斯時內外交困，內有政治腐敗的隱憂，外有軍事與外交上的一連串挫折，清廷與列強所簽訂的不平等條約，使列強不僅從中國攫取了廣大的自然資源，並享有諸多司法特權，其中又以領事裁判權最為嚴重，由此直接促成了一系列的司法變革。

第一節　刑事審判制度之近代法典化

一、近代刑事實體法的引進

中國法律近代化，既有法律自身發展的邏輯動因，也有列強各國基於其自身利益考慮所形成的外部推動，在內外各種力量的裹挾下，最終體現為由國家最高統治者發動、通過自上而下的行政程序推行的全方位法律制度改革。刑事訴訟法律制度處於變革的前沿，近代中國制定頒布了一系列刑事訴訟法典（草案），而觀察刑事訴訟法典的引進創設歷程，可以對於近代刑事審判制度的近代化有更加直觀清晰的認識，我們首先梳理近代時期刑事實體法的發展進程。

（一）《大清刑律》之誕生

1902 年 3 月 11 日（光緒二十八年二月二日）清廷發佈第一道修律上諭，隨後成立修訂法律館，任命沈家本、伍廷芳為修訂法律大臣，著手對《大清律例》進行修訂。1907 年 10 月 3 日（光緒三十三年八月二十六日），修訂法律大臣、法部右侍郎沈家本上奏《為刑律草案告成分期繕具清單恭呈御覽並敬陳修訂大旨摺》，12 月 30 日（光緒三十三年十一月二十六日）上奏《為刑律分則草案告成繕具清單摺》，大清刑律草案告成。〔註 5〕草案在體例上採用了西方近代刑法的模式，分總則、分則，打破了中國傳統舊律諸法合體的結構，在內容上也採用了西方近代刑法的原則，與中國傳統舊律相去甚遠，由於吸收西方近代法律理論、法律原則和法律制度，在宗法倫理準則、法律與道德關係、義利觀三方面實施重大改革，而這一改革，使得刑律草案與 20 世紀初中國社會的主流價值觀發生直接衝突，因而當草案遵旨發回審議修改時，就不可避免地招致「禮教派」的激烈反對。為此，清廷下旨修改草案。

〔註 5〕高漢成：《簽注視野下的大清刑律草案研究》，中國政法大學 2005 年博士論文，第 21 頁。

修改後的刑律草案於於宣統二年十二月二十五日（1911 年 1 月）頒布，由總則 17 章、分則 36 章，共 411 條正文和 5 條《暫行章程》組成，這就是《大清刑律》。〔註6〕但是未及施行，清廷即告滅亡。

《大清刑律》是我國歷史上第一部獨立的刑法典，它完全剔除了民法、商法、訴訟法等內容，而專門規定犯罪與刑罰的制度，也不再是「民刑不分」，開創了獨立制訂各部門法的先例，刑法從此成為一個獨立的法律部門，從而為其它部門法近代化轉型奠定了基礎。這也是我國刑法走向現代化的一個重要標誌和顯著特徵，在中國刑法典編纂的歷史上具有開創性意義。〔註7〕

（二）《中華民國暫行新刑律》之過渡

民國成立，法制未定，1912 年 3 月 10 日，南京臨時政府公佈《臨時大總統宣告暫行援用前清法律及〈暫行新刑律〉令文》，該令文規定：「現在民國法律未經議定頒布，所有從前施行之法律及《新刑律》，除與民國國體牴觸各條，應失效力外，餘均暫行援用，以資遵行。此令。」〔註8〕

與此同時，時任南京臨時政府司法總長的伍廷芳亦建議暫時援用清末有關法律，以圖盡快建立法律新秩序。3 月 21 日，臨時大總統據司法部呈請將清末制定的各項法律，以命令的形式頒行，隨即咨請參議院議決，之後，北洋政府於 4 月 30 日，公佈刪修《新刑律》與國體牴觸各章、條及文字，並撤銷暫行章程 5 條，刪修後新刑律改名稱為《暫行新刑律》。司法部隨即通告各省明確了《暫行新刑律》的施行日期，「以公佈之日為施行期，但全國交通未便，不得不分別辦理，均應自接到或按照事例應能接到政府公報及法律原文之日施行」。〔註9〕同年 8 月，司法部以部令方式擬定並公佈施行了《暫行新刑律施行細則》，該施行細則共 10 條，規定俱發罪、累犯罪及二者合併處刑等內容。〔註10〕

〔註6〕 學界多稱之為《大清新刑律》，朱勇教授認為應該稱《大清刑律》，本文從之。具體參見朱勇：《中國法制史》，法律出版社，1999 年版，第 482 頁。

〔註7〕 有關《大清刑律》在宗法倫理準則、法律與道德關係以及義利觀方面在 20 世紀初的中國是否具備相應的理論環境和社會基礎，朱勇先生進行了專門研究。參見朱勇：《中國法律的艱辛歷程》，黑龍江人民出版社，2002 年 1 月版，332～355 頁。

〔註8〕 《南京臨時政府公報》元年三月份，另參見《東方雜誌》第八卷第十一號「中國大事記」，第 149 頁。

〔註9〕 謝振民編著、張知本校訂：《中華民國立法史》（下冊），中國政法大學出版社，2000 年版，第 887 頁。

〔註10〕 張晉藩主編：《中國百年法制大事縱覽》，法律出版社，2001 年，第 42 頁。

　　可以預見的是，由於《暫行新刑律》採取的是西式刑事審判原則與定罪方式，不同於我國傳統之定罪量刑，於是刑事審判實踐很快便遇到了敏感而棘手的問題，即如何處理西方近代刑法審判原則與中國傳統法律理念的相互衝突問題。正是在這種情形之下，袁世凱提出「重法」、「隆禮」的主張，很快於 1914 年 12 月 24 日公佈《暫行新刑律補充條例》15 條，其內容與清末法部尚書廷杰之《暫行章程》5 條大致相同並加以擴充，體現了強調傳統禮教的精神。〔註 11〕概括起來，其最關注的可以總結為：第一，加重對內亂罪、外患罪、強姦罪、殺人罪等重大犯罪的處罰，體現了「治亂國用重典」之精神；第二，加強對倫常禮教秩序的維護，進一步明確了尊卑長幼親疏男女的等級身份，比如擴大親屬相隱的範圍、將尊親屬劃出正當防衛的適用範圍、尊親屬傷害卑親屬按其情節可以減輕處罰、父母懲戒其子，可以請求法院施以六個月以下監禁、對於和姦良家無夫婦女作出處罰規定等。〔註 12〕該條例與《暫行新刑律》合併成為北洋政府時期司法審判適用之刑事基本法。

　　不過《暫行新刑律》雖然名曰為暫行，但竟適用達十七年之久，其間亦因指謫於 1915 年、1919 年分別編就《刑法第一次修正案》、《刑法第二次修正案》，卻因種種原因而未通過施行。然而二次修正案「其修正內容，對於學說、法例，既概取其新，而習慣民情，則兼仍其舊，準酌至善，採擇極精，誠為一代法典之大觀也。」〔註 13〕無論體例上還是內容上，都較先前刑事立法有較明顯的改善，被譽為「民國以來最完備之刑法法典」〔註 14〕。1926 年《法權會議報告書》亦認為較之《暫行新刑律》，其中的缺點「幾不復見」，並建議北洋政府盡早完成修正並公佈該法，〔註 15〕雖然最終未予頒行，卻在刑事法典正式頒布之前，發揮了重要作用，也為 9 年後中華民國刑法典——《中華民國刑法》的制頒奠定了基礎。

〔註 11〕參見《暫行刑律補充條例》，載《政府公報》三年十二月份。
〔註 12〕黃源盛：《民初大理院司法檔案的典藏整理與研究》，載《政大法學評論》第 59 期，1998 年 6 月。
〔註 13〕吳鎮岳：《對於改定刑法第二次修正案之意見》，載《法律評論》第 8 期，1923 年。
〔註 14〕謝振民編著、張知本校訂：《中華民國立法史》（下冊），中國政法大學出版社，2000 年版，第 903 頁。
〔註 15〕參見《東方雜誌》，第二十四卷第二號「法權會議報告書」。

（三）1928年《中華民國刑法》之倉猝

1927年4月南京國民政府成立，北洋政府的統治宣告結束，制定刑法典的工作又一次被提到議事日程。時任司法部長的王寵惠受命改訂法律，他以《刑法第二次修正案》爲藍本，採用當時最先進的法理學說，並結合近代中國的實際情況，折中損益並加修改，提出刑法草案，隨即由國民黨中央執行委員會120次常務委員會議決通過，並於1928年3月10日公佈，同年9月1日施行，這就是 1928 年《中華民國刑法》即《二八刑法》，這部刑法典在法典名稱上首次用法而不用律，也是南京國民政府制定的第一部刑法典。

《二八刑法》體例上分總則、分則2編，共48章、387條，章次、章名與《刑法第二次修正案》差異甚微，只是將第2編第1章侵犯大總統罪刪除，其餘各章依次遞改；同時將第18章妨害宗教罪改爲第17章藝瀆祀典及侵害墳墓屍體罪；將第19章妨害商務罪改爲第18章妨害農工商罪。

其體例不僅完全與當時世界刑事法典完全一致，而且在內容上也有進步之處，綜合觀之，該法基本保留了《刑法第二次修正案》的大部份規定，其中參考近代西式刑法所確立的主要原則和制度也大多成爲正式條款。比如刑法第1條規定了罪刑法定原則，「行爲時之法律，無明文科以刑罰者，其行爲不爲罪」。較《暫行新刑律》第 10 條的「法律無正條者，不問何種行爲不爲罪」更加準確，其中「行爲時」之限定，則明確了法不追溯既往的進步理念。

《二八刑法》在規定罪刑法定原則的同時，也確立了從新兼從輕的原則，第2條規定：「犯罪時之法律，與裁判時之法律，遇有變更者，依裁判時之法律處斷。但犯罪時法律之刑較輕者，適用較輕之刑」。不同於《暫行新刑律》的一律從新律處斷原則。雖然傳統中國刑法（如《大明律》、《大清律》等）皆適用概從新律的原則，但如果新法重於舊法，一律適用新法時就不利於近代時期罪刑法定的落實，也非公平之道。該刑法也同時界定了犯罪故意、過失的概念，明確了近代刑法重要的正當防衛與緊急避險的範圍。可以說，無論就形式體例而言，還是就法典條文內容觀察，《二八刑法》都基本達到「修正暫行新刑律之缺失，鮮有新猷，惟其改弦更張，亦足以促使中國刑法向前邁進，乃係不可忽視之事實」這樣的立法目的，〔註16〕但其頒行失之倉促，未免草率，最終被修訂取代。

〔註16〕蔡墩銘：《現代刑法思潮與刑事立法》，臺灣漢林出版社，1977 年版，第 62 頁。

（四）1935 年《中華民國刑法典》之新生

《二八刑法》立法倉猝，且施行迫切，加以刑法頒行後刑事特別法層出不窮，刻意加重刑罰，隨意出入人罪，破壞了國民政府所標榜的「法統」，造成施行以後出現很多問題，司法當局、最高法院不得不應各地請求作出大量司法解釋，頗費時力。另外，隨著 1931 年《中華民國民法》的全面實施，刑法中若干內容更是暴露出了缺陷，與民法典相關內容相牴觸，如刑法中體現傳統重男輕女的宗族親屬制與民法規定的血親和姻親製就有矛盾，其內容既不甚符合國情，又未能吸收各國最新立法經驗。在 1932 年的國民黨四屆二中會議上更有「劃一刑法案」的提出，這也促進了 28 年刑法的修改。立法院遂於 1931 年 12 月成立刑法起草委員會，開始新刑法典的起草。終於在 1935 年 1 月 1 日正式公佈《三五刑法》。

《三五刑法》制定頗費時日，變化亦較多。孫科在總結《三五刑法》特點時說：「新刑法之特點，除文字上極細緻的改革外，致有四端：第一為由客觀的事實主義，轉向主觀的人格主義，由社會化的一般預防，轉重在個別化之特種預防，尤於三民主義之立法原則，更形契合……第二為容納各種特別刑事法規，稗國家之刑法政策之復歸於完整而統一。第三為仿行最新之立法例，特設保安處分之規定。第四為兼採各國刑法之所長。新刑法所參照之外國法，有 1932 年波蘭刑法，1930 年日本之刑法修正案，1930 年意大利刑法，1925 年西班牙刑法，1927 年德國刑法草案，1926 年蘇俄刑法。」〔註 17〕

雖然《三五刑法》以《二八刑法》為藍本，但除體例結構略作調整外，刑法的許多內容也都作了刪改、增補，一共新增 40 條，刪除 73 條，修改 269 條，未改而繼續沿用的只有 45 條。〔註 18〕加之立法基礎理論的轉變，使該刑法名為修正而實為重新制定。就立法技術而言，大量採用概括性一般性規定，比如在刑法分則中就有大量條文採用概括的方式規定，對於某項行為是否具備某類犯罪構成要件，則由審判法官在庭審過程中依具體事實加以認定。

《三五刑法》分則共規定有 35 類罪名，其罪名的設立，既有適應社會進步、經濟發展的因素，也有一些基於固有法律傳統的考慮。比如設立了內亂罪、褻瀆祀典及侵害墳墓屍體罪、偽造有價證券罪、妨害自由罪等等；在刑

〔註 17〕《孫科文集》第一冊，臺灣商務印書館，1970 年版，第 391 頁。
〔註 18〕林山田等著：《刑法七十年之回顧與展望紀念論文集》（一），臺灣元照出版公司，2001 年版，第 14 頁。

種方面，分別規定了主刑和從利。主刑分為五種：死刑、無期徒刑、有期徒刑、拘役、罰金，從刑則為二種：褫奪公權，沒收。此外，作為對刑種的補充，刑法還設立了刑罰易科制度，也就是對於一些輕微犯罪，雖然依法作出刑罰判決，但由於存在某些特定原因，對於罪犯不執行刑罰更為適當時，可根據刑罰易科制，而改由其它方式替代刑罰的執行。《三五刑法》規定了刑罰易科的三種方式：易科罰金、易服勞役、易以訓戒。對於適用刑罰易科等項制度，法律均規定了具體的條件。

值得特別指出的是，《三五刑法》重視保安處分制度，將保安處分用專章予以規定。19 世紀與 20 世紀之交，西方國家為進一步防止犯罪，穩定社會秩序，以鞏固政權統治，不斷探討以刑罰以外的方法協助加強對社會的控制，保安處分制度應運而生。保安處分既不是正式的刑事處罰，也不是一般意義上的行政處分。它是由法院對於特定的人或特定的犯罪所作的一種司法處分。就法律條文而言，保安處分重在對於某些具有特定情形的犯罪和罪犯給予特別處理，以彌補普通刑罰所不能達到的保護社會、預防犯罪的功能，具有相當積極之意義。

言而總之，《三五刑法》吸收晚清以來特別是《二八刑法》的諸多立法經驗，同時參照當時國際前沿立法趨勢，在立法技術、體例、內容等方面均有重大改進，代表著近代中國刑事立法的最高水平，為刑事審判制度的近代化奠定了基礎，但是其頒布施行卻也標誌著近代中國刑法近代化進程的基本終結，在中國大陸《三五刑法》一直施行至 1949 年國民黨政府退守臺灣。

二、近代刑事訴訟法的創設

清末在推行新政、變法修律的過程中，不僅形成了一套刑事法典體系，而且催生了具有近代司法理念的訴訟程序法，雖然其中有些僅停留在草案階段，並沒有付諸實踐，但卻為後來民國政府的刑事訴訟程序制度建設提供了足以參照的基礎，並最終建立起以刑事訴訟法典為主體的比較完善的刑事訴訟程序法律規範，為近代時期刑事審判的具體運行給予強有力支撐。

（一）大清《刑事民事訴訟法》之草成

光緒三十二年丙午（公元 1906 年）四月初二日，沈家本、伍廷芳二人向光緒皇帝呈上《進呈訴訟法擬請先行試辦摺》，「臣等從事編輯，悉心比絜，考歐美之規制，款目繁多，與中國之情形，未能盡合。謹就中國現時之程度，

共同商定簡明訴訟法，分別刑事、民事，探討日久，始克告成」。〔註19〕

繼之，又上奏初步編定的《刑事民事訴訟法》，這是一部「民刑合一」的訴訟法典，該法典草案大量吸收了近代西方的訴訟法律制度，包括陪審制度、律師制度等等，可謂充滿了當時最新西式法律原則與理念，是近代中國訴訟程序法之濫觴。

《刑事民事訴訟法》分總綱、刑事規則、民事規則、刑事民事通用規則、中外交涉案件五章，共 260 條，另附頒行例 3 條。第 1 章總綱分 4 節，分別是刑事民事之別，訴訟時限，訴訟公堂，各類懲罰等；第 2 章刑事規則，分 7 節，分別規定捕逮，拘票、搜查票及傳票，關提，拘留及取保，審訊，裁判，執行各刑及開釋等刑事訴訟程序；第三章民事規則，共十一節，具體為傳票，訟件之值未逾五百圓者，訟件之值逾五百圓者，審訊，拘提圖匿被告，判案後查封產物，判案後監禁被告，查封在逃被告產物，減成償債及破產，和解，各票及訟費等民事訴訟程序；第四章刑事民事通用規則，由 4 節組成，分別是律師，陪審員、證人，上控；第 5 節中外交涉案件，不分節，共有 10 個條文；最後附頒行例 3 條。〔註20〕

在《刑事民事訴訟法》中，第一次在法律文本中將刑事訴訟與民事訴訟加以區分，並引入陪審制度與律師制度，沈家本言此二者為「我國亟應取法者」，並稱陪審之施行有利於「裁判悉秉公理，輕重胥協輿評，自無枉縱深故之虞矣」，律師制度之採用則「國家多一公正之律師，即異日多一習練之承審官也。」此兩種制度非為我國傳統刑事制度所固有，但「尤為挽回法權最要之端」〔註21〕，由是觀之其立法動機仍然僅僅局限於改善傳統刑事審判方式，並沒有考慮到要從根本上改變我國固有的刑事審判制度。

進一步分析，我們可以看出，第 2 章刑事規則前 4 節主要規定的是強制措施種類及其執行程序，乃是引進了近代西方國家普遍實行的司法審查原則或令狀主義，對於被告人、犯罪嫌疑人採取強制搜查或限制其人身自由措施必須事先經過司法審查，而後才能實施。

第 5 節則規定了承審官須遵照的審訊規則及審訊程序，第 6 節就如何裁

〔註19〕《進呈訴訟法擬請先行試辦摺》，見《大清法規大全》卷十一，臺灣考正出版社，民國 61 年 9 月影印版，第 1907 頁。

〔註20〕參見《大清法規大全》卷十一，第 1908～1909 頁。

〔註21〕張國華、李貴連：《沈家本年譜初編》，北京大學出版社，1989 年版，第 112 頁，另見《大清法規大全》卷十一，第 1907～1908 頁。

判進行了規定，明確罪刑法定原則，其第 76 條規定：「凡裁判均須遵照定律。若律無正條，不論何項行為不得判為有罪。」第 7 節詳細規定了各種刑罰的執行辦法，並就滿足條件進行開釋規定了相關的條文。〔註 22〕從體例、結構和內容上看，大清《刑事民事訴訟法》是中國傳統訴訟模式向近代訴訟過渡的產物，正因為如此，無論是與中國傳統律典中的斷獄篇還是與西方近現代意義上的訴訟法典相比較，本法典草案都有其獨到之處。「該草案是清末修訂法律館仿傚西方制定的第一部具有近代意義的法典草案，首次將訴訟法獨立出來，打破了中華法系『諸法合體』的傳統，堪稱中國法律體系現代化的第一座豐碑，也是訴訟法法典發展進程中石破天驚的壯舉。」〔註 23〕它拋棄了傳統司法審判中民刑不分的弊病，廢除中國傳統的刑訊制度，以及侮辱當事人人格的訴訟陋習，引進西方近代訴訟審判模式；就訴訟審判程序看，一改傳統刑事審判的糾問主義模式，採納了英美法系當事人彈劾主義的訴訟模式，原告與被告在訴訟地位平等的基礎上進行抗辯，承審官居中裁判，當然其中也不可避免地保留了傳統訴訟制度的部份固有因素。

（二）《大清刑事訴訟律草案》之取法

大清《刑事民事訴訟法》雖因故被擱置，但修訂編纂刑事訴訟法仍然被列入了《欽定逐年籌備事宜清單》。根據修訂法律館的分工，從 1907 年起由沈家本等負責刑事訴訟律的起草編定，經過近三年的努力，至 1911 年 1 月 24 日，修訂大臣沈家本草成《大清刑事訴訟律》並奏呈朝廷，該草案共 6 編 515 條。

《大清刑事訴訟律草案》遠法德國，近取日本，是以日本 1890 年刑事訴訟法為藍本，並經日本法學家岡田朝太郎博士的協助完成的。〔註 24〕只是將預審處分納入偵查處分之中。同時草案引進了一系列近代西方訴訟原則和制度，如民刑分立、審判公開、陪審與辯護制度；實行當事人追訴主義，原被告訴訟地位對等，審判官居中裁判等；另外由檢察官代表國家對犯罪提起公訴；並確立自由心證、直接審理、言辭辯論等原則以發現案件真實；賦予了被告人聘請辯護人的權利，同時辯護人有權搜集有利於被告的證據進行法

〔註 22〕 參見《大清法規大全》卷十一，第 1911～1916 頁。

〔註 23〕 郭成偉等著：《清末民初刑訴法典化研究》，中國人民公安大學出版社，2006 年版，第 254 頁。

〔註 24〕 參見張晉藩：《中國近代社會與法制文明》，中國政法大學出版社，2003 年 12 月版，第 381 頁。

庭辯論；而當事人對案件沒有處分權，檢察官也不得任意放棄起訴權，不允許和解；法官為判斷被告人是否有罪，有權干涉、調查一切必要事宜而不受當事人辯論意見的約束；實施三審終審制度。而且其中草案第四編還專門規定了案件再理程序，計有再訴、再審、非常上告等 3 章，這是中國歷史上第一次規定刑事再審制度，是刑事再審制度的嚆矢。

綜上可見，該草案同樣廢除了傳統的糾問式訴訟而採納告劾程序，因而整個立法上與傳統的訴訟審判制度存在巨大的差異，展示了中國近代訴訟已經開始效法大陸法系職權主義審判為特徵的訴訟模式，與世界當時先進的刑事訴訟制度接軌，是刑事訴訟走向近代化的重要開端。但該《草案》還沒有頒行，清廷就覆亡了。

雖然《大清刑事訴訟律草案》惜未頒行，但它所規定的許多內容多次為北洋政府和南京國民政府部份援用。民國元年（1912 年）四月七日，司法部呈准政府暫行援用《草案》中關於「管轄」的部份，計有二十七條；民國四年八月二十二日，司法部呈准政府暫行援用《草案》第四編關於「再理」的規定，共計三十條；民國七年（1918）五月二十五日，司法部呈請政府暫行援用《草案》第六編關於「裁判之執行」，計三十九條；又民國八年（1919 年）四月十八日，司法部呈准政府暫行援用《草案》中關於「審判衙門職員之迴避、拒卻及引避」的規定，計十一條。〔註 25〕這就凸顯《大清刑事訴訟律草案》在中國近代刑事審判發展史上具有重要的地位和價值，表現出其歷史進步性與實用性。

（三）北洋政府《刑事訴訟條例》之尷尬

1912 年 2 月 15 日，袁世凱取得中華民國臨時大總統一職，3 月 10 日袁世凱在北京就職，之後又將臨時政府由南京遷往北京，這標誌著民國史上北洋政府統治的開始。上臺伊始，袁世凱即下令「暫行援用」清末的法律，隨即成立了「法典編纂會」，並設編纂員、調查員若干人，開展民刑訴訟法等法律的草擬與制訂工作。1914 年 2 月袁世凱下令裁撤「法典編纂會」，成立「法律編查會」，隸屬於司法部，並以司法總長為會長，作為專門的起草法律的機關。1918 年 4 月，又改設「修訂法律館」，設總裁、副總裁、總纂、纂修、調

〔註 25〕參見黃源盛，《民初法律變遷與裁判》（1912～1928），臺北國立政治大學，2000年版，第 306 頁、307 頁。

查等若干人員繼續修訂法律，「形成辛亥革命後民國政府第一次大規模的立法高潮。法律、法規的制定、實施，為規範社會、發展經濟提供了有利的條件，也為中國法律近代化創造了良好的基礎。」〔註26〕

　　民國十年（1921 年），廣州軍政府鑒於國內當時刑事訴訟法規的龐雜紛繁，法律適用頗為艱難，遂將《大清刑事訴訟律草案》中與臨時約法及現行法令牴觸的各條進行修正刪減，於三月二日明令公佈。同年 4 月 13 日，又公佈了《刑事訴訟律施行細則》7 條，「自公佈後 2 個月施行」。這是我國第一部正式頒布實施的刑事訴訟法，但其實行區域也僅僅限於西南幾省而已。此時北洋政府的修訂法律館也已編成《刑事訴訟法草案》，司法部改稱《刑事訴訟條例》，並擬具《刑事訴訟條例施行條例》13 條，於 1921 年 11 月 14 日頒布，第二年元月 1 日先在東省特別法院區域〔註27〕施行，7 月 1 日起全國各法院乃一體實施。實際上只施行於北洋政府統治下的各省，西南各省仍遵行經過刪修的《大清刑事訴訟律草案》，這種狀況一直持續到 1928 年 7 月 28 日南京國民政府《中華民國刑事訴訟法法典》的正式頒布實施。

（四）中華民國《刑事訴訟法》之定型

　　民國十一年（1922 年）以來，政治上南北對峙，司法上各自為政，南北並行兩種刑事訴訟法規，嚴重阻礙了司法審判權的統一，同時在實踐中也使得訴訟審判很難有序開展。正是在此種情形之下，1928 年 2 月，國民政府召開第 29 次委員會並就此決議，敦促司法部盡快提出刑事訴訟法草案。司法部於是「博採成規，旁稽外制，昕夕釐訂刑事訴訟統一法規〔註28〕」。剛剛制定

〔註26〕朱勇：《中華民國立法史》序言，謝振民編著、張知本校訂：《中華民國立法史》，中國政法大學出版社，2000 年版，第 3 頁。

〔註27〕東省特別區域是北洋政府於 1920 年收回中東鐵路及其附屬地的治權後，鑒於中東鐵路界內俄人眾多，為了便於審理華人與俄人以及俄人與俄人之間的訴訟糾紛而設立的專門的司法管轄區域。所以東省特別區域最早出現時是一個司法管轄區域而並非是行政管轄區域。根據北洋政府 1920 年 10 月 31 日發佈的《東省特別區域法院編制條例》，東省特別區域內設立了高等審判廳、地方審判廳和若干分庭，即東省特別區域法院，專門受理中東鐵路及其附屬地的涉外糾紛。東省特別區域法院一直存續至 1933 年，偽滿洲國時期，日偽當局將東省特別區域改稱為北滿特別區，東省特別區域法院隨之被撤銷。參閱郭海霞、曲鵬飛：東省特別區域法院訴訟制度研究，《北方文物》，2009 年第 4 期。

〔註28〕謝振民編著、張知本校訂：《中華民國立法史》（下冊），中國政法大學出版社2000 年版，第 1016 頁。

完畢，適逢《中華民國刑法》於 1928 年 3 月 10 日公佈，「惟因程序法與實體法應相輔而行，未便稍有歧異，致礙援用，乃依據刑法，將該項草案重加編訂〔註29〕」，終成《刑事訴訟法草案》7 編，496 條，並附施行法草案 17 條，於 1928 年 5 月呈國民政府提經第 65 次委員會決議，隨後即交法制局審查。國民政府法制局審查結束後，很快便提出意見書，連同修正案，呈交並經中央政治會議第 146 次會議討論，決議指定委員李烈鈞、薛篤弼、葉楚傖及最高法院、法制局繼續審查，之後由司法部部長蔡元培召集開會。蔡隨即召集審查會，將原草案及修正案一併提出共同討論，再提交中央政治會議第 149 次會議，《刑事訴訟法》及其施行條例獲得完全通過，由國民政府於 1928 年 7 月 28 日公佈，並定於同年 9 月 1 日起施行。

　　《刑事訴訟法》共分 9 編，513 條。第一編、第三編、第四編、第六編、第八編的編章節目，與北洋政府《刑事訴訟條例》相同。第二編的第一章公訴，刪除了預審一節，因其徒增中間程序，無益審判。該編只分為偵查、起訴、審判 3 節，其第二章為自訴。第五編非常上訴，第七編簡易程序，第九編附帶民事訴訟，均與《刑事訴訟條例》微異。〔註30〕

　　我們分析《刑事訴訟法》的立法要旨及其內容要點，除了採用四級三審制、國家追訴主義之外，還同時將初級法院管轄案件的範圍擴大，而且採用了公設辯護人制度等，另外，還有以下幾點需要作出說明：

1、明文規定審判中被告的羈押期限為 3 個月。第 73 條並特別規定，如果確有必要繼續羈押時，可以聲請法院裁定予以延長，每次延長不得超過 2 個月，而且不限定聲請的次數。

2、縣長、公安局長及憲兵隊長官同時兼任為司法警察官，查獲犯罪嫌疑人後，除非法律另有規定，必須 3 日內移送該管檢察官偵查。

3、規定 1 年以下有期徒刑及單科罰金之罪以第二審為終審，改變以前 100 元罰金以下的以三審法院為終審，從而避免往復拖延。

4、延長抗告期為 5 日，至普通之抗告期間仍為 7 日。

5、廢止預審制度，而將原來預審中有利於被告的相關規定，明確規定於偵查程序之中，以保證訴訟的順利進行。

〔註29〕張麗卿：《驗證刑訴改革脈動（三版）》，五南圖書出版股份有限公司，2009 年 3 月版，第 5 頁。

〔註30〕《中華民國立法史》（下冊），中國政法大學出版社 2000 年版，第 1019 頁。

6、不再規定有關訴訟費用的條文，實施刑事處罰是國家刑罰權的體現，其費用應由國家負擔。

上述諸多有關修改，是從《刑事訴訟條例》的實施情況反思，且考慮到保護被告人的權利進行的，此後的訴訟程序法多有傚仿。

同時頒行的《刑事訴訟法施行條例》共 17 條，是就《刑事訴訟法》施行前有關偵查、預審、審判、上訴、附帶上訴、附帶私訴、聲請再議等事項而作出的規定。

1933 年 6 月，司法行政部開始擬訂新的《刑事訴訟法》草案。經立法院審議、通過，於 1935 年 1 月 1 日公佈，這是南京國民政府制定的第二部《刑事訴訟法》。1935 年《刑事訴訟法》將四級三審制改爲三級三審制，遵照中央政治會議的決定，擴大了自訴範圍；增加本刑爲拘役、專科罰金的犯罪被告，可以委託其代理人到場。1928 年《刑事訴訟法》對於審判中延長羈押，沒有明文規定聲請次數，1935 年《刑事訴訟法》第 108 條則明確限定如所犯之罪輕微，延長羈押則以 3 次爲限〔註31〕，由此看來，經過修正之《刑事訴訟法》力求程序簡便，結案迅速，減少訟累，以防止流弊。該法自 1935 年 7 月 1 日起施行，4 月 1 日公佈的《刑事訴訟法施行法》也同時施行。

第二節　近代刑事審判機關的設立

中國傳統的司法審判體制，中央大體設立「三法司」以爲職能分工，地方上則是州縣行政機關兼理，漢唐以來一直延續。清代建國，司法審判體系也沿襲明制，中央司法機關爲「刑部」、「大理寺」及「都察院」，而且以刑部居主導地位，地方從州縣、道府到督撫，亦均爲行政機關兼理司法審判，這種司法審判體系沿用數千年，在解決糾紛，調整衝突方面發揮了相當作用，但因施行日久，積弊甚多，至清朝末期開始變革，西式審判機制開始引進。正是清末的君主立憲及官制改革，開啓了中國司法近代化的契機，並直接導致近代中國刑事司法審判機構的出現。

一、清末審判機制的變化：新式法院的籌設

光緒三十二年（1906）七月設立考察政治館，負責籌劃官制改革事宜。同年九月正式著手釐定官制，「中國今日實行變法，則行政與司法兩權亟應分

〔註31〕郭衛編輯：《中華民國刑事訴訟法》，上海法學書局，民國 24 年版，第 30 頁。

立，而一國之大審院必不可無。應於司法獨立之後，改大理院爲都裁判廳，以當其職。」〔註32〕首先裁撤部份機構，改設外務部、吏部、民政部、度支部、禮部、學部、陸軍部、法部、農工商部、郵傳部、理藩部等十一個部；其中法部由刑部改制而來，專任司法；同時大理寺亦改制爲大理院，專掌審判，成爲獨立的審判機關，初步確立中央一級司法、行政分立後的審判機構。〔註33〕司法審判制度的改革，是清末法制變革的一大重點。由於過去並無權力分立的概念，行政與司法之間沒有明確的區分，所謂「中國古時並無法院之設置，司法權之行使，完全委諸行政官廳，有清一朝，內自戶部刑部以及三法司九卿，外自府廳州縣以至督撫，均兼有司法權。」〔註34〕因此地方從知縣、府、道，乃至於督撫，中央的刑部、戶部、大理寺、督察院等都享有不同程度的審判權。

　　清末變法改制，分權的雛形已然出現，從司法與行政的劃分來說，清末界定法部及大理院的職責權限時，已經考慮到應對「司法行政權「以及「審判權」加以區分：原來職掌執行刑罰的刑部，改爲「法部」，職司現代所稱的「司法行政權」事務；原來職掌參審重案的大理寺，改爲「大理院」，職司現代所稱的「司法審判」事務，其下設各級審判廳。〔註35〕

　　光緒三十三年（1907 年）法部開具的司法權限清單中，將法部的「司法行政權」劃分爲二：一爲行政權；二爲司法權。其中有關行政權部份，包括掌理民事刑事牢獄，以及一切司法行政事務，如監督大理院、直省執法司、高等審判廳、地方審判廳、鄉讞局，及各廳局附設之司直局，調度檢察事務等。而有關司法權部份，則包括諸如大辟之案，由大理院或執法司詳細報於法部；同時秋審朝審大典，應聽法部覆核；而值逢恩赦特典時，則由法部具奏。〔註36〕沈家本就任大理院正卿時，即將籌設大理院作爲新式司法體制下

〔註32〕故宮博物院明清檔案部編：《清末籌備立憲檔案資料》，「出使各國考察政治大臣戴鴻慈等奏請改定全國官制以爲立憲預備摺」，中華書局，1979 年版，第379～380 頁。
〔註33〕參見《清末籌備立憲檔案資料》，第 471～472 頁。
〔註34〕何超述、李祖陰：《朝陽大學法律科講義：法院編製法》，北京朝陽大學，1927 年六版，第 27 頁。
〔註35〕有關大理寺及刑部的具體掌管事項，參見楊鴻烈：《中國法律發達史》，上海：上海書店，1990 年 12 月版，影印本，第 917～919 頁。
〔註36〕〈擬定法部官制清單摺〉，收錄於鄧實輯：《光緒丁未（卅三）政藝叢書》，臺北：文海出版社，1976 年版，第 1503～1506 頁。

的最高審判機關從而實現司法獨立的理念，同時上奏具體提出調用人員、建立新式法庭與籌備款項等是為當務之急。自此之後，近代中國便確立了民刑事訴訟分離的原則，同時將司法審判權從行政權中獨立出來，廢除了特別審判制度，統一了審判級別制度，並制定頒布民事訴訟法及刑事訴訟法，建立檢察制度等六項為司法審判制度改革的優先目標，〔註37〕通過這一系列的具體措施，作為近代中國收回治外法權的具體努力。

光緒三十二年（1906年）《大理院審判編製法》以及光緒三十三年（1907年）奏陳的《法院編製法》，乃近代司法體系構想成為現實的重要里程碑。

《大理院審判編製法》共五節四十五條，規範了大理院及京師各級審判廳局的設置和權限，規定了大理院、京師高等審判廳、城內外地方審判廳、城讞局等審判機關，實行四級三審制度，且確立了民刑分立、司法權獨立於行政機關之外，改採控訴原則的刑事訴訟程序，在審判廳局內，設置提起刑事公訴，並監督「審判官」是否適當地解釋適用法律的「檢察官」，也即引進了西方的檢察制度。〔註38〕

光緒三十三年法部奏「將現審各案自三月初一日起，不分奏咨，一律移交大理院接辦，限半月內接受清楚。」〔註39〕昭示大理院的審判職能已經開始正式運轉。至光緒三十三年底，京師高等審判廳、地方審判廳和城讞局也基本建成，並開始按照新的審判模式處理案件，其中僅京師地方審判廳每月承審案件不下200餘起。〔註40〕由此可見，《大理院審判編製法》不僅僅是一部法院組織法，其中還規定了重要的司法審判制度條款，因而也可以看作是清末第一部審判程序法。

《大理院審判編製法》頒行後，直隸、奉天等省開始試辦新式審判廳。清末地方審判廳最先由袁世凱在天津試辦，光緒三十三年二月初一（1907年3月）天津設立我國歷史上第一個高等審判廳和地方審判廳，後又在城鄉設立四處鄉讞局。袁世凱在天津試辦審判廳成效顯著，「現經試辦數月，積牘一

〔註37〕 參見黃源盛：《民初法律變遷與裁判》（1912～1928），臺北國立政治大學，2000年版，第16～17頁。

〔註38〕 《民初法律變遷與裁判》（1912～1928），臺北國立政治大學，2000年版，第18頁。

〔註39〕 《東方雜誌》第四年第六期「各省內務彙志」，第293頁。

〔註40〕 《大清法規大全‧法律部》卷七（審判），臺灣考正出版社，民國61年9月影印版，1870頁。

空」；且外國商民「亦有不先赴該國領事投棄，而徑赴該廳起訴者」〔註41〕。
有鑒於此，光緒三十三年十月二十九日，法部根據袁世凱編訂的《直隸天津
府屬試辦審判廳章程》，參照同年八月修訂法律大臣沈家本奏呈的《法院編製
法》草案，在各地設立各級審判廳的基礎上，編成《各級審判廳試辦章程》
呈奏，〔註42〕隨後章程被上報到憲政編查館，並下發到各省核議，但遲至 1909
年（宣統元年）始付諸實施。該試辦章程沿襲了《大理院審判編製法》的四
級三審制度，包括起訴和上訴制度，對各級審判廳的管轄、迴避、預審、公
判執行及檢察官制度等作了具體規定。值得指出的是，明確了民事、刑事案
件的劃分標準，並規定了不同的審判程序，一改傳統舊律不重視民事訴訟的
情形；確立了檢察官制度，擴展了檢察官的職權。整體而言，該章程引進了
大陸法系國家法院的訴訟程序，成爲晚清籌設各級審判廳的法律指南。

　　清廷於光緒三十三年（1907 年）編成《法院編製法》，該編製法以日本《裁
判所構成法》爲藍本，共十六章，一百六十六條。本法首次使用「法院」一
詞指稱西方式司法機構，它再次明確規定採四級三審制，而以「推事及檢察
官」稱呼承辦審判、檢察事務之官員；除各級「審判廳」均爲一章外，以專
章規定「檢察廳」，使檢察機關獨自設廳，不同於《大理院審判編製法》在高
等、地方審判廳局內設置檢察局。且在 1907 年，爲了配合大理院官制，設置
總檢察廳。〔註43〕但直到宣統元年（1909 年）十二月修訂法律館制定的《法
院編製法》才正式頒布。

　　此後，根據行政不准干預司法等原則，宣統二年（1910 年）三月沈家本等
又上書清廷，廢除了清朝固有的三法司會審、九卿會審，以及秋審、朝審、熱
審等審判制度。該法由其內容來看，不但是一部系統的法院組織法，而且大量
規定了各級審判廳、檢察廳的權限，法庭的開閉等重要的訴訟法律程序，是清
末關於訴訟程序的重要立法之一。《法院編製法》不但指導著清末的司法機構改
革，而且後來也爲民國所沿用，民國四年（1915 年）司法部將該法修正刊行，

〔註41〕《東方雜誌》第四年第十期「內務」，第 480 頁。當時外界也有好評：「近經
　　　　該廳詳由直督照會駐津各領事，凡案件涉租界各華洋人等，准由審判廳派司
　　　　法巡警直接赴租界票傳人犯，據理公判，以免周折，聞各領事均已認可。」
　　　　具體可參見《東方雜誌》第四年第六期「各省內務彙志」，第 295 頁。
〔註42〕《大清法規大全・法律部》卷七（審判），第 1857 頁。
〔註43〕王泰升：《清末及民國時代中國與西式法院的初次接觸──以法院制度及其設
　　　　置爲中心》，（臺）《中研院法學期刊》2007 年 9 月，第 1 期，第 110 頁。

直到 1932 年國民政府頒行了新的《法院編製法》才停止適用。〔註44〕

　　上述《各級審判廳試辦章程》以及《法院編製法》等法律對於設立新式審判機關實際上起著指導作用，依據它們的規定，新式法院的建立開始進行。截至清末宣統三年（1911），高等審判廳各省均有設置，高等審判分廳僅有直隸及貴州 2 省共 3 處設置；地方審判廳雖各省均有設置，然數目不一，全國共有 52 處；地方審判分廳亦僅有奉天、黑龍江、福建及廣東四省共五處設置；初級審判廳各省雖亦設置，然分佈極不均勻，全國亦僅有 88 處。〔註45〕中國幅員廣闊，司法案件眾多，司法改革具體成果顯然相當有限，距離預定改革目標也有相當的距離，主要在於斯時法制基礎薄弱，實務層面之落實則顯不足。

二、新式法院的設置及其運作

（一）北洋政府時期新式法院之初設

　　清帝遜位、百廢待興，民國肇始、國勢未定，鮮有時日制定新法。但「審判不可中斷，即法官不可虛懸」〔註46〕，因此司法規制多沿襲前清制度，除了將不適合民國的大理院正卿、少卿等官名，更名為大理院長或裁撤外〔註47〕，清末的舊制均被北洋政府保留及沿用。曾任民國十一年司法總長羅文幹則言：「司法制度之改良，首在法院編制，若法院編制不善，則法律之附麗，失其運用之靈，此可斷言也。」〔註48〕

　　北洋政府時期新式法院的置設堪稱曲折多難，新式法院本非中國所固有，中西文化的矛盾以及民族習慣的衝突等，其觀念的消融都需要假以時日，加之軍閥混戰、財政拮据，故法院建設更是勉為其難。「司法現代化非制度之創造問題，乃制度之實踐問題。」〔註49〕北洋政府為圖司法運作之順暢，於是在前清新式法院建設的基礎上，次第籌建各級法院，取得一定成效。當時新建的審判機關大致分為三種：一為普通法院，二為兼理司法法院，三為特別法院。

〔註44〕 參見黃源盛：《民初法律變遷與裁判》（1912～1928），臺北國立政治大學，2000年版，第 306 頁。

〔註45〕 該統計資料見東亞同文會調查編纂部編：《宣統三年中國年鑒》，臺北天一出版社，1975 據大正元年再版本影印版，第 205 頁。

〔註46〕 《臨時大總統令》，《政府公報》1912 年 5 月 18 日。

〔註47〕 黃源盛：《民初法律變遷與裁判》（1912～1928），第 23 頁。

〔註48〕 《司法公報》第 149 期。

〔註49〕 蔡樞衡：《中國法理自覺的發展》，河北第一監獄，1947 年 9 月版，第 181 頁。

1、普通法院

北洋政府時期普通法院的設立，基於清末 1907 年 12 月 6 日所頒之《高等以下審判廳試辦章程》及 1909 年 12 月 28 日所頒布的《法院編製法》，倣仿大陸法繫日本的法院體系，實行四級三審制，設初級審判廳、地方審判廳、高等審判廳和大理院，各級審判廳，均配置同級的檢察廳，負責偵查、起訴和監督審判等。刑事案件的管轄分爲初級管轄、地方管轄和大理院特別管轄三種。

初級審判廳管轄的案件以地方審判廳爲第二審、高等審判廳爲第三審；地方審判廳管轄的案件以高等審判廳爲第二審、大理院爲終審；大理院特別管轄之案件，第一審即終審。

1914 年，因經費、人才種種關係，將初級審判廳裁撤，在地方審判廳中，另設簡易庭或地方分庭來管轄初級管轄案件，變爲虛四級制。

1916 年以後，廣東四川均另設大理院，高等審判廳除新疆外，其餘各省均已設立。〔註50〕

各級普通法院的案件管轄茲述如下：

（1）地方審判廳及分廳

地方審判廳設於較大的商埠或中心縣。鑒於初級審判廳的裁撤，條件許可的地方，設立地方審判分廳或地方分庭、地方刑事簡易庭，但地方審判廳及其分廳除在一些大、中城市設立外，也多未設。已經設立地方審判廳及地方審判廳簡易庭的地方，原由縣知事及初級審判廳辦理的司法審判事務一概由地方審判廳及地方審判廳簡易庭辦理，未設地方審判廳及分廳各縣仍然暫由縣知事兼理案件審理。地方審判廳對案件的管轄包括：

第一、作爲第一審法院，審理屬於初級管轄和不屬於大理院特別權限內的案件；

第二、作爲第二審法院，審理不服初級管轄法庭判決而控訴的案件；

第三、不服初級管轄法庭的決定、命令而杭告的案件。

地方審判廳分別設置民事庭和刑事庭。審理案件時，若爲第一審，一般採用獨任制，由推事 1 人審理；若爲第二審，則採用合議制，由推事 3 人組成合議庭審理。

〔註50〕耿文田：《中國之司法》，民智書局，1933 年版，第 22 頁。

（2）高等審判廳及分廳

高等審判廳設於省會城市，主管全省的審判事務。高等審判廳刑事庭原則上由 3 名推事組成，其中必須包括 1 名地方審判廳推事；審理件上告案件時，根據案件情形，可以將推事增加到 5 名，其中須包括 1 名地方審判廳推事。依據有關法律規定，刑事庭原則上管轄下列案件：

第一、不服地方審判廳第一審判決而上訴的案件；

第二、不服地方審判廳第二審判決而上訴的案件；

第三、不服地方審判廳決定或命令而抗告的案件；

第四、不服兼理司法事務縣知事或縣司法公署判決而上訴的案件；

第五、高等審判廳刑事庭對內亂罪、外患罪、妨害國交罪等案件，享有第一審管轄權。

除上述各項管轄權外，高等審判分廳兼理地方廳案件時，可以審判一切初級管轄以及地方管轄的刑事案件；高等審判分廳兼理地方審判廳的管轄案件，所為裁判當事人不服上訴時，由高等審判分廳再審，以及高等審判廳管轄區域內不服縣知事及縣司法公署的裁判而控告的案件。〔註51〕

因路途遙遠或其它不便情形，可在高等審判廳所管轄的地方審判廳內設高等審判分廳。在職權上，高等審判分廳與高等審判廳基本相同。

（3）大理院

大理院作為全國的最高審判機關，管轄全國範圍內的上訴案件。大理院下設民事庭和刑事庭，分別審理民、刑事案件。大理院審理案件，採取合議制，由推事五人組成合議庭，具體審理案件。主要管轄兩類案件：

第一、作為終審機關，對於不服高等審判廳第二審判決而上告的案件實施管轄，並對不服高等審判廳的決定或命令、按照法令而抗告的案件實施管轄。大理院對於上述案件經過審理而作出的判決，為終審判決。

第二、作為第一審並終審機關，對於依法令屬於大理院特別權限的案件實施管轄。大理院對於此類案件所作的判決，既是第一審判決，同時也是終審判決。

大理院的另一重要職權是統一解釋法令權。在大理院各庭審理上告案件時，如果對於所適用法令的解釋意見與該庭和其它庭的成案有分歧，則出現

〔註51〕 參見楊鴻烈：《中國法律發達史》，第 1086～1091 頁。

對該法令的正確適用與統一解釋的問題。法律規定，在這種情況下，由大理院院長行使統一解釋法令處置權，由其召開民事庭或刑事庭，或民、刑兩庭總會，對該案進行審判，以求得對相應法令解釋的統一。〔註52〕

2、兼理司法法院

兼理司法法院，是指在沒有設立普通法院的地方由行政長官兼理司法審判事務、下設承審員輔助的一種制度，主要有兼理司法縣知事、審檢所與縣司法公署。

我國有著幾千年傳統的行政司法合一觀念，驟然實施行政、司法分離，實現完全意義上的司法獨立，必然是壓力重重，而且梁啓超認為當時「改革太快，超出了中國社會的承受能力。」〔註53〕執政者當時也是樂於遷就，於是北洋政府為折衷舊式縣知事衙門的審理程序與新式法院的審判程序而採取此權宜辦法，實質上是傳統中國式審判制度的延續。北洋政府於1913年，擬在沒有設立普通法院的各縣設審檢所，由縣知事專任執行檢察事務，審判事務則由幫審員負責，實行審判權與檢察權分離。但到1914年，審檢所制度被廢止，改行《縣知事兼理司法事務暫行條例》，始實施縣知事兼理司法制度，未設法院的縣，將其司法事務全部委任於縣知事處理。由於縣知事兼理司法弊竇叢生，〔註54〕北京政府再次採取變通措施，1917年頒行《縣司法公署組織章程》，但並未切實施行，司法事務實際上仍歸縣知事兼理。

根據《縣知事兼理司法事務暫行條例》的規定，縣知事是在承審員的幫助下來兼理司法事務。該條例第2條規定：「縣知事審理案件，得設承審員助理之。但初級管轄案件，由承審員獨自裁判者，不在此限。承審員審理案件，由承審員與縣知事同負其責任。」設立承審員，主要是為了彌補縣知事缺乏法律訓練，不具備法律知識的缺陷，此乃仿行清朝幕賓輔助縣令處理司法事務的做法。〔註55〕

〔註52〕參見朱勇主編：《中國法制通史》（第九卷），法律出版社，1999年版，第520～521頁。

〔註53〕韓秀桃：《司法獨立與近代中國》，清華大學出版社，2003年版，第220頁。

〔註54〕因兼理司法制度在實際運行過程中，往往產生枉法裁判、玩法弄權，以致造成訴訟遲延、冤假錯案層出不窮，官方民間皆有批評之聲，有識之士則申言對其必須進行改革。參見韓秀桃：《司法獨立與近代中國》，第274～279頁。

〔註55〕參見朱勇主編：《中國法制通史（第九卷）》，法律出版社，1999年版，第526頁。

　　縣知事兼理司法事務的受理案件的範圍，依照《縣知事審理訴訟暫行章程》第 1 條規定：「凡未設審檢廳各縣，第一審應屬初級或地方廳管轄之民刑事訴訟，均由縣知事審理。」具體說，縣知事管轄的民刑事案件以及土地案件，適用於民刑事律草案的有關規定。縣知事兼理司法事務的管轄地域範圍與與其行政區域相同。〔註 56〕此外，雲南省縣佐、新疆昌吉縣呼圖壁縣佐、直隸大沽縣佐、雲南省井檜等處對訊督辦暨所管訊長，四川撫邊等處屯務委員，因地處偏僻、交通不便，且長期以來一直從事訴訟審理，因此北洋政府時期這些機構也始終作為兼理訴訟法院而運作。〔註 57〕

3、特別法院

　　依據所管轄的案件性質、管轄地域、管轄主體的特殊性，北洋政府時期司法審判機關還存在有眾多的特別法院，反映了當時中國複雜的司法環境，單一的法院制度絕非短時間內可施行。茲簡要列舉如下：

（1）位於邊疆或非漢族居住地的特別司法機關，如新疆司法籌備處、熱河歸綏察哈爾三特別區審判處、察屬各旗群審判處、察哈爾都統署審判處附設地方廳、恰克圖審判處及庫烏科唐鎮守使署審判處等。

（2）軍事審判機關，常設者為高等軍法會審與軍法會審，大致上是以高階軍官任軍事檢察官，審判時不准旁聽，不准選任辨護人；甚至有一段時間，北京的步兵統領曾沿襲舊制，而對於刑事案件擁有審判權。

（3）針對特殊事項所設的特別司法機關，包括：東省特別區域法院、平政院、會審公廨等。〔註 58〕

　　江庸先生在《五十年來中國之法制》中繪製了北洋政府時期法院管轄系統表，對我們清晰認識這一時期法院的管轄關係，頗有助益，茲列如下：

〔註 56〕西北政法學院法制史教研室編：《中國近代法制史資料選輯（第三輯）》，內部印行，1985 年印，第 199～201 頁。
〔註 57〕申報館：《最近之五十年》，1923 年 2 月版，第 219 頁。
〔註 58〕申報館：《最近之五十年》，1923 年 2 月版，第 219～220 頁。

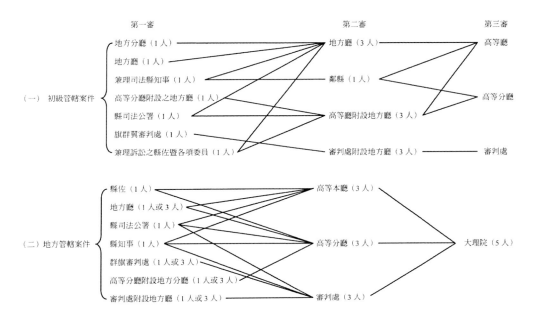

　　1926 年 11 月，「調查法權委員會」在其《法權會議報告書》指出：當時中國有大理院 1 所，高等審判廳 23 所、高等審判分廳 26 所、地方審判廳 66 所、地方審判廳分庭 23 所，共計 139 所新式法院〔註59〕。可見北洋政府相較於晚清政府，在新式法院的設置上進展不大，新式法院主要集中於京師、省城或重要商埠，分配不均、數量欠缺。尤其是基層新式法院建設同樣無實質性開拓，進展龜速，「設有縣司法公署者，僅 46 縣而已，故當時全中國 1，873 縣之中，除此 46 縣外，其餘 1，827 縣，仍以縣知事兼理司法事務，占全國百分之九十二」，〔註60〕因此，一般中國民眾只有經過上訴後，才能進入高等地方審判廳審理，直接減少了接觸新式法院的機會，也直接影響了民國前期

〔註59〕 其中將總檢察廳也計算在內，參見《東方雜誌》，第二十四卷第二號「法權會議報告書」，第 147 頁。北洋政府時期新式法院的設置數目，多方統計不一，如陶彙曾認為當時法院數目為，大理院 1 所，高等審判廳 23 所，高等審判分廳 26 所，地方審判廳 64 所，地方審判廳分庭 22 所，共計 136 所，參見陶彙曾：《中國司法制度》，商務印書館，1926 年 7 月初版，16 頁；擔任司法院長的居正認為是 138 所，參見居正：《二十五年來司法之回顧與展望》，《中華法學雜誌》新編 1 卷 2 號。其它如吳永明統計為 137 所，參見吳永明〈民國前期新式法院建設述略〉，《民國檔案》，2004 年第 2 期，第 72 頁；歐陽湘也統計為 138 所，參見歐陽湘：《近代廣東司法改革研究——以「法院普設」為中心的歷史考察》，中山大學 2006 年度博士論文，第 46 頁。
〔註60〕 黃源盛：《民初法律變遷與裁判》，第 123 頁，注 60。

新式司法理論的推廣與普及，並在實際上造成了司法實踐的艱難運行。

（二）國民政府時期法院普設及實際情形

南京國民政府是國民黨內部以蔣介石爲首的軍派勢力以自己的軍事優勢，對外通過征伐其它割據的地方軍閥，對內對抗國民黨內其它勢力集團而確立的新的黨、政、軍中心。南京國民政府從建立之時起，就具有極爲濃厚的「黨治」、「軍治」色彩。在整個南京國民政府統治時期，其立法、司法等活動，也同樣具有這種「黨治」和「軍治」的特徵。〔註61〕在法制實踐中，國民政府按照「五權憲法」的組織原則，基於「權能分治」的制度架構，建立起一整套相對完整的司法組織體系和審判運作機制。

1、法院組織系統

1927年4月南京國民政府宣告成立，北洋政府時期的法令，「除與中國國民黨黨綱、主義或與國民政府法令牴觸者外，一律暫准援用」〔註62〕。在司法制度方面，繼續沿用四級三審制，但將大理院改稱最高法院，高等審判廳改稱高等法院，地方審判廳改稱地方法院。

作爲當時主導中國的政治勢力，南京國民政府一方面承襲清末政府和北洋政府設置的擁有獨立司法審判權的新式法院制度，另一方面根據孫中山的五權憲法理論，將屬於「治權」之一的司法權交由「司法院」行使，〔註63〕使其和前述的「法院」，一併成爲中華民國法制中的司法機關。

國民政府於1928年10月公佈《中華民國國民政府組織法》，實行五院制，同年11月又修正公佈《司法院組織法》，司法院遂告成立。根據《司法院組織法》第1條，「司法院以下列機關組織之：一、司法行政部；二、最高法院；三、行政法院；四、公務員懲戒委員會。〔註64〕也即司法院爲最高司法機關，以上四個機關均爲司法院的內設機關，分別掌理民事、刑事、行政訴訟以及公務員懲戒之權，並負責統一解釋國家法律、命令。可見實際上最高法院僅爲民事、刑事案件（普通訴訟）的終審機關，但是其在行使相關審判權時，

〔註61〕 參見朱勇主編：《中國法制通史（第九卷）》，法律出版社，1999年版，第607頁。

〔註62〕 謝振民編著、張知本校訂：《中華民國立法史》（上冊），中國政法大學出版社，2000年版，第211頁。

〔註63〕 張知本：《憲法論》，上海會文堂新記書局，1933年版，第8頁。

〔註64〕 夏新華等：《近代中國憲政歷程：史料薈萃》，中國政法大學出版社，2004年版，第857頁。

並不受司法院的干涉。

依據 1928 年《刑事訴訟法》，國民政府仍然實行北洋政府時期的四級三審制，即除了在中央設立最高法院外，地方分別設立高等法院、地方法院、初級法院。1930 年，國民黨中央政治會議第 231 次會議議決《法院組織法》立法原則，決定改變審判機構的四級制爲三級制，取消初級法院的建制。依據這一原則，1932 年公佈的《法院組織法》取消了初級法院，正式確立三級三審制，原則上地方法院受理第一審民刑事案件、高等法院受理第二審民刑事案件，最高法院受理第三審民刑事案件，然而因計劃驟列，組織實施需要籌劃，因而遲至 1935 年始施行。依據該法，各級法院基本體系作如下設置：

（1）各縣、市設地方法院，縣或市區域狹小者，合數縣或市設立一個地方法院，而縣或市區域遼闊者，可以設分院，地方法院對於民事、刑事第一審案件以及非訴事件實施管轄。

（2）各省及特別區域，各設一高等法院，如省區遼闊，可以增設分院，其案件管轄範圍包括：
有關內亂、外患、妨害國交罪之第一審案件，不服地方法院第一審判決而上訴的民、刑事案件，不服地方法院裁定而抗告的案件。

（3）最高法院設於國民政府所在地，其管轄範圍爲：不服高等法院第一審判決而上訴的刑事案件，不服高等法院第二審判決的民、刑事案件，不服高等法院裁定而抗告的案件，非常上訴案件。〔註65〕

地方法院審判案件，原則上採取獨任制，但地方法院審判案件，遇案情特別重大案件，亦可以斟酌情形組成 3 人合議庭進行審判；高等法院審判案件，採取 3 人合議制，但對最初準備及調查程序，可以委任推事 1 人進行；最高法院則爲 3 人或 5 人合議制。

司法體制上實行審檢合一，檢察機構設於審判機構內。最高法院設檢察署，由檢察官若干人組成，設一名檢察長；高等法院和地方法院設檢察官若干名，其中一名爲首席檢察官。檢察官獨立行使檢察權並擴大了檢察官的職權，即除了在實施偵查、提起公訴、實行公訴、指揮刑事裁判的執行等職權之外，增加「協助自訴」、「擔當自訴」二項職權。

另外，「蓋以最高法院判決有統一全國法令解釋之功用，設立多數分院，

〔註65〕《法院組織法》，蔡鴻源主編：《民國法規集成》，第 65 冊，黃山書社，1999 年版，第 493 頁。

易致紛歧」，《法院組織法》規定不再設立最高法院分院，從而保證了最高法院的唯一性、權威性。〔註66〕

2、地方法院普設落空與縣司法處之權宜設置

四級三審制改行三級三審制後，高等法院、最高法院案件數量大增，按照南京國民政府的規劃，從 1928 年起，在三年的時間內，普遍設立普通法院，建立完善的法院體系，以解決此種困窘，但因各省經費不足，司法人才缺乏，在全國普設地方法院有心無力。為權宜於一時，北洋政府時期實行的縣知事兼理司法仍暫時沿用，然而審判實效上，行政長官或承審員往往不能依訴訟時限審斷案件，裁判不公者屢見不鮮。司法行政部因此逐擬議廢除縣長兼理司法制度，1936 年頒行《縣司法處組織暫行條例》及其相關法規，決定在應設立地方法院的縣級政府所在地，先設立縣司法處。預定以半年為一個階段，分三個階段，在全國範圍內普遍設立縣司法處，待到縣司法處普及時，再將縣司法處逐步改組為地方法院。

該條例主要規定了兩項內容：其一，縣司法處設立於縣政府，它的管轄範圍與地方法院相同；在審判業務方面受高等法院院長的監督。

其二，明定縣司法處的審判官須有法科三年畢業經高等考試及格者或辦理司法業務多年者，方可出任；具有任職資格者由高等法院院長呈請司法行政部核定任命。〔註67〕

截至抗日戰爭爆發前的 1936 年底，各地設立的縣司法處已達 621 所，〔註68〕但因中日戰爭爆發而緩慢籌建。1941 年起，中央政府統籌兼顧，無論戰區或非戰區省份，已設未設法院之縣份，司法經費一律由國庫支出，〔註69〕添設法院得以有力推進。戰後，國民政府重新掌控中國，於 1946 年廢止了縣長兼理司法制度，在除新疆省之外的全國各省，普設縣司法處。〔註70〕全國地方法院經歷年增設，到 1947 年共 748 所，高等分院由 91 所增加到 119 所，高

〔註66〕 參見謝振民編著、張知本校訂：《中華民國立法史》（下冊），中國政法大學出版社，2000 年版，第 1041～1049 頁。

〔註67〕 《縣司法處組織暫行條例》，蔡鴻源主編：《民國法規集成》，第 6 冊，黃山書社，1999 年 1 版，第 64～65 頁。

〔註68〕 居正：《十年來的中國司法界》，中國文化建設協會編，《十年來的中國》，商務印書館，1937 年版，第 72 頁。

〔註69〕 謝冠生：《戰時司法紀要》，司法行政部，1948 年 1 月刊，第 2 頁。

〔註70〕 汪楫寶：《民國司法志》，正中書局，1954 年版，第 140 頁。

等法院也由 24 所增加到 37 所。〔註71〕國民政府經過 20 年的努力，新式法院在數目上已大幅增加，儘管普設法院的目標遠遠沒有實現。

　　所幸的是，經過艱難籌備，近代中國新式審判機制初具規模，形成了三級三審法院審判體系，已經開始發揮新式審級制度的基本功能。

　　南京國民政府時期法院管轄系統如下圖所示：

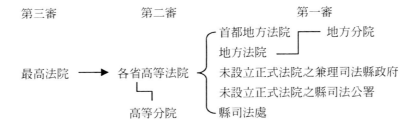

說明：本表根據「司法行政部組織系統」（謝冠生：《民國二十五年度司法統計（上冊）》，司法行政部統計室，1938 年版，第 1 頁）編制。

本章小結

　　雖然我國傳統刑事訴訟制度，在周朝已見端倪，但是「刑事訴訟」一詞，則是繼受外國新式法制的結果，清末時期，基於多種因素，清政府不得不變法修律，引進西式法律制度與原則，同時西式法律思想與理論也隨之進入傳統中國，對於中國社會及法制產生了極大的影響，許多主要的法律諸如刑法與刑事訴訟法的草擬修訂，無不參照西式法律制度，也正是如此形成了立足於中國本土的刑事法律制度。

　　刑事審判制度之運行，有賴於刑事實體法與刑事訴訟法提供法律依據，於是刑事法律制度的引進與創設成為清末時期的主要立法活動，並且卓有成效。甚至於民國初創，法制不備，有關刑事審判的制度自亦未遑建立完善，就整體言之，民國初期（1912 年～1914 年）的刑事審判制度，法律依據基本上仍是援用清季沈家本等人所主持編纂的相關刑事法規。北洋政府時期編訂之《刑事訴訟條例》也主要係就清末《刑事訴訟律草案》損益而成，並一直沿用至 1928 年 9 月《刑事訴訟法》的正式頒行。而同時期的刑法發展脈絡也基本如是，由《大清刑律》到《暫行新刑律》，直至 1928 年《中華民國刑法》

〔註71〕謝冠生：《戰時司法紀要》，第 1 頁。

的頒布才最終使得國民政府刑事實體法基本定型。

　　我們傳統社會是行政兼理司法，因此一定程度上導致了司法擅斷，胥吏弄權，民眾訴權難以有效保障，同時內外的壓力也促使清末開始建立新式法院，一定程度上體現了近代的權力分立原則，並試圖實行司法獨立，應該說，新式法院的建立頗費周折，直到 1937 年抗戰開始，全國普設法院的計劃還沒有成功，除了不到一半的縣地方已經設置了新式法院，大部份縣則是設置了作為過渡機構的縣司法處，而其在司法實踐中的實際運行，客觀上確也起到了傳播西式法律理念的重要作用，在一定程度上彌補了西式法院沒有普設的缺憾。

　　但是，刑事基本法的制定與新式法院的設立僅是為刑事審判制度的實際操作提供了具體實施的基本條件，刑事審判制度的具體實施是需要其訴訟主體——法官來進行操作，同樣的，作為不同於傳統裁判者的新式審判員，他們是經由何種渠道進入刑事司法機構？如何經過專業培訓從而具備新式法律觀念，並依照新式刑事審判原則進行裁判？所有這些問題都是我們在下一章需要研究的問題。

第二章　近代中國刑事審判之法官形塑

　　近代中國通過司法改革引入西方的司法獨立原則，司法獨立原則強調的是，擔任裁判的法官，處理案件必須不受任何外部壓力的干涉或壓迫，而僅僅依據法律獨立審判，以保證審判公正無私。因此就此層意義而言，司法獨立即係指審判獨立，審判獨立遂構成司法獨立的核心因素，而法官在司法審判過程中又是處於中心地位，其獨立審判又成為審判獨立的核心，於是由此產生並形成以法官獨立審判為核心的近代意義上的法官制度，且其又成為體現司法獨立的重要保證。在晚清司法改革當中，司法獨立理念逐漸從觀念走向實踐，其主要表現即為各級新式法院的籌設與職業法官的生成。

第一節　近代中國法官的形塑

一、近代法官制度的生成

　　十九世紀末，隨著西方法律文化的灌輸，司法獨立的司法理念傳入中國。1902 年（清末光緒二十八年），清廷派沈家本與伍廷芳兩人為修訂法律大臣，負責參酌各國法律，修訂現行律例。徐謙〔註 1〕認為要使得法律保護

〔註 1〕徐謙（1871 年～1940 年），字季龍，安徽歙縣徐村人。晚年自署黃山樵客。1904 年應試及第，成為進士，進入翰林院仕學館攻讀法律。1907 年畢業以後，先後任翰林院編修和法部參事職務，主持制訂全國的新式法律。1908 年任京師地方審判廳廳長、京師高等審判廳檢查長。1910 年，同許世英赴華盛頓參加國際司法會議，并考察了英、法、德、俄等國的司法制度。1912 年 3 月，

人民的權益，且不受行政干涉，首要工作即是確立司法獨立的地位，使司法與行政互相分離，「蓋使司法機關絕不受行政之影響，而後能確然保其獨立之地位」。〔註2〕

　　1909 年制定的《法院編製法》中，強調各審判衙門要獨立執行司法權，並於各級審判廳內設立了檢察廳，規定行政官和檢察官「不得干涉推事之審判或掌理審判事務」〔註3〕，體現了審判獨立的原則，但是法律未及頒行，清王朝就滅亡了。法律文本中正式確立司法獨立原則的是辛亥革命（1911 年）之後頒布的《中華民國臨時約法》。民國建立後，在清朝既有的基礎上，繼續纂制新律與增設新式的法院〔註4〕。1912 年（民國元年）在草擬制定《中華民國臨時約法》時，對於理想中的司法制度，明文提出法官獨立審判的基本原則。按照臨時約法第 48 條的規定，法院由大總統與司法總長任命的法官組成。法院依法律審判民、刑事訴訟（臨時約法第 49 條第 2 項），且法院的審判須公開之（臨時約法第 50 條）。對於法官行使職權，臨時約法特別明文加以保障，「法官獨立審判，不受上級官廳之干涉」。此外，法官在任中，不得減俸或轉職，且非依法律受刑之宣告，或應受免除職務的懲戒處分，不得解職（臨時約法第 52 條）。1913 年，《中華民國約法》正式頒布，第六章「司法權」完全保留了相同的條文〔註5〕。由此近代中國法官制度建設正式拉開了序幕，也意味著近代法官制度的正式創立。

任司法部次長。1913 年 4 月 27 日，發表名文《布告國民》，鼓吹武裝反袁。此後去上海，加入了基督教聖公會，并發起組建全國基督教救國會。1917 年南下廣州，任孫中山廣州軍政府秘書長。1919 年以觀察員資格參加巴黎和會，回國後，被聘爲天津《益世報》主編。1921 年，任孫中山政府最高法院院長。1923 年任嶺南大學文學系主任，并創辦了《評議日報》。同年，應馮玉祥之聘進京，任中俄庚款委員會主席。1926 年隨馮玉祥訪問蘇聯，回國後，任國民黨中央執委兼司法部長。1927 年 3 月國民黨召開二屆三中全會，當選爲中央常委和軍事委員會主席團成員。「武漢政變」發生後，徐謙受到汪蔣兩派的排擠，被迫辭去一切職務，寓居香港，重開律師生涯。抗日戰爭爆發時，回到內地，任國防委員會委員。1939 年 9 月 26 日病逝於香港。主要著述有：《民法總論》、《刑法叢編》、《勞資合一》、《徐季龍先生遺詩》等。

〔註2〕徐謙：考察司法制度報告書清單，《大公報》，1911 年 7 月 12 日。
〔註3〕《大清新法律彙編》，麟章書局，宣統 2 年再版，第 231 頁。
〔註4〕參見那思陸、歐陽正：《中國司法制度史》，臺灣國立空中大學，2001 年 2 月版，第 4～5 頁。
〔註5〕參見那思陸、歐陽正：《中國司法制度史》，臺灣國立空中大學，2001 年 2 月版，第 360 頁。

（一）清末時期法官制度的初生

我國傳統的司法審判是由行政兼理，清末變法修律，將行政與司法分立，以確保審判不再受行政干預，客觀上起到維護人民大眾利益，建立法治秩序的目的，近代法官制度也因此誕生。在這一時期頒布了一系列與法官制度有關的法律，有效規範了近代法官制度，它們要求法官的設置、職權、人員配備以及任用程序均需法律明文加以規定，這就明確了新式法官的定位，使得其制度建設走上正軌。

光緒三十二年（1906 年）十月二十七日，清廷頒行《大理院審判編製法》，對審判機構的職能、機構設置、人員編製作出規定，第六條規定：「大理院以下及本院直轄各審判廳局，關於司法審判，全不受行政衙門干涉，以重國家司法獨立大權，而保人民身體財產」〔註 6〕，從而審判獨立原則得以明確化，並使其操作具體化。

宣統元年十二月二十八日（1910 年 2 月 7 日），清廷正式頒布《法院編製法》，與之同時頒行的還有《法官考試任用暫行章程》。《法院編製法》首次明確規定，專門性的法律考試是選任法官的先決條件，其後所附的《法官考試任用暫行章程》則詳細規定了法官考試的具體辦法，依照該章程規定，法官須經兩次考試合格者始准任用。

《法院編製法》規定，在法政法律學堂學習三年以上，畢業後經過考試合格，分發地方審判廳、檢察廳學習，二年期滿後，經過第二次考試合格者，始准作為候補推事。

但有下列情事者不得為推事和檢察官：因褫奪公權喪失為官資格者；曾處三年以上徒刑或監禁者；破產未還債者。推事及檢察官在職中不得為下列事項：在職務外干預政治；參加政黨、社團或議會會員；為報館主筆或律師；兼任非本法所許可的職務；經營商業及官吏不應為的職務。〔註 7〕

《法官考試任用暫行章程》中則規定了參加第一次考試應具備的資格，它們是：

1、凡在法政學堂三年以上領有畢業文憑；

2、舉人及副撥選貢以上出身者；

3、文職七品以上者；

〔註 6〕《大清新法律彙編》，麟章書局，宣統 2 年再版，第 199～200 頁。
〔註 7〕《大清新法律彙編》，麟章書局，宣統 2 年再版，第 234～236 頁。

4、舊充刑幕，確實品端學裕者。〔註8〕

但由於當時大多法政學堂和培訓機構或是開辦未滿 3 年，或是原定學制不是 3 年，因此導致第一次法官考試報名初期人數很少。考慮到急需法律人才的具體情況，法部不得不放寬報考限制，再一次重新規定了報考條件：

1、各省法政 2 年以上畢業領有優等文憑者；

2、凡留學外國法政速成畢業，在本省充當法政教員 3 年以上者；

3、凡在各省審判研究所連續有 2 年肄習畢業領有優等文憑者，均可報考。

同時規定「僅以此次考試爲限，嗣後仍按照原奏定章程辦理〔註9〕」，這說明，本次報考條件並非原則性規定，而是在非常情況下所作的無奈之舉，待日後情況好轉再恢復原行報考資格。

《法院編製法》同時還規定了考試免試的人員：京師法科大學畢業、外國法政大學或外國法政學堂畢業，經學部考試給予進士、舉人出身者，視爲第一次考試合格；一是在法政法律學堂三年以上，領有畢業文憑，充京師及各省法政學堂教習或律師，歷三年以上者，視爲第二次考試合格。〔註10〕

宣統元年（1910 年）七月到九月法部陸續擬定《各省城商埠各級審判檢察廳編制大綱》12 條、《籌辦外省省城商埠各級審判廳補訂章程》8 條、《各省城商埠各級審判廳籌辦事宜》、《京師審判檢察各廳員缺任用升補暫行章程》、《京師審判檢察人員升補輪次片》，進一步明確了各廳丞、推事的任職資格和基本程序。〔註11〕自此，近代中國開始按照法律規定塑造新型法官隊伍，解決了我國傳統社會一直以來法官任用無法可依、法官素質良莠不齊的問題。

（二）民國初年法官制度的發展

南京臨時政府時期，孫中山非常重視法律制度建設，指出「國家除了官

〔註8〕 《大清新法律彙編》，麟章書局，宣統 2 年再版，第 249～250 頁。

〔註9〕 中國第一歷史檔案館藏法部檔案，卷宗號：32016。

〔註10〕 《大清新法律彙編》，麟章書局，宣統 2 年再版，第 234、235 頁。第一次全國性的法官考試，廣西提前於 1910 年 5 月 15 日進行，其餘各省在同年 9 月至 11 月間陸續開考，至 10 月份，錄取工作基本結束，隨之分發實習。參見法部奏酌擬法官考試任用施行細則折並單，《政治官報》，宣統二年四月初六日。有關錄取情況請參閱：李超：《清末民初的審判獨立研究》，中國政法大學 2004 年博士論文，第 63 頁；程燎原：《清末法政人的世界》，法律出版社，2003 年 9 月版，第 228 頁；李啓成：《晚清各級審判廳研究》，北京大學出版社，2004 年 6 月版，113～116 頁。

〔註11〕 朱勇主編：《中國法制通史》（第九卷），法律出版社，1999 年版，第 296 頁。

吏之外，還有什麼重要呢？其次就是法律」〔註12〕，也即意味著法制的建立完善，法律固不可少，而（官吏）法官作爲法律制度的實際執行者也是必不可少，而且對法官的任用必須「任官授職，必賴賢能」，「尚公去私，厥惟考試」〔註13〕。在 1912 年的《咨參議院請核議法官考試委員官職令草案等文》中，主張「所有司法人員，必須應法官考試合格人員，方能任用。」〔註14〕法制局隨後擬制了《法官考試委員官職令草案》和《法官考試令草案》，具體規定了法官的選任方式。同時，南京臨時政府還頒布了《臨時中央裁判所官職令草案》，規定法官必須經過考試合格才能任命，表明對法官的任用很審愼。但是南京臨時政府僅僅存在 3 個月即告結束，這些制度和法案都未及實施，它們卻爲北洋政府時期法官制度的建設奠定了良好的基礎。

北洋政府時期（1915 年 9 月）頒布了《司法官考試令》和《關於司法官考試令第三條甄錄規則》，袁世凱簽署的大總統令指出：「吏治張弛，繫乎人才；而人才之盛衰，又視乎法制之良窳」，爲了能「振拔賢能、杜絕沉濫」，司法官「登進之資格、任用之程序，要必有法度可循，乃能整肅官常，用熙庶積。」〔註15〕從而使法官選任資格制度在規則上從文官選拔系統中獨立了出來，完成了法官選拔的制度建設。

《司法官考試令》對司法官的考試資格，規定了具體的年齡條件、學歷條件以及具體的考試程序，其第三條這樣規定：「得應司法考試者，除文官高等考試令第三條第一項第一二三各款畢業學生之修習法律專科者外，其經司法部甄錄試驗認以爲與法律專科三年畢業學生有同等之學力堪應司法官之考試者，由司法總長咨送，亦得一體考試。」〔註16〕也就是將應試人員主要分

〔註12〕《孫中山全集》，第 9 卷，中華書局，1986 年版，第 350 頁。
〔註13〕中國科學院近代史研究所史料組：《辛亥革命資料》，中華書局，1961 年版，第 193 頁。
〔註14〕《孫中山全集》，第 2 卷，中華書局，1982 年版，第 281 頁。
〔註15〕1915 年 9 月 30 日大總統令，載《東方雜誌》第十二卷第十一號，「中國大事記」。
〔註16〕《司法官考試令》第 3 條，參見《東方雜誌》第十二卷第十一號，「中國大事記」。據《文官高等考試令》第 3 條第 1 項第 1、2、3 款資格的規定，其條件是：「中華民國男子，年滿二十五歲以上，有左列各款資格之一者，得與文官高等考試。一、本國國立大學、或高等專門學校、修習各項專門學科三年以上畢業，得有文憑者；二、經教育部指定外國大學、或高等專門學校、修習各項專門學科三年以上畢業，得有文憑者；三、經教育部認可本國私立大學、或高等專門學校、修習各項專門學科、三年以上畢業，得有文憑者。」參見

為兩類：一是新式學校畢業的法律專科生，二是司法部直接甄錄的人員。其中甄錄試驗專門針對具有一定的法學理論素養以及相關司法實踐經驗的人員所設，且須經司法部審核通過並面試，合格者始得參加司法官考試。〔註17〕可見，北洋政府對法官的選拔非常注重是否接受過專門的法律教育以及是否擁有司法實踐經驗，從而有助於保證司法官的法律素養。1919 年 5 月 15 日，北洋政府頒布《修正司法官考試令各條》，1923 年對《司法官考試令》再次修改，主要是對司法官的應試人員資格限制、甄錄試、典試和再試委員會的組成等作了修正，基本內容則保持不變。經過多次補充和修正，北洋政府的法官選拔考試制度日趨完善，成為南京國民政府相關選拔制度設計的參考與借鑒。〔註18〕

（三）南京國民政府時期法官制度之形塑

南京國民政府成立後，於 1929 年 8 月公佈了《考試令》，將司法官考試列為 13 類高等考試之一。這是依據孫中山的「五權憲法」理論，將「考試」列為五項「治權」之一，專設考試院，管理對官吏的考試、銓敘權。〔註19〕1930 年 10 月南京國民政府公佈《法官初試暫行條例》，該條例分為總綱、典試委員會、甄錄試及初試和附則四章，一共 17 條。該條例第 5 條規定：「初試及格者，授以法官初試及格證書，入法官訓練所訓練，法官訓練所章程由司法院定之。」〔註20〕也就是將法官考試與法官訓練分開進行，在 1932 年司法部修正的《法官訓練所章程》中明確規定，初式合格授予證書入法官訓練所學習一年半，學員畢業時，考試院派員考試，及格者，即以法官再試及格論，授予司法官再試及格證書，分發各地任職。〔註21〕不過，這個時候一般

《東方雜誌》，第十二卷第十一號，「法令」。

〔註17〕參見《關於司法官考試令第三條甄錄規則》教令第 53 號，載《東方雜誌》，第十二卷第十一號，「法令」。

〔註18〕1914 年 1 月舉行了司法官選拔試驗，由 1100 多人中間選拔合格的共 71 人。4 月間，分配各廳實習，由所屬長官考核陞擢。參見錢實甫：《北洋政府時期的政治制度》（下），中華書局 1984 年版，第 374 頁。整個北洋政府時期，舉行了 5 次司法官考試，甄拔 1 次，錄取法官一共 789 名，初步形成了較為完備的司法官考試選拔制度。參見王用賓：《二十五年來之司法行政》，載《現代司法》，1936 年第 2 卷第 1 期。

〔註19〕早在 1926 年，當時的廣州國民政府就公佈了《法官考試條例》，這是國民黨政府早期關於司法官考試的法令，該條例為南京國民政府建立法官選任考試制度奠定了一定基礎，確立了基本的選拔模式。

〔註20〕任拓石：《中華民國律師考試制度》，臺北正中書局，1984 年版，第 9 頁。

〔註21〕參見考試院考銓叢書指導委員會：《戴季陶先生與考銓制度》，臺北正中書局，

充任候補推事，級別很低，不能辦理大案，所有民事、刑事大案，要有正缺推事資格者才能辦理。

1932 年 10 月，國民政府公佈《法院組織法》，於 1935 年 7 月 1 日修正施行，其第六章第 33 條，對法官、檢察官的資格作出規定，有下列六個資格之一的，即可任命爲推事（法官）、檢察官：

（1）經司法官考試及格，並實習期滿者；

（2）曾在公立或經立案之大學、獨立學院、專門學校教授主要法律科目二年以上，經審查合格者；

（3）曾任推事或檢察官一年以上，經審查合格者；

（4）在公立或經立案之大學、獨立學院、專門學校修習法律學科三年以上，得有畢業證書，並曾任司法行政官辦理民刑事件二年以上者；
（民國 24 年 7 月 22 日修正）

（5）執行律師職務三年以上，經審查合格者；

（6）曾在教育部認可之國內外大學、獨立學院、專門學校畢業，而有法學上之專門著作，經審查合格並實習期滿者。〔註 22〕

可以看出，在南京國民政府時期，法官的任職資格非常嚴格，必須以經考試及格且實習期滿爲選拔標準，或者擁有相當的司法經驗，並經審查合格爲必要，可見司法專業化觀念在當時已經漸入人心，這也是近代中國關於法官任用資格最爲系統的規定。

1930 年 12 月 27 日考試院公佈了《高等考試司法官考試條例》，期間經三次修正，最終於 1935 年 8 月 5 日正式頒布，是國民政府時期指導司法官考試的主要法令。該條例規定了司法官考試者的應試資格，依據《高等考試司法官考試條例》第二條，具備以下資格可以參加司法官考試：

1、公立或經立案之私立大學、獨立學院或專科學校法律、政治各學科畢業，得有證書者；

2、教育部承認之國外大學、獨立學院或專科學校法律、政治各學科畢業，得有證書者；

1984 年版，第 53－54 頁。另可參見《修正法官訓練所章程》，《法律評論》第 311 期附錄。

〔註 22〕丁元普：《法院組織法要義》，上海法學書局，民國 24 年 8 月再版，第 52～53 頁。

3、有大學或專科學校法律、政治各學科畢業之同等學力，經高等檢定考試及格者；

4、有法律專門著作經審查及格者；

5、經同類之普通考試及格滿四年者，

6、普任司法或司法行政機關委任官及與委任官相當職務三年以上，有證明文件者；

7、在國內、外專科以上學校修法律、政治各學科一年以上，得有畢業證書並曾在專科以上學校教授本條例第六條必試科目二年以上，或曾任審判事務二年以上或法院紀錄事務三年以上，有證明文件者。

司法官考試分為兩次，具備應試資格的應試人員必須參加初試與再試，考試的科目在條例中有明確規定。初試分第一試、第二試、第三試，初試之第一試科目為：

1、國文，論文及公文；

2、總理遺教，建國方略、建國大綱、國民黨第一次全國代表大會宣言；

3、中國歷史；

4、中國地理；

5、憲法；

6、法院組織法。

初試之第二試科目分為必試科目和選試科目，必試科目是：民法、刑法、民事訴訟法、刑事訴訟法，商事法規；選試科目是在行政法、土地法、勞動法規、國際公法、國際私法、犯罪學、監獄學中任選兩種。初試的第三試，是就應考人員第二試的必試科目及其實際司法經驗進行面試。初試及格者，即可授以司法官初試及格證書，根據司法官學習規則分發學習，學習期滿後舉行再試。

再試則分為筆試、面試及學習成績審查三種，再試及格者授以再試及格證書即可依法任用；其中再試不及格者可以重新學習，再參加第二次再試，但僅限一次。〔註23〕此外，由於「以黨治國」原則的指導，「司法黨化」成為稀鬆平常，法官考試的試題也就不可避免陷入其中。例如1930年司法官初試廣州試題，在總計14個問答題中，黨義黨綱方面的題目佔了60%以上，同年

〔註23〕 參見桂斯斌主編：《清末民國司法行政史料輯要》，湖北省司法行政史志編纂委員，1988年版，第397～400頁。

的北平試題和南京試題也大體相當。〔註 24〕同時南京國民政府還專門組織了黨務人員進行司法官考試，並公佈了《中央及各省市黨部工作人員從事司法工作考試大綱》及相關施行細則。考試內容包括國文、黨義、中國歷史地理和相關的專業科目。〔註 25〕只有考試合格者才能進入法官訓練所接受訓練，訓練期滿經畢業考試及格後便可以分發任用。

在考試選拔之外，南京國民政府時期，還有多種進入司法界的門徑，大致有這幾種方式：中央黨務工作人員可通過甄審甚至保送的方式的方式直接進入法官訓練所學習，之後便派發司法部門任職，而軍法人員經過資格審查就可以直接轉任司法官，律師經徵調也可以成為司法官。此外還有中央政治學校法官訓練班畢業者，各大學或獨立學院司法組畢業者，以及經司法行政部審查合格者，都無需考試均可以直接成為司法官。必須指出，北洋政府時期，對法官資格的要求相對嚴格，無論何等法官，都必須經過相關考試合格才可任命。而到了南京國民政府時期，隨著一黨專政，以及司法黨化的加強，條件於是有所放寬，因此通過非考試途徑登用的人數隨之增多，通過考試選拔法官制度的權威性也就日漸降低。

二、法官訓練制度

自清朝末年司法改革以來，近代中國公佈法官考試章程，開辦法律學堂，非常重視法官的培養與任用，而且向來均是以考試選拔制度為正軌。按照傳統的做法，司法官考試一般均經初試、再試兩個階段，初試合格者，或分發各地法院實習，或送入訓練機構予以司法訓練，只有學習屆滿或訓練期滿，經畢業考試及格者，方能正式取得司法官的任用資格，也才可以被派用實職。因此，近代法官訓練制度實際上是與考試選拔法官制度相伴而生的。

法官的訓練，最初係由 1914 年北洋政府司法部設立的司法講習進行，修習期間為一年半，修習的內容，分為學科與實務兩方面。1919 年，修正了司法講習所規程，將修習期間由原先之一年半延長為二年，而修習內容亦隨之略有變動。1921 年停辦司法講習所，1926 年又開辦司法儲才館，訓練司法官初試及格人員，但是僅僅畢業一班即停辦。國民政府在廣州時，一度曾

〔註 24〕 參見韓秀桃：《司法獨立與近代中國》，第 390～391 頁。
〔註 25〕 參見《中央及各省黨部工作人員從事司法工作考試辦法大綱》，載《中央周報》
　　　　 第 353 期，1935 年 3 月。

設法官學校，未幾即告停辦，建都南京後，1929 年，司法行政部（隸屬司法部）設法官訓練所，大抵沿襲以前法官訓練制度，仍然以法官初試及格者爲對象。

1943 年 10 月 1 日國民政府修正公佈行政院組織法，將司法行政部改爲隸屬於行政院，自此法官訓練所亦隨之停辦。在法官訓練所停辦期間至 1948 年底，司法官訓練，除在中央訓練團辦理過一期訓練班，其餘均在中央政治學校（現臺灣國立政治大學前身）所設法官訓練班受訓，對象爲具有司法官資格的人員。又該校公務員訓練部高等科司法組（1940 年 8 月起設立），也同時訓練高等考試司法官考試錄取人員。〔註 26〕實際上，這個時期的法官訓練所進行的「業務」培訓，主要是進行思想教育、政治灌輸，把司法黨化作爲法官培訓的重要內容之一，三民主義、五權憲法思想成爲政治理論的必修科目，訓練所嚴格實施國民黨所主張的「司法黨化」，甚至於在司法官培訓班畢業之前，還強制被培訓者集體加入國民黨〔註 27〕，藉以使得被培訓的法官成爲「司法黨化」之工具。鑒於李超博士、李啓成博士對司法講習所，俞江博士對司法儲才館均進行了較爲系統的研究，〔註 28〕本部份僅就法官訓練所進行論述。

（一）法官訓練所

法官素質的優劣，直接關係到司法裁判是否公平、公正，以致對整個司法體系的威信不無影響，因此加強法官的專業訓練，培養稱職有爲的法官顯得尤爲重要。我國近代以來，在建立新式法院，積極考選新式法官的同時，也非常注意對法官在任職之前進行以養成經驗爲主的培訓。

晚清時期，對通過法官考試的人員，採取「實地練習的方式，即將考試合格人員以『學習』和『候補』的名義，分發到各級司法機構，在廳長和正

〔註 26〕 參見郭樹英：《我國現行特別人事制度之研究：以司法官與警察人員人事制度爲例》，國立政治大學公共行政研究所 1992 年碩士論文，90～91 頁。

〔註 27〕 參見張晉藩主編：《中國司法制度史》，人民法院出版社，2004 年 6 月版，第 536 頁。

〔註 28〕 有關司法講習所、司法儲才館的相關研究請參見：李超：《清末民初的審判獨立研究》，中國政法大學 2004 年度博士論文，第 188～198 頁；李啓成：《司法講習所考論——中國近代司法官培訓制度的產生》，《比較法研究》2007 年第 2 期；俞江：《司法儲才館初考》，《清華法學》（第 4 輯），清華大學出版社 2004 年版，本篇涉及到法官訓練所部份內容，頗值參考。

式推檢的監督下完成培訓。」〔註29〕北洋政府時期舉辦了司法講習所，標誌著近代中國法官培訓制度的正式確立，雖然僅存在短短 7 年，但在中國司法官培訓史上卻寫下了較爲滿意的第一頁。據北京市檔案館保存的《司法講習所畢業學員名錄》的統計，第 1、2、3、4 期分別畢業學員 61、60、138、178 人，總計 437 人。其中大部份到各地審檢廳擔任推事或檢察官，有不少人成爲民國司法中堅力量。〔註30〕司法講習所裁撤之後，「司法當局以比年來各省法院逐漸推廣，人才頗形缺乏，乃設斯館以爲培育之地」，〔註31〕「其性質大致與前司法講習所相同」〔註32〕。經過司法部的一番努力，終於 1926 年 10 月成立了司法儲才館，「培植人才之舉，實屬不容再緩。茲就舊章，酌加變更，定名爲司法儲才館。擬定章程十有七條，即日公佈，以資進行」。〔註33〕雖然儲才館開辦之初，不是一帆風順。但開辦數月以後，規章制度均漸漸落實到了實處，館內的工作和學員學習，已逐漸走上了正軌，到 1929 年 3 月，司法儲才館第一屆，也是最後一屆共有 135 名學員參加了最後的分派，並全部份發到各地法院、檢察院。〔註34〕

　　但是，由於北伐等諸多因素的影響，司法儲才館僅僅舉辦一屆便消失於人們的視野。當時全國普設法院，適應各省對法官的急需，司法儲才館解散之後，王寵惠等人並沒有就此放棄舉辦法官訓練制度，於 1929 年 1 月提出設立法官訓練所，獲得了國民政府的同意。第一屆所長是謝瀛洲〔註35〕，首屆

〔註29〕　參見李啓成：《晚清各級審判廳研究》，北京大學出版社，2004 年版，第 116～119 頁。

〔註30〕　參見李啓成：《司法講習所考論——中國近代司法官培訓制度的產生》，《比較法研究》，2007 年第 2 期，第 41 頁。

〔註31〕　《司法儲才館季刊》，京師第一監獄，民國 16 年第一期第一號，「紀事」，第 1 頁。

〔註32〕　《法律評論》，第 4 卷，第 170 期。

〔註33〕　《司法儲才館季刊》，京師第一監獄，民國 16 年第一期第一號，「紀事」，第 1 頁。

〔註34〕　參見俞江：《司法儲才館初考》，《清華法學》（第 4 輯），清華大學出版社，2004 年版，第 171～172 頁。

〔註35〕　謝瀛洲，1894 年生，廣東從化神崗鎮木棉村人。字仙庭。早年就讀於從化縣立高望小學堂、廣東存古學堂及上海藩谷學校。1916 年赴法留學巴黎大學，1924 年獲法學博士學位。1924 年春回國，加入國民黨，歷任大元帥府法制委員、廣東大學教授，1925 年任國民黨廣州特別市黨部委員兼青年部部長，同時任古應芬開辦的課吏館教務主任、館長。1927 年任陸軍軍官學校政治總教官，南京中央大學教授、北京大學法學院院長。1928 年兼任國民政府考試院

招收國內大學大專學校修習法律、政治畢業生 156 人，聘請著名法官或法學專家，進行一年零六個月的專業實務訓練。法官訓練所以培養司法人才為宗旨，主要是以法官初試及格者為培訓對象，以進修成績代替學習成績。受訓人員進修期滿，成績及格，視為再試及格，便可分發各地方法院充任候補推事。

1929 年（民國 18 年）2 月 4 日，司法行政部公佈了《法官訓練所章程》，該章程強調應試學員須是具有法科學歷的國民黨黨員，由於應試標準過高，恐導致報考人數有限，於是司法行政部同年 3 月 4 日發佈法字第五號部令加以修改，「其非中國國民黨黨員，得有前項畢業證書，而向無反革命行為，志願入黨者亦得應試」。法官訓練所於 1929 年 1 月 28 日開始招考，學員名額定為 200 名，當時的報名地點為南京幹河沿陶園司法行政部。司法行政部許諾，從司法訓練所畢業後，即以法官任用，分派各地法院任職，以致「前來法官訓練所報名的學生，甚為踴躍。為此，當局不得不將法官訓練所的招考時間展期，並決定同時在北京和廣州招考。」〔註36〕

法官訓練所的入學考試分甄錄試與復試兩種，科目差異很大，甄錄試科目為黨義、黨綱、國文與法學通論。復試科目為民法、刑法、商法、民事訴訟法、刑事訴訟法以及國際公法、國際私法、行政法。復試及格後，還須經過口試，口試科目主要是復試中的基本科目，包括民刑法、民刑事訴訟法與商法，口試及格者方能入學。

1932 年 9 月 24 日，行政院令第 16 號公佈了《修正法官訓練所章程》，對法官訓練所的訓練科目、修習時間、考試要求等作出具體規定，為法官訓練提供了法律依據。為便於研究，特錄如下備考。

參事。1930 年冬後任司法行政部次長，兼法官訓練所所長。1932 年春任廣東省政府委員兼教育廳廳長。1934 年夏轉任廣東高等法院院長，兼任廣東法科學院院長，西南政務委員會委員。1936 年任審計部駐外審計兼廣東審計處處長。1945 年夏復任司法行政部次長。1947 年任「國大」代表、國民大會主席團成員，臺灣省政府秘書長。1948 年任司法行政部次長、最高法院院長。1949 年 10 月赴臺灣，曾任司法院副院長、院長，臺灣大學、政治大學、東吳大學等校教授。1972 年 4 月 12 日在臺北病故。著有《共產與民主》、《五權憲法大綱》、《中華民國憲法論》等。

〔註36〕俞江：《司法儲才館初考》，《清華法學》（第 4 輯），清華大學出版社，2004年版，第 173 頁。

行政院令　第一六號　二十一年九月二十四日

茲修正法官訓練所章程公佈之此令

修正法官訓練所章程

第一條　本章程依修正法官初試暫行條例第五條制定之。

第二條　司法行政部設法官訓練所，以就法官初試及格人員訓練司法實務爲宗旨。

第三條　法官訓練所必修科目如左：

（一）黨綱黨義，（二）民事審判及強制執行實務，（三）刑事審判及檢察實務，（四）民法實用，（五）民事特別法實用，（六）刑法實用，（七）刑事特別法實用，（八）民事訴訟法及強制執行法實用，（九）刑事訴訟法實用，（十）證據法，（十一）外國文，（十二）公牘。

第四條　法官訓練所選修科目如左：

（一）比較民法，（二）比較刑法，（三）國際私法，（四）非訟事件法，（五）法醫學，（六）審判心理學。

司法行政部於認爲必要時，得增設其它選修科目或以其它科目代前項之科目。

第五條　法官訓練所訓練期間定爲十八個月，分三學期，扣除暑假及試驗期間，每滿六個月爲一學期。

第六條　法官訓練所於每學期期滿，就該期所修科目舉行學期實驗，訓練期滿，就各期所修一切科目舉行畢業實驗。

第七條　實驗成績平均分數在七十分以上者爲及格。

學期實驗二次不及格除名。

依前項規定除名者，應由法官訓練所函報司法行政部。

第八條　畢業實驗及格者，由法官訓練所造具名冊，連同試卷報經司法行政部核准後發給畢業證書，以法官再試及格

第九條　法官訓練所設所長一人，由司法行政部長延聘，掌理所内一切事務。

第十條　法官訓練所教務主任及教員之延聘，由所長商請司法行政部部長行之。

第十一條　法官訓練所設事務員三人至五人，承所長之命分掌教務、庶務各
　　　　　事宜。

　　　　　前項事務員由所長商請司法行政部部長委任之。

第十二條　法官訓練所因繕寫文件、襄理業務得酌用雇員。

第十三條　法官訓練所教職員薪俸由司法行政部部長定之。

第十四條　法官訓練所所長應按月造送所務進行狀況表、支付預算及支出計
　　　　　算書於司法行政部部長轉呈行政院。

第十五條　法官訓練所學習人員不給津貼，但得對於學期實驗成績優良酌給
　　　　　獎金。

　　　　　其有行止不檢或違背所規，經告誡不悛者除名。

　　　　　第七條第三項之規定，於前項除名准用之。

第十六條　法官訓練所辦事細則由所長擬定，報由司法行政部轉呈行政院備
　　　　　案。

第十七條　本章程自公佈之日施行。〔註37〕

　　　1934 年 11 月，原來隸屬於司法行政部的法官訓練所改歸司法院直轄，同時重新制定組織條例，對法官訓練所的開辦範圍進行擴充，依照 1935 年頒布的《司法院法官訓練所組織條例》規定，設立該所的目的是爲了確立三民主義之法治基礎，培養健全司法人才，爲此分班訓練法官、承審員、書記官以及監獄官。〔註38〕直到 1935 年 12 月，共計開設有司法官、承審員以及監獄員、書記官 4 班。〔註39〕至 1936 年 9 月 20 日，法官訓練所一共培訓了四屆學員，〔註40〕由此可見，司法院當局對於法官訓練仍然是以嚴格黨化爲宗旨，以加強素質爲必要，同時就業務分工不同而進行分類訓練表現出了其愼重的態度。

　　　1936 年司法院第 18 次院務會議決定，對於現任法官（推事）也要統一進行培訓，其目的在於「以忠孝、仁愛、信義、和平培訓法官，深切認識三民

〔註37〕《國民政府公報》第 62 冊，國民政府文官處印鑄局出版。

〔註38〕《司法院法官訓練所組織條例》，蔡鴻源主編：《民國法規集成》，第 65 冊，黃山書社 1999 年版，第 509 頁。

〔註39〕參見《法律評論》第 631 期。

〔註40〕詳見《法律評論》，第 454 期，第 671 期。

主義之精神，充實法官能力、學識、共守準則，由個人振興一院，由一院而及全體司法界」〔註41〕。在 1936 年 11 月舉行的開學典禮上，國民黨元老葉楚傖〔註42〕進行訓話，認為培訓就是為了「養成一般人士共守準則之風氣」〔註43〕。第一期培訓人員總共 109 人，法官訓練所對現任推事進行在職帶薪訓練，受訓時間一般僅有幾個月，訓練結束之後仍回原職。而對於從事黨務工作而原無法官資格的人員，經由黨部保送也可以到法官訓練所接受訓練，畢業後，即可獲得法官資格，分發各省以候補事任用。〔註44〕

　　由於法官訓練所現是由司法院主管，與之前的司法行政部配合進行，但是自從司法行政部改隸行政院之後，因法官訓練本屬司法行政事項，不屬於司法院的主管範圍，因之法官訓練事宜，仍舊由其繼續辦理司法院認為頗為不便，因此經過協商由考試院分別呈奉中央第 219 常會通過暨國防最高委員會批准，同時為遵奉中央意旨，屬行緊縮起見，司法院決定，待 1941 年高等司法官考試及格人員訓練期滿，業務告一段落後將該所裁撤。〔註45〕1943 年6 月，法官訓練所停辦，其組織條例亦同時呈准廢止，隨之法官培訓任務主要由中央政治學校承擔。〔註46〕

　　為了更加直觀地瞭解民國時期的法官訓練制度發展歷程，特製表如下：

〔註41〕葉楚傖：《現任法官調京訓練第一期舉行開學典禮，葉氏訓詞》，載《中央周報》第 440 期，1936 年 11 月 9 日。

〔註42〕葉楚傖（1887 年－1946 年）原名宗源，字卓書，別字小鳳，江蘇省吳縣周莊鎮人。辛亥革命家、國民黨元老、報人、作家，教育家。曾擔任上海《民國日報》主編，國民黨中央執委會常委兼秘書長。

〔註43〕葉楚傖：《現任法官調京訓練第一期舉行開學典禮，葉氏訓詞》，載《中央周報》第 440 期，1936 年 11 月 9 日。

〔註44〕參見河南省政協文史資料委員會編：《河南文史資料》第 4 輯，第 160 頁。

〔註45〕參見《司法院工作報告》，司法院編印，1941 年 9 月–1943 年 6 月。

〔註46〕據陳嗣哲先生回憶，「法官訓練所共辦過司法官班十屆，學員約 1000 人；承審員班二屆，不足 200 人；監獄官一屆，不過五六十人。承審員是經考試院普通考試所錄取，訓練練期限兩年，畢業後即分發各省高院派往縣司法處任審判員。監獄官班係調訓在職者，一年畢業後，仍返原職。唯獨第五、第六屆兩班的司法官班學員，並未經過高等考試。他們是抗日戰爭期間，國民黨政府退到武漢時，由國民黨中常會通過名單，發交遷址重慶的法官訓練所代為訓練的檢察官班。第五屆學員均法律系畢業者，訓練期限半年。第六屆學員全是中學生，訓練一年。畢業後並不舉行再試，即出任各地法院檢察官，且全是正職。」參見陳嗣哲：《1912 年至 1949 年我國司法界概況》，《文史資料存稿選編》，中國文史出版社，2002 年版，第 459 頁。

時間	組織名稱
民國三年至十年（1914～1921 年）	司法講習所
民國十五年（1926 年）	司法儲才館 法官學校
民國十八年至三十二年（1929～1943 年）	法官訓練所
民國三十二年（1943 年）	中央訓練團
民國三十二年至三十八年（1943～1949 年）	中央政治學校司法官訓練班

圖 2-1　法官訓練機構沿革一覽表

資料來源：林佩瑛：《我國司法官訓練制度之研究》，國立政治大學公共行政學系 2003
　　　　年碩士論文，第 51 頁。

（二）法官的任用

法官事務不僅繁重，且職責重大，而法官任用依照法律規定須以考試為
原則，考試的目的在於選拔真才實幹之人出任法官，而且其任用也須經銓選
才能敘用。南京國民政府時期，司法行政部對於法官的任用，一向非常慎重，
其下設有法官資格審查委員會，以及法官成績審查委員會。〔註 47〕依據「五
權分立」原則設立的考試院下設考試委員會，專門掌理對法官的考選事務；
另設銓敘部〔註 48〕，專掌對法官的銓敘事務。凡初任法官，必先調取證明資
格文件，交審查委員會審查合格，待到請薦就職之時，又調取辦理民刑案件
裁判書，再交審查委員審查，決議後轉交考試院銓敘部審查，合格後由司法
行政部以國民政府名義任命。國民政府期望通過嚴格依照法律規定來任用法
官，以保證銓選法官之素質修養，維護審判制度之公平公正，以期達到養成
民眾重法之理念，實現司法之真正獨立。

1932 年 4 月 11 日，司法行政部公佈了《司法官任用暫行標準》，對簡任
院長、庭長、推事、檢察官、薦任司法官的任職資格進行了詳細規定，須具
有下列資格之一才可以任職：現任或曾任簡任司法官經甄別審查或考績合格

〔註 47〕參見《司法院最近工作概況》，司法院編印，1940 年 3 月，第 6 頁。
〔註 48〕銓敘部於 1930 年 1 月成立。隸屬考試院。內部組織先後設有總務司、登記司、
　　　　育才司、甄核司、考功司、獎恤司、典職司、銓敘審查委員會、設計考核委
　　　　員會及督催室、專員室、視察室、參事室、統計室、會計室等。主要負責全
　　　　國文職公務人員和考取人員的登記銓敘和各機關人事機構之管理事項。

者；現任或曾任高等法院或其分院首席檢察官、庭長、推事、檢察官合計在 3 年以上，並經甄別審查或考績合格者；在國立或經最高教育行政機關立案或承認之國內外大學獨立學院專門學校修習法律學 3 年以上得有畢業證書，現任或曾任簡任司法行政官辦理民刑案件 2 年以上，薦任司法行政官辦理民刑案件 5 年以上，並經甄別審查或考績合格者；得有第三款畢業證書，曾於民國有特殊勛勞或致力國民革命 10 年以上而有勛勞，並曾任司法官 3 年以上者；得有第 3 款畢業證書，曾任前司法機關簡任司法官 1 年以上，於法律有特殊研究或成績優良者；得有第 3 款畢業證書，曾任前司法行政機關簡任司法行政官辦理民刑事案件 3 年以上，於法律有特殊研究或成績優良者；外國大學修習法律學 5 年以上畢業得有學位，任司法行政官二年以上、大學教授 5 年以上、律師職務 5 年以上；有國內大學法科畢業證書、教授法律 10 年以上者；有國內大學法科畢業證書、執行律師職務 10 年以上者。〔註 49〕這實際上說明，南京國民政府時期任何級別的法官任用都必須是經過甄別審查或考績合格，其中相應的法學教育背景，一定的司法經驗也是重要因素，同時對於民國政府立有特殊功勛也在考慮之列。

　　該暫行標準同時也規定了法官任用的禁止性條件，即具有下列情形者之一者，不得任用為法官：褫奪公權尚未復權者；虧空公款尚未清償者；曾因贓私處罰有案者，吸食鴉片或其代用品者。1935 年 7 月 1 日，《法院組織法》生效後，暫行標準自動失效，而該禁止性條件在同年 11 月 13 日修正公佈的《公務員任用法》第 6 條中被稍加修改，亦予以保留。

　　《法院組織法》同時於第 33 條對推事檢察官的任用重新作了詳盡的規定，〔註 50〕相較於《司法官任用暫行標準》，其合理之處之處在於通過修正有利於具有一定法學素養的法學學者被吸納到法官隊伍裏，以便於與具有豐富司法經驗的律師相輔相成。時人評論認為，若此「運用得當」，則「兼收而並蓄之，國內法律人才，可以搜羅無遺矣」。〔註 51〕

　　根據《法院組織法》第 24 條，南京國民政府時期地方法院及其分院的推

〔註 49〕　參見《司法官任用暫行標準》，《中華民國現行法規大全》，商務印書館，1934
　　　　　年版，第 1133 頁。

〔註 50〕　參見丁元普：《法院組織法要義》，上海法學書局，民國 24 年 8 月再版，第 52
　　　　　～53 頁。

〔註 51〕　王用賓：《二十五年來司法官任用之檢討》，載《中央周報》第 438 期，1936
　　　　　年 10 月 26 日出版。

事爲薦任，高等法院兼任院長及充任庭長之推事爲簡任，其它推事爲薦任，書記官除書記官長外均爲委任級。簡任、薦任以上審判人員之任命狀由國民政府主席署名，以國民政府任命，委任級由高等法院院長任命，同時報司法行政部備案。

有必要指出的是，南京國民政府於 1932 年 1 月頒布了《司法官任用迴避辦法》，根據該辦法，對國民政府法官的任用還實行迴避制度，其第 1 條至第 3 條明確就規定了兩種迴避：

第一、本籍迴避：各省區高等法院以下法院院長、首席檢察官不得以本省本區人充任，但邊遠及交通不便或有特殊情形者暫得迴避該法院管轄區域，又各省區各級法院推事檢察官應迴避該法院管轄區域。

第二、親屬迴避：各省區各級法院院長及推事檢察官與該管上級法院或本院長官有四等血親關係三等姻親關係者均應自行聲請迴避。〔註 52〕

本迴避辦法也同樣適用於實缺、代理及候補司法官以及法院書記官長、主任書記官、書記官及監所職員等。迴避制度的設置乃出自於公平審判的要求，期望可以達到避免法官濫用權限，預防審判偏見的目的，從而保證法官公正無私、無偏見地處理當事人之間的紛爭，這既是對法官本身素養的自律要求，也是組織建立公正而獨立的法院體系的必備要求。南京國民政府此舉意義重大，並對刑事司法審判制度的正義性影響深遠。

第二節　刑事審判之核心：法官獨立的本土化

司法是社會正義的最後一道防線。法官執掌國家司法權的行使，要做到秉公裁判，必然要求法官應該依法獨立審判，因此也決定了一個國家司法制度的優劣。法官獨立作爲司法獨立的核心，伴隨著司法獨立的產生而產生。中國傳統社會司法和行政不分，司法權在中央雖由專門機構（如大理寺、御史臺、刑部等）行使，但傳統社會中國家的行政權、司法權合一，是君權至上的一元權力體系，審判權從屬於行政；在地方，司法權則是由地方行政長官兼理，司法與行政完全摻雜在一起，無任何獨立性可言。因此，中國傳統社會並沒有嚴格意義上的法官，更無法官獨立審判的觀念與實踐，當然也就不會存在法官獨立問題。隨著近代西方司法制度在中國的傳播，近代中國的

〔註 52〕 李光夏：《法院組織法論》，大東書局，1946 年 11 月再版，第 84 頁。

政權體系開始由權力一元向三權分立轉變，司法獨立理念隨之傳入中國並發芽，伴隨著新式法院的籌建，職業法官的逐漸形成，法官獨立觀念也被時人提出，並最終被寫進相關法規，由於是西式法律理念，其在我國近代社會不僅存在著有效建立問題，而且觀念融合更是應該予以重視，法官獨立之本土化值得細緻探討。

一、法官獨立之釀成

　　清末時期的維新思想家和主張立憲的官員們已經認識到行政與司法合一的諸多積弊，如嚴復明確主張審判應該獨立進行，司法機關與行政機關應該分離，在其所譯《法意》中以「案」指出：「所謂三權分立，而刑權之法庭無上者法官裁判曲直時，非國中他權所得侵官而已。然刑權所有事者，論斷曲直，其罪於國家法典，所當何科，如是而止。至於用刑行罰，又係政權之事，非司法之官之職也。吾國行杖監斬，皆刑官爲之，此乃立憲政體所無之事。」〔註53〕端方等在出使各國考察政治與憲政制度回國後，在其《奏請改定全國官制以爲立憲預備摺》中專門論述道：「司法與行政兩權對峙分立，不容相混，此世界近百餘年來之公理，而各國奉爲準則者也。蓋行政官與地方交接較多，遷就瞻循，勢所難免，且政教愈修明，法律愈繁密，條文隱晦，非專門學者不能深知其意。行政官既已瘁心民事，豈能專精律文，故兩職之不能相兼，非惟理所宜然，抑亦勢所當爾。」〔註54〕慶親王奕劻等在《奏釐定中央各衙門官制繕單進呈摺》中也對我國傳統行政司法不分的弊害進行了剖析：「以行政官而兼有立法權，則必有藉行政之名義，創爲不平之法律，而未協輿情。以行政官而兼有司法權，則必有循平時之愛憎，變更一定之法律，以意爲出入。以司法官而兼有立法權，則必有謀聽斷之便得，制爲嚴峻之法律，以肆行武健，舉人民之生命權利，遂妨害於無形。」〔註55〕因此，借鑒近代西方司法模式，改革刑事審判制度，實行法官獨立，理論上已經基本成爲共識，付諸實踐也應該只是時間問題。

〔註53〕嚴復：《孟德斯鳩法意》，（第十九卷）論關於國民精神、行誼、風俗之法典，商務印書館，民國28年，第21～22頁。

〔註54〕故宮博物院明清檔案部：《清末籌備立憲檔案史料》，中華書局，1979年版，第379頁。

〔註55〕《清末籌備立憲檔案史料》，中華書局，1979年版，第463頁。

　　於是在接下來的清末立憲，變法修律中，「遠師德法，近仿東瀛」，〔註56〕並於 1906 年制定了《大理院審判編製法》，該法規定：「關於司法裁判，全不受行政衙門干涉，以重國家司法獨立大權，而保護人民身體財產。」〔註57〕初步就法官獨立原則進行規定。宣統二年（1910 年）二月七日，經憲政編查館兩年多的審核議定，清廷正式頒布《法院編製法》。關於審判獨立之權，《法院編製法》規定：「其屬於最高審判及統一解釋法令事務，即有大理院欽遵國家法律辦理。所有該院現審死罪案件，毋庸咨送法部覆核，以重審判獨立之權。凡京外已設審判廳地方，無論何項衙門，按照本法無審判權者，概不得違法收受民刑訴訟案件」〔註58〕。據此，法官獨立審判原則在晚清刑事司法體制改革中以法律明文規定的方式得到了體現。

　　辛亥革命後，南京國民政府公佈具有臨時憲法效力的《中華民國臨時約法》，把西方國家的「三權分立」和司法獨立原則正式地引入到了中國。該約法規定：「中華民國以參議院、臨時大總統、國務員、法院行使其統治權」，「法官獨立審判，不受上級官廳之干涉」。〔註59〕其對法官獨立的規定非常到位，即法官依法獨立審判，行政不得非法干預。同時規定保障法官獨立審判的保障原則，即「法官在任中，不得減俸或轉職，非依法律受刑罰宣告者，或應免職之懲戒處分，不得解職。懲戒條規，以法律定之。」〔註60〕《中華民國臨時約法》雖未實施，但作爲中國歷史上第一部憲法性文件，初步引進「三權分立」原則，將法官獨立審判的原則正式寫入該約法，無疑是司法上一種巨大進步。

　　北洋政府時期對法官獨立的認識和實踐有了更進一步深化，1912 年 9 月 5 日，北洋政府國務院發佈通告，稱「立法、行政、司法分權鼎立，爲共和國之精神，凡司法範圍以內之事，無論何項機關，均不得侵越干預。」〔註61〕

〔註56〕　《清朝續文獻通考》卷 127，職官 13。中國人民大學法制史教研室編：《中國近代法制史資料選編》第一分冊，1980 年印，第 73 頁。
〔註57〕　《大清新法律彙編》，麟章書局，宣統 2 年再版，第 199～200 頁。
〔註58〕　故宮博物院明清檔案部：《清末籌備立憲檔案史料》，中華書局，1979 年版，第 464 頁。
〔註59〕　《中華民國臨時約法》，商務印書館，民國 5 年 9 月再版，第 1、8 頁。
〔註60〕　《中華民國臨時約法》，商務印書館，民國 5 年 9 月再版，第 9 頁。
〔註61〕　張晉藩：《中國百年法制大事縱覽（1900～1999）》，法律出版社，2001 年版，第 143 頁。

之後於 1914 年 5 月 1 日公佈的《中華民國約法》雖然正式確立了三權分立原則，但是規定：「法院依法律獨立審判民事訴訟、刑事訴訴；但關於行政訴訟及其它特別訴訟，各依其本法之規定行之。」第 48 條規定了法官在任中不得減俸或轉職；非依法律受刑罰之宣告或應免職之懲戒處分，不得解職。〔註 62〕這就很明顯將法官獨立弱化為法院獨立，使得司法獨立原則大為縮水，但值得注意的是，法官自身權益的保護得到加強，法官的地位得到了尊重，從而一定程度上加強了法官獨立審判，保證了司法的公正和獨立。1923 年 10 月 10 日公佈的《中華民國憲法》，是中國近代史上首部正式頒行的憲法。第 97 條規定：「中華民國之司法權，由法院行之。」第 101 條規定：「法官獨立審判，無論何人，不得干涉之。」第 102 條規定：「法官在任中，非依法律，不得減俸、停職或轉職。」〔註 63〕這樣的規定已基本還原法官獨立的本來面目，既明確規定了法官獨立原則，同時也加強了對法官地位的保障；在強調司法權專屬性的前提下，把法院獨立行使司法權與法官獨立審判相結合，首次將司法獨立原則完整規定下來。

南京國民政府始自建立就具有濃厚的「軍治」、「黨治」色彩，實行一黨專制，並在司法實踐中實施司法黨化，雖然吸收了自清末修律以來法制改革的成果，全面引進西方法律制度尤其是借鑒大陸法系的法律傳統，開展了規模宏大的立法活動，按照「五權憲法」的制度架構，標示以「司法獨立」為組織原則，建立起一整套相對完整的司法組織體系和審判運作機制，但直到《中華民國憲法》才正式確立法官獨立。1946 年 12 月 25 日南京國民政府國民大會通過了《中華民國憲法》，並於 1947 年 11 月 1 日公佈，於第二年 12 月 5 日施行。該法第 80 條規定：「法官須超出黨派以外，依據法律獨立審判，不受任何干涉。」〔註 64〕其第 81 條更是規定法官為終身職，使得法官地位進一步提高，讓法官獨立審判無後顧之憂。我們可以注意到，《中華民國憲法》不但規定了法官獨立，而且要求法官「須超出黨派之外」，居中裁判；而且在第 79 條中明確規定法官必須由總統提名，經監察院同意才可任命，切實保障了法官獨立，是近代中國對法官獨立規定得最到位的一部憲法。

〔註 62〕《中華民國臨時約法》，商務印書館，民國 5 年 9 月再版，附錄，第 18 頁。

〔註 63〕郭衛、林紀東：《中華民國憲法史料》，大東書局，民國 36 年 9 月初版，第 38 頁。

〔註 64〕郭衛、林紀東：《中華民國憲法史料》，第 158～159 頁。

二、法官獨立之理論解讀

依照近代西式法律理論，為了勵行法治及保障人權，其中最關鍵的是，法院的裁判必須符合公平正義，而這一願望的實現，有賴於將法官獨立審判原則於憲法中明文規定，通過憲法予以保障。近代中國變法修律雖然迫於無奈，但其西式法律制度的引入，勢必踐行其如影隨形之法治理念，因此在近代時期的司法改革中，在頒布的相關法律法規中就規定有保障法官依法審判，不受外力干涉的條款，法官獨立理念的本土化一如上文所述。

我國傳統是一元權力模式，行政兼理司法，權力不分，而法官獨立的設置，則是源自於權力分立原則，也就是國家司法權的行使應獨立於立法權與行政權之外。權力分立原則就是將國家權力分配於不同機關行使，以防止權力集中，從而避免政治專制，遠離司法擅斷，使得國家各權力機關彼此制衡；對於法官而言，要客觀中立地依據法律，解決社會大眾之間，甚至於民眾與國家間的爭端，行使職權必須保持獨立，如果法官隸屬於其它國家機關，那麼法官行使其權力時，必然受到該機關牽制與制約，也就喪失了權力分立的本來目的。正如孟德斯鳩所云：「如果司法權不同立法權和行政權分立，自由也就不存在了。如果司法權同立法權合而為一，則將對公民的生命和自由施行專斷的權力，因為法官就是立法者。如果司法權同行政權合而為一，法官便將握有壓迫者的力量。」〔註65〕法官獨立的重要性，由此可見一斑。依照權力分立原則，法官必須依據法律獨立行使其審判職權，也就是法官要受到合憲性法律的約束，而法官行使其職權受到法律約束，則是立法機關對司法機關的權力制衡，而這也正是分權原則的要求。

一般而言，法官獨立內涵包括法官外在獨立與內在獨立，法官外在獨立是指法官的職務獨立與身份獨立，法官內在獨立則是指法官本身的獨立。〔註66〕法官的職務獨立是指「法官就其裁判行為不但有行動的自由，也有不受他人指示或命令的自由」；法官的身份獨立則指「除非法律規定，禁止在未經法官本人同意的情況下，變動其身份地位或予以調動他職等」；而法官本身獨立即法官的內心獨立，指法官應具備排除各種干擾，作出理性、客觀裁判的意

〔註65〕（法）孟德斯鳩：《論法的精神》（上冊），商務印書館，1997 年版，第 156 頁。

〔註66〕參見（德）傅德：《德國的司法職業與司法獨立》，載宋冰編：《程序、正義與現代化》，中國政法大學出版社，1998 年版，第 1～49 頁。

識和能力。〔註67〕在法官的職務獨立及身份獨立，也就是法官的外在獨立獲得法律保障時，法官行使審判權才能不受其它任何可能的影響，而僅憑其內在良知，依據法律作出客觀公正的判決。

1、職務獨立

職務獨立指法官在執行審判職務時，為求裁判公正，不受任何形式與權力的干涉，僅受法律的拘束，這是法官獨立的核心。在前文中，各個時期的憲法性文件一般均規定了法官依據法律獨立審判，不受任何干涉的內容，用以保障法官審判獨立。

具體而言，包括下述兩點：

（1）獨立於任何來自他人之指示、命令、人情或威脅勒索，即法官不受任何他人的指令；

（2）法官進行裁判行為時，不受來自政府、議會、政黨、民眾或其它任何機關團體等的妨礙，獨立於社會上各種權勢。

概而言之，法官的職務獨立主要就是避免外部及內部的干涉，以免法官受到外部各種國家機關權力、政治勢力、輿論壓力的干涉，同時也不受其內部上級長官的指揮。「法官在履行審判職能以及製作司法判決的過程中，只能服從法律的要求與其良心的命令。法官只有具備了這一方面的獨立要求，才能在審判過程中保持一種中立的地位和公正的態度，並免受任何無關的外在壓力。」〔註68〕當然法官之獨立審判，並不是指法官可以恣意裁判，其必須遵守依法審判的原則，嚴格遵守法律拘束。

2、身份獨立

所謂法官身份獨立，係指從事審判的法官，其身份以及隨身份而獲得的待遇，不因審判結果而受到任何影響，也就是「法官執行審判職務的任期和條件應當得到充分的保障，以確保法官個人不受行政機關的控制。為實現法官的身份獨立，法官的調遷、薪俸、退休、紀律處分等與其任職有關的事項必須免受行政機關的控制，而由專門法律直接規定，並由一個不受行政機構

〔註67〕參見丘聯恭：《司法之現代化與程序法》，臺灣三民書局，1992 年版，第 60～61 頁。

〔註68〕陳瑞華：《刑事審判原理論》，北京大學出版社，1997 年 2 月第 1 版，第 164 頁。

控制的機構加以管理」〔註 69〕，同樣，前述憲法性文件還大都規定了非依法律，法官不得停職、轉任或減俸等條文，其宗旨就在於給予法官提供身份保障。法官的身份獨立，實際上可以確保審判獨立的良好運行。試想如果憲法只是保障法官依據法律獨立審判，不受干涉，而法官的職位或其薪俸卻沒有受到保障，那麼法官或者因畏懼遭受免職、停職或減俸，而裁判不公；抑或雖然個性剛毅，不畏壓力，但若隨時可被調動、轉任，由他人接辦，則亦難以公平裁判案件。故而要使法官依法獨立審判，就必須同時保障其身份，否則難以達到公正裁決的目的，也使得刑事審判的有序運行大打折扣。需要說明的是，法官的身份獨立除了制度上的保障外，還必須有良好的內在約束機制，這就涉及到法官本身素質的良好養成以及相關配套措施的制定實施。

一言以蔽之，法官獨立乃司法獨立之核心。但是否能夠真正實施，一方面看相關的法律制度的完善程度，另一方面，法官制度的有效建立也是必不可少，更為重要的是，刑事審判實踐中法官獨立審判能否切實落實，因為「司法的任務是通過其判決確定是非曲直，判決為一種『認識』，不容許在是非真假上用命令插手干預」。〔註 70〕可以說，近代刑事審判制度改革的具體成效就取決於法官獨立原則在審判中的實踐狀況，但是我們必須認識到，囿於中國固有的法律文化傳統和其它各種因素的制約，法官獨立在認知和實現的程度上都非常有限，尤其是在中國語境之下，其獨立程度的實現不僅僅是制度構建，更大程度上是依賴於固有觀念之轉變，相關制度之變革，但是就其作為法官獨立本土化的一個起點而言，其理論價值與實踐意義應該是無容置疑的。

本章小結

作為刑事訴訟的主體，法官在刑事審判中的基礎地位與重要作用是不可替代的，其所作所為，一言一行都是一個社會法律制度的標尺，可以這樣認為，法官制度之好壞是衡量一個國家或者社會法制良善的標準。而同時，在一個國家和社會當中，法官制度由於其居於法之適用的樞紐位置而成為社會公平正義、從而也成為刑事審判制度最核心最關鍵的制度。

〔註 69〕 陳瑞華：《刑事審判原理論》，第 165 頁。
〔註 70〕 （德）拉德布魯赫：《法學導論》，米健、朱林譯，中國大百科全書出版社，1997 年版，第 121 頁。

近代中國在移植引進近代西方刑事法律法律制度與法院體系設置的基礎上，也引入了近代西方的法官制度，從法官選拔到法官訓練都一體仿照最新西式制度，正式確立了近代中國的法官制度。如果說法院是維護社會公平正義的最後一道防線，那麼，法官就成為這道防線的守護神；從這層涵義延伸，法官的獨立審判制度是法官制度的核心，而法官的獨立審判也是司法獨立的具體體現，法官選拔制度、法官訓練制度以及法官保障制度則是法官獨立審判制度的制度保障。通過前文的論述，我們可以看到，近代中國法官制度在其建立實施過程中體現蘊含了刑事司法制度中的制度理性，並通過法律規制保障了這種制度優勢。

但是法官的真正職能在於：憑藉自身的法律素養，通過其法律邏輯判斷能力將其掌握的法學理論適用於具體案件裁判之中，從而實現與保障社會的公平正義，因為「法官乃是會說話的法律，而法律乃是沉默的法官」〔註71〕。同時由於經由法官審判的案件具體地證實法律的價值理念，因此只有法官正確地適用法律，嚴格據法裁判，法律才能給予訴訟當事人以及社會大眾以正確的引導，樹立起對法律的信任，從而真正實現法律的適用性與價值性，使得法官的選拔、訓練以及社會化始終保持一致性。於是在接下來的一章裏，我們將通過對近代時期的刑事審判進行實證分析，由案件的操作乃自裁判的產生條分縷析，籍此觀察刑事審判制度之實效。

〔註71〕（美）愛德華・S・考文：《美國憲法的高級法背景》，強世功譯，生活・讀書・新知三聯書店，1996年版，第8頁。

第三章　近代中國刑事審判實證研究

　　任何法律規範的制定，都必須切合社會現實的需要，否則司法實踐中會產生衝突以致施行不暢，其運行也就不可能長遠，刑事審判制度也是如此。一個好的刑事審判制度，必須同時兼顧理論與實踐；縱然理論再美好，但卻無法落實於司法實踐，再完美的刑事審判制度最後也只是浮於紙面，成爲具文，而要觀察刑事審判制度是否切合現實情境，是否得到社會大眾的認可就必須進行實證考察與分析。因此本文中研究刑事審判制度，不僅僅從刑事審判規範層面展開研究，而且在本章將深入審判實踐，通過研習刑事審判案例，對之進行理論解讀從而辨識刑事審判制度之良窳。

　　清末刑事審判制度改革的一個重要成果是，仿照大陸法系的法院體系設立四級三審的審判機構——大理院和各級審判廳，但各級審判廳僅限於直隸以及各直省省城商埠，同時依據西式法律體系，制定了一系列刑事審判法規。各省城、商埠各級審判廳設立之後，隨之便接管了那些原來由各級行政官員裁判的民刑案件。爲了輸送新鮮血液，宣統二年秋，清法部組織了中國近代第一次全國範圍內的法官考試，錄取了五百六十餘名法官，分發到各級審判、檢察廳，從而給剛成立的各級新式司法機關輸送了一批新式的司法專門人員。〔註 1〕較之刑名幕僚，這些經由法官考試選拔任用的法官審理刑事案件時，其變化不僅僅表現在判詞結構形式的製作，即判詞內容本身更易懂、閱讀，更重要的是內容更有說服力，突出了新式法律詞彙，體現了刑事審判制度轉型時期判詞的主要特色，從而加速了西式法律理念的快速傳播。

〔註 1〕參見李啓成：《晚清各級審判廳研究》，北京大學出版社，2004 年 6 月版，第 113～116 頁。

儘管晚清時期各級審判廳審理案件實行的是民刑分離的審理原則，但《大清現行刑律》依然作爲其審理案件的主要實體法律依據而發揮作用。考察汪慶祺編輯的《各省審判廳判牘》，其中刑事判詞一共 117 則，多數是在事實確鑿的基礎上直接引用《大清現行刑律》的相關規定定罪量刑，有少數則是通過解釋《現行刑律》的相關條款進行審理。應當說各級審判廳的法官們，在晚清既有刑事法律規範並不完備的情況下，既在可能的範圍內遵循了成文法規範，又根據自己的學識和經驗，將一些新式法學理論運用於刑事司法審判，不僅較好地履行了司法職能，進行了公平審判，實現了社會公正，而且其所爲有助於提高法官自身的學識和素養，其所判也成爲將來之司法官的參考材料。然而，晚清時期各級新式審判廳實際審理案件的時間很短，直隸及各省省城商埠審判廳大多不過一年左右，縱然是運行時間最長的東三省各級審判廳，也不過四年左右時間，因之，要對近代時期刑事審判制度進行系統研究，我們必須在研究晚清時期刑事審判制度的基礎上，對隨後的北洋政府時期以及南京國民政府時期的刑事審判實踐需要繼續展開研究。〔註 2〕

因此，本章篇幅將致於討論北洋政府時期（大理院時代 1912～1928）與南京國民政府時期（1928～1937）的刑事審判實務，主旨意在通過探討近代時期的刑事審判實踐，具體分析近代中國刑事審判實務的運作情形，籍此觀察近代時期刑事審判制度於國家、社會、個人架構之中的運行實態，分析西式移植法與我國固有法之衝突。

第一節　北洋政府時期刑事案例研習

本部份所用案例選自《京師地方審判廳法曹會判牘彙編》（第一集）與《直隸天津地方審判廳判牘彙刊》。所選案件時間發生於 1913 年至 1916 年期間，所選案件發生空間也具有獨特性，分別位於京師、直隸天津境內，給我們研究近代中國該類地區刑事司法審判實務的提供了便利的文獻資料。有關判例的選取，著重在法律思想上能與傳統案例所涉理論產生鮮明對比爲要旨，所選案例意在體現近代刑事司法原則，諸如個人平等、罪刑法定，以及公開審理、證據裁判等原則，以期在研習案例時，有效把握傳入我國之西式先進審

〔註 2〕有關晚清時期刑事審判實務，李啓成在《晚清各級審判廳研究》第五章做了細緻的研究。詳參李啓成：《晚清各級審判廳研究》，第五章各級審判廳的判決書研究，北京大學出版社，2004 年 6 月版，第 124～173 頁。

判理念的實際運行。就刑事審判適用的法律淵源來說，北洋政府時期的刑事訴訟程序基本上是援用清末沈家本等人所主持編纂的相關法規，最主要者即《各級審判廳試辦章程》、《法院編製法》與《刑事訴訟律草案》等，當然司法部爲求簡易刑事訴訟從速處理，於 1914 年 4 月特別以部令形式頒布的《地方廳刑事簡易庭暫行規則》10 條與《審檢廳處理簡易案件暫行規則》9 條，實務中也多加適用，而刑事實體法則基本上援用《暫行新刑律》。

一、京師地方審判廳審判案例

　　本部份討論之案例由《京師地方審判廳法曹會判牘彙編》（第一集）中選出，該書由熊元翰、張宗儒、張蘭以及劉豫瑤等編輯，商務印書館 1914 年 9 月出版，其中收集刑事案例 180 件，是京師地方審判廳審判官就 1913 年至 1914 年所審案件製作的判詞。〔註3〕該書中所選刑事案例依照中華民國《暫行新刑律》分則各章罪名排次，並以加入京師法曹會審判官審理的案件爲限，具有一定的代表性，是分析北洋時期刑事審判制度運作的難得案例。

案例一：劉魏氏歐傷孫三元一案

（一）事實

　　劉魏氏之夫劉如慶，在前清慶王府充當太監，收有徒弟孫三元等隨同當差。劉如慶於民國元年五月間病故。孫三元現因差事撤銷，生計艱窘。時向師母劉魏氏借貸，劉魏氏亦時相周濟。孫三元於民國二年九月十六日因向劉魏氏強借未遂，致相口角，劉魏氏一時氣忿，用烟槍將孫三元頭部擊有微傷，孫三元於揪扭之時，將劉魏氏茶壺、茶盅、花瓶撞碎。孫三元喊控到區，送由同級檢察廳訊驗明確，起訴到庭，劉魏氏委任辯護人楊葆銘聲稱，劉魏氏因孫三元索借不休，言辭強橫，一時氣忿，用烟槍責打，係以舊日觀念師母責打徒弟，理無不合，不知觸犯刑律第三百十三條第三款之罪，此其情有可原者一；劉魏氏鴉片烟已經戒食，惟烟具尚未銷毀，不知收藏烟具仍爲犯罪，所有烟具並非由警察抄出，係自己呈繳，其情有可原者二。至孫三元毀損瓷物，請應依律處罰等語，孫三元供稱，伊係劉如慶首徒，有應享有遺產權利，平時所有積資交劉如慶存放，均被劉魏氏吞沒，並稱劉魏氏屋內瓷茶壺等件，係被扭打時撞翻以致

〔註 3〕本部份所選案例皆是具有代表性的案例，便於研習近代北洋政府時期刑事審判制度之實際運作，同時判詞原文并無標點，現一律加注標點，并稍作處理以便於研究。

破碎。查劉如慶遺產孫三元應否分受，應視劉如慶有無遺言爲斷，劉如慶徒弟既非一人，只係孫三元主張權利，是劉如慶並無分產遺言相囑足以證明，且遺產問題純係私訴，與本案無涉。惟孫三元狀稱所有積資均被劉魏氏勒揹，核計單開各項多至萬餘金。孫三元既有此巨款存放劉如慶手，何至憑據毫無？查單開每年門包約三四百兩，十餘年未分賞錢，禮敬每年約一百兩，八年未分。劉如慶在日應分之錢，何十餘年不一索取，顯係以劉如慶去世，劉魏氏可欺，索借未遂，捏造事實，欲達詐財目的，當經范庭檢察官口頭起訴孫三元詐欺取財未遂罪，證據充分，請依律判決。依以上證明應認爲確定事實。

（二）判決

劉魏氏犯傷害罪，判處五等有期徒刑二月，犯收藏烟具罪，判處罰金五十元，其徒刑緩刑三年。孫三元犯詐欺取財罪，判處四等有期徒刑二年，褫奪公權全部五年，沒收烟槍三支，烟燈一個，烟干一支，烟斗二個。

（三）理由

依據事實，劉魏氏加輕微傷害於孫三元，該當暫行新刑律第三百十三條第三款之罪，判處五等有期徒刑二月。經查乃係初犯輕罪，具備緩刑要件，依第六十三條宣告緩刑三年。又因爲收藏烟具，該當第二百七十三條之罪，判處罰金五十元。孫三元詐欺取財未遂，依第十七條第三項減既遂罪一等，適用第三百八十二條所定刑期，減一等爲四等以下有期徒刑。但是孫三元詐欺情節較重，應從本刑範圍內最高度刑期判處四等有期徒刑二年，並依第三百八十九條褫奪公權全部十年。劉魏氏被毀損瓷物繫於孫三元揪扭時撞碎，孫三元對於四百零六條第一款之罪不能成立，應該免於置議，烟具依第四十八條第二款沒收。

（四）評析

本件案例涉及傷害罪、收藏烟具罪、詐欺取財罪等，由審判官推事分別嚴格依律判決，體現了罪刑法定原則，「法律無正條者，不問何種行爲不爲罪。」查暫行新刑律第三百十三條第三款規定，傷害人致輕微傷者，處三等至五等有期徒刑，又據暫行新刑律總則刑名規定，五等有期徒刑爲二個月以上一年以下。〔註4〕本案中劉魏氏所犯傷害罪情節輕微，口角過程中因一時氣憤，用

〔註4〕商務印書館編譯所：《中華六法（一）》，（暫行新刑律），商務印書館，1913年08月第1版，第5、11、69頁。

烟槍將孫三元頭部擊有微傷，並無殺人之故意，且有符合緩刑的條件，故犯傷害罪處五等有期徒刑二月，緩刑三年，又因其收藏專供吸食鴉片烟之器具，觸犯新刑律處罰金五十元。值得注意的是，在暫行新刑律中有期徒刑採用等級制，將其區分為五等，即判刑時，以此五等為標準，但是犯罪行為有輕有重，情節亦難相同，而局限於在此五等範圍內量刑，難免畸輕畸重，失之公正。

案中孫三元虛構事實，稱其當差時所有積資均被劉魏氏勒索佔有，意圖不法取得他人財產為己所有，劉魏氏並沒有聽信其言交付財產於孫三元，法庭依據直接審理原則，即由審判官直接審問案件當事人並調查案件事實，查劉如慶未曾留有遺言，孫三元也無具體憑證，而只是憑空主張所謂權利，審判人員審查後認為其「索借未遂，捏造事實，欲達詐財目的」，沒有採信孫三元之主張，經法庭判定，孫三元犯詐欺取財未遂罪。整個審判過程始終是由審判人員親自審查證據，在此基礎上結合其它陳述，核實證據然後，依法作出判決，該案的審理給直接審理原則以最好的闡釋，也充分體現了真實發現原則的要旨。

需要注意的是，該案當事人並且委任了辯護人，可見產生於西方的辯護制度開始進入到近代中國的刑事訴訟中，通過委任辯護人以維護自身權利的意識開始為社會大眾所接受。至於案中所涉及之遺產權利糾紛，應屬於民事訴訟，與所審刑事案無關，法庭沒有應訴，說明當時在司法實踐中，京師地方審判廳已經開始實行民刑分立的審判原則，這就有利於案件分流，便於案件的快速審結，也利於刑事案件審理的專業化。

案例二：陳和興強姦尹袁氏一案

（一）事實

陳和興向與尹廷相同村前後居住，民國元年五月二十日，尹廷相告其強姦侵佔，經警廳解由同級檢察廳起訴到廳，據陳和興供稱，尹廷相欠伊銀五十元，允於陰曆三月二十二日在家償還。是日，到其家內，詎尹廷相已攜眷來京，因牽尹廷相驢頭，帶刀跟尋到京等語。訊據尹廷相供稱，三月十九日，陳和興伺伊岳父母外出，深夜持刀兩把，叫開房門，向伊妻袁氏求姦，袁氏不允，即拔刀扎傷左膝，以致不能抗拒，遂被姦污。嗣伊遣外甥林虎臣將袁氏接住京城，陳和興即將南苑驢頭、衣物全行搶奪，來京復帶刀追尋，經林虎臣喊警帶區，依遞投案。訊據林虎臣、尹袁氏供詞相符，迭次研訊陳和興，堅稱如前，當由

本廳派警在陳和興家牽出驢匹，起出衣物。又經驗明尹袁氏傷痕，其褲破口處與巡警扣留之刀分寸相合，又訊據尹廷相所舉出之證人鄰祐楊盛奇及楊三到案，均稱是夜雖未見陳和興進門，惟尹袁氏進京後，陳和興復在其屋內逗留兩三日，然後牽去尹廷相驢一頭，並帶其義務回京等語。本廳復爲陳和興搜求有利益之證據，乃查所供伊爲尹廷相向王芳林借款，亦曾前經預審庭傳訊王芳林，供無其事。陳和興又以持有尹廷相白契一紙，而尹廷相尚存有該房紅契一紙在手，如果尹廷相將房抵借，自必有借約、紅契及中人等種種證據，現陳和興僅執白契一紙，供爲借款，既屬虛捏，又復迭次供出三月十九日未離京之證據，當經按照所供調查，亦均不實，未便因其狡展致案久懸。查陳和興出入攜帶尖刀兩把，其平素凶惡，眾證確鑒，當尹袁氏獨居，深夜竟帶刀進屋，致尹袁氏被其脅迫行姦，不敢呼救，既有傷痕刀口可證，又從楊盛奇手中索取尹廷相所存驢皮衣物，對於恐嚇取財罪已成立，二罪俱發，證據充分，應認爲確定事實。

（二）判決

陳和興犯強姦一罪，處二等有期徒刑五年，褫奪公權全部終身，犯恐嚇取財一罪，處四等有期徒刑二年，執行有期徒刑四年，褫奪公權全部終身。未決期內羈押日數，以二日抵徒刑一日，沒收凶刀二柄。

（三）理由

根據以上事實，陳和興刃傷尹袁氏，並意圖強暴脅迫姦淫，該當暫行新刑律第二百八十五條之罪，應處以二等有期徒刑五年，又以欺罔恐嚇手段使楊盛奇將驢匹衣物交付於己，該當第三百八十二條之罪，應判處四等有期徒刑二年，依第二十三條之規定，於合併刑期七年以下，最長刑期五年以上，確定其刑期六年，並依第二百九十五條褫奪公權全部終身，其未決期內羈押日數，依第八十條准以二日抵徒刑一日，凶刀二柄依第四十八條第二款予以沒收。

（四）評析

本案首先體現了「不告不理」的近代刑事審判原則，強姦罪在暫行新刑律中是規定爲告訴乃論的，如果告訴權人不告訴，或本夫事前縱容或事後得利而和解，則告訴爲無效，案件也就不會受理，表示當事人在整個刑事審判程序中是居於主體的地位。〔註5〕反觀在大清律例中，強姦罪是無告訴乃論之規定可能性的，依據中國傳統刑法之理念，只要違犯道德，或者僅有違犯之

〔註5〕參見《中華六法（一）》（暫行新刑律），第64～66頁。

可能，「揆之情理，又不可違」，即看起來爲情理所不容的行爲，縱然「在律例皆無可坐之條」，也會以「不應爲」律被明刑定罪，〔註6〕或依照比附援引之方式入人於罪，而根本沒有罪刑法定主義的適用餘地。

　　但本案最大的意義卻在於，法庭在審理案件過程中遵循了眞實發現原則。依照近代刑事訴訟理論，所謂眞實發現原則是指，庭審中不以當事人所主張的事實及所提供的論據爲最終決定依據，而是以客觀的事實眞相爲裁判依據，也就是說，對於當事人的供認，法院應該仔細探究全部事實，並佐證以其它旁證，由法官自由心證判斷當事人自白是否眞實可信以便認定判案。

　　本案中，對於被告陳和興之供認，法院經檢出證物並訊據證人，「按照所供調查，亦均不實」，又查「其平素凶惡，眾證確鑒」，又驗明尹袁氏傷痕，有刀口可證，加之其索取尹廷相所存驢皮衣物，證據充分，事實確定，足以認定恐嚇取財罪已成立。可見眞實發現原則明顯有別於傳統糾問制之下的形式主義證據原則，即犯人的供認，既經招認，不需要經過審查判斷就可以據此裁判，注重的是形式，然而「按照這個主義，訴訟的審理，大都靠著當事人所陳述的事實和所提供的證據，然後審判官按照兩造的陳述和證據去判斷曲直。這是很危險的，爲什麼呢？因爲兩造各有事實各有證據，結果往往全非眞實，所以說形式的發現主義，最不易得到裁判公平的結果。」〔註7〕尤其是當事人之口供，眞偽難辨，若僅僅憑此認定並裁判案件，勢必難以公正裁決。有鑒於此，爲減少形式證據原則之下的種種弊端，力求裁判的公平，因而近代在引進西式刑事訴訟制度的過程中，將眞實發現原則寫入了《大清刑事訴訟律草案》。沈家本在闡述草案制訂宗旨時，詳細論述了眞實發現原則的三個要點：「摘發眞實，其主義有三：一爲自由心證。證據之法，中國舊用口供，各國通例則用眾證，眾證之優於口供，無待縷述。然證據而以法律豫定，則事實皆憑推測，眞實反爲所蔽，宜悉憑審判官自由取捨。一爲直接審理。凡該案關係之人與物必行直接訊問、調查，不憑他人申報之言辭及文書，輒與斷定。一爲言辭辯論。於原被兩造之言辭辯論而折衷聽斷，自經辯論後，於被告之一造，亦可察言觀色，以驗其情之眞偽。」〔註8〕從此之後，該原則也被其它刑事訴訟法典所吸納認同，

〔註6〕沈之奇：《大清律輯注》，法律出版社，2000年1月版，第951頁。

〔註7〕孫紹康編著：《刑事訴訟法》，上海商務印書館，民國25年1月再版，第15頁。

〔註8〕李貴連：《沈家本傳》，法律出版社，2000年版，第290頁。

由於眞實發現原則在審判實踐中的運用，改變了中國傳統的「罪從供定」，爲近代中國刑事審判制度的公正裁決發揮了巨大作用，減少了冤抑案件的產生。

案例三：馬德春殺葉鴻恩未遂一案

（一）事實

馬德春在內左一區當巡警，與巡官葉鴻恩素識。三月五日，葉鴻恩在辦公室內理髮，巡警啓泰亦在旁閒坐，馬德春突進屋內，將啓泰誘出，即持官用手槍在葉鴻恩頸後搬機，葉鴻恩因聞頸後有搬弄槍機聲音，驟然回頭見繫馬德春，即將該犯推倒拿獲，復在該犯衣內搜出子彈，連槍一併解案，由檢察官起訴到廳。本廳訊據馬德春供稱，與葉鴻恩素無仇恨，因依常虐待巡警，故用手槍在依頸後搬弄槍機，意在恐嚇，令伊改悔，實無殺人之意等語。訊據葉鴻恩供稱，與馬德春素無仇恨，是日，馬德春實有殺伊之意，因伊當時防衛甚速，是以未果，質之啓泰，供與葉鴻恩相同，應認爲確定事實。

（二）判決

馬德春殺人罪未遂處四等有期徒刑一年六月，未決期內羈押日數以二日抵徒刑一日，並褫奪爲官員及入軍籍之資格十年，手槍及子彈等件發還警區。

（三）理由

據上事實，馬德春以手槍在葉鴻恩頸後搬弄槍機，實有殺人之意而不即發槍，係犯罪已著手而因己意中止，葉鴻恩供稱，「因伊防衛甚速，是以未果」等語，理由殊覺不當。查該手槍既有子彈，如果馬德春決意實施殺人行爲，該犯既立在葉鴻恩背後，如果驟然發槍，斷無使葉鴻恩聞伊搬弄槍機聲音之理，即此一端，足證馬德春在誘出啓泰，轉至葉鴻恩背後時，尚具有殺人之意思，及將手槍拔出，一時因畏罪中止，確爲殺人中止犯，應適用暫行新刑律第三百十一條，按照第十八條在本刑死刑、無期徒刑或一等有期徒刑上減輕二等，應處三等有期徒刑。查該犯於己意殺機已動之時，尚能強自抑制，覈其心術及事實，不無可原之處，應依第五十四條，在應處三等有期徒刑上再行酌減一等，馬德春著處四等有期徒刑一年六月，其未決期內羈押日數，應按照第八十條折抵徒刑，並依第三百三十一條褫奪公權。適用第四十七條，手槍及子彈等訊係警區官有之物，應行發還。

（四）評析

本案爲馬德春意欲殺害葉鴻恩，被判定爲未遂，主要涉及犯罪中止問題，

按照暫行新刑律的規定，「犯罪已著手而因己意中止者，準未遂犯論，得免除或減輕本刑」。〔註 9〕因己意中止，即是犯罪者根據自己的自由意志中止，如本案中馬德春用手槍在葉鴻恩頸後搬弄槍機而不發槍。因之「中止犯罪，使行為停止，」「故行為者預期侵害之法益，絲毫無損。所以當予以獎勵，必減或免除其刑。不能復取得減主義，使行為者畏罪而益趨為惡。」〔註 10〕

　　近代刑法理論上，對於未遂犯的處罰，有三種理論學說：必減主義、同等主義與得減主義。必減主義以客觀主義為基礎，認為未遂犯沒有導致結果的發生，其危害必然小於既遂犯，因此應採取必減主義。同等主義以主觀主義為基礎，認為刑罰作為防衛社會的手段，應著眼於行為人的危險性格，而未遂犯與既遂犯在危險性格上並沒有差異，因此，未遂犯與既遂犯應同等處罰。而得減主義則是主觀主義與客觀主義相調和的產物，認為從客觀方面看，未遂犯輕於既遂犯，但從主觀方面看，未遂犯並不輕於既遂犯，故是否減輕處罰，要視具體情況決定，既可以減輕處罰，也可以不減輕處罰。

　　就暫行新刑律的規定來看，立法對中止犯的處罰採取了得減主義，「得免除或減輕本刑」，也即是否減輕處罰，由審判官根據案件以及當事人具體情況而定，從案件判決我們可以看到，該案審判官考慮到馬德春「尚能強自抑制，覈其心術及事實，不無可原之處」，適用必減主義，對其減輕本刑進行處罰，應該說本案審判官審理案件時，綜合權衡了案件發生的主客觀情況，認為當事人是基於己意而非其它障礙阻止其實施犯罪行為，故情節較輕，其所採取的懲罰措施也是符合刑罰之預防教育的目的，也具有一定的前瞻性，問題在於，並不是所有法官在處理類似案例時，都會選擇必減主義，也許是經過多年的刑事司法實踐，司法界同仁也認識到這個問題，於是在 1928 年刑法中，對中止犯的處罰改為必減主義，應該是情理之中，更值得稱道。

案例四：保永才致趙張氏墮胎一案

（一）事實

　　保永才與趙文玉同開三順下處，趙張氏原在該下處為娼，嗣有身孕，已經六月餘，遂於年底回趙文玉家過度，保永才於二月二十四日夜間至趙文玉處，因索銀鐲爭論，對趙張氏施強暴脅迫，次晨胎墮，報警解區，送同級檢

〔註 9〕《中華六法（一）》（暫行新刑律），第 6 頁。
〔註 10〕石松編：《刑法通義》，商務印書館，民國 23 年版，第 153 頁。

察廳起訴，到廳驗明屬實。保永才雖不認有強暴情事，惟供認爭鬧不諱。復據李二證明，保永才在屋爭吵，經伊勸走等語，依以上證據認定，保永才脅迫趙張氏墮胎是實。

（二）判決

保永才犯墮胎一罪，判處五等有期徒刑三月。

（三）理由

依據以上事實，保永才明知趙張氏爲懷胎婦女而施以強暴脅迫，以致小產，該當暫行新刑律第三百三十四條第四款之罪，應處以五等有期徒刑三月。

（四）評析

本件案例頗具價值、最需說明的是，雖然趙張氏原本爲娼，但對於案件審理絲毫沒有影響，並不因其道德上曾經有瑕疵而不受刑法保護，實際上是，只要合法權益是受到不法侵害，刑法均一體保護，充分體現了近代以來一直追求之尊重人權的思想，宣示了法律對於道德上有瑕疵，或者在一般觀念裏已經不是「良家婦女」之女性也予以平等待遇的精神價值。這種做法既是罪刑法定主義的落實，也是法律的平等原則的表現。這就完全有別於前清時期，基於身份不同而享有權利不同，甚至於犯罪後受到的處罰也有別之傳統，而是摒棄身份差異，將每個行爲人與被害人均視爲平等的主體，這是近代刑法與中國傳統刑法最大的不同之處，因此也更能保護人權。

同時，在訴訟法理上則很好地明示了兩造對等原則，也即訴訟過程中，原被告控訴及辯護事宜，法律均給予相同的便利，雙方爲平等的訴訟主體，又可稱爲原被告訴訟地位對等原則。於此原則之下，本案中審判官在審判過程中，給予原被告趙張氏、保永才給予同等對待，不預斷任何一方的是非曲直，而是調查案件具體情形，並到廳驗明事實，傳喚證人，從而認定趙張氏墮胎乃保永才強暴脅迫導致，自始至終均未武斷臆決，從而有效避免了成見，保護了趙張氏的合法權益，而本案的裁判過程則是詮釋了裁判官的天職乃辨別是非而不是製造是非。

二、直隸天津地方審判廳刑事審判案例

《直隸天津地方審判廳判牘彙刊》是由天津地方審判廳總務科編輯，北洋印刷局於1917年10月印行，其中收集刑事案件35件，均爲天津地方審判

廳刑庭法官於 1915 年至 1916 年間製作的判詞，〔註11〕以下討論的案件均選自本書。清朝政府 1906 年引進新制的同時，就已在天津進行西式法院的實驗，天津府屬試辦審判廳，雖然沒有設立檢察機關，但審判官在形式上也須經考試以確認其具有專業資質才能派任，審判廳所配置的書記生、承發吏、司法警察等已非傳統意義上書吏和差役，經過多年的錘鍊，他們都已對西式審判理念十分熟稔，所判案件也已實際體現出西式的審判方式和審判原則，通過研究他們所作判詞，相信我們對天津地方審判廳刑事審判制度之實務運作情形會有充分體驗。

案例一：齊錫朋殺害孟東祥一案

（一）事實

　　齊錫朋與已死孟東祥籍隸深縣，素相諗識，前同在上海第四師充當副兵，因病各請長假回家，均於民國三年九月九日搭乘安平輪船大艙十二號艙房來津。至是月十六日（即陰曆七月二十五日）夜一鐘半，大同客棧跟船夥友楊永泉睡醒小解，忽聞該艙房有怪叫聲音，潛身窺探，適見齊錫朋已在下鋪將孟東祥捺著，即知會茶房人役同往該艙查看，見孟東祥已氣絕身死，並由茶房報知賬房洋大人、船主等，用電燈照看已死，孟東祥脖頸上有紅傷痕一道，該船當派人將齊錫朋扣管，進口時升旗通知大沽防疫醫院派醫上船，檢視已死孟東祥，並無傳染之症，隨報由大沽警察總局，咨請同級檢察廳派員勘驗，驗得已死孟東祥問年二十餘歲，咽喉有手按傷一處，橫長四寸五分，左係二三指掐痕，寬九分，右係大指掐痕，寬六分，皮肉浮腫，均有血癮，作紫赤色，內骨損塌，委係被人按掐咽喉氣閉而死，填注屍格，並驗得齊錫朋咽喉、指甲抓傷兩點，均皮破。案由同級檢察廳偵查終結，認定齊錫朋確有謀殺孟東祥之事實。於三年九月三十日提起公訴至廳，本廳公開審理。該被告飾詞狡辯，堅不肯供，惟案經證人楊永泉供證詳明，具結存卷，並由公判推事親赴該輪調查一切，暨詢問帳房徐光峯等，據所供述，該被告人殺人罪狀確切可據，本案認定事實約有數點，列舉如下：

（甲）證據上之認定

　　（1）已死孟東祥屍身除致命咽喉有手指掐傷一處外，餘無他故，迭經檢驗，

〔註11〕　同樣，本部份選取直隸天津地方審判廳所判具有代表性的案例，以便研習近代時期刑事審判制度在天津地方審判廳之實際運作，判詞原文也無標點，現均加注標點，並稍作處理。

確無疑義。該被告謂，彼時孟東祥患痰氣湧，我用手指為其綹順等語，不惟西醫檢視身體並無何項疾病，顯係藉詞狡飾，且孟東祥頸上傷痕顯著，死後日內流有血出，其為被掐氣閉身死，殊屬百喙難辭。

（2）已死孟東祥所在艙房僅有二鋪，上鋪為該被告睡臥之所，下鋪即死者睡臥被害之處，艙內既無他人同住，殺人凶手已屬無可推諉，且孟東祥身死時，頃經楊永泉目覩該被告在其身上按搕，謂非謀殺正凶，其誰信之？

（3）查該被告咽喉左近有指甲抓傷兩點，驗均皮破，痕又向下，尤足為按搕已死孟東祥，被其用手抵禦向上抓傷之證據，詰問該被告傷從何來？則謂係船上人等群眾所毆，不但毆傷、抓傷傷痕絕不相符，且詰問證人徐光峯等，據供當時事發之後，僅將該被告捆縛看管，並未有人毆打，該被告空言抵飾犯罪情事，欲蓋彌彰。

（4）據證人徐光峯聲稱，孟東祥身死後，經伊帶領船上人等同往廠房內檢視一切，見孟東祥屍身未繫褲腰帶，上鋪遺有褲腰帶一件，內貯洋二十一元一角，詰詢該被告，此帶何人的，該被告答言孟東祥的，又詢，既是姓腰帶，為何遺在上鋪？該被告答言，彼此換繫。嗣檢查上鋪，還有腰帶一件，伊復詰問該被告，既是換繫，為何彼之腰帶亦在爾鋪？則竟無言可答。又問腰帶內洋元為誰所有？該被告答言各有一半，但所稱洋元花樣，拆看均不相符各等語。夫腰帶既為孟東祥所有，帶內洋元又係共有對象，何以均在該被告鋪上，其為將孟東祥掐斃後昧財入己，已可概見。

（乙）理論上之認定

（1）已死孟東祥為該被告掐喉致斃，經楊永泉目睹舉發，嗣來廳作證，又復供述詳切，具有甘結。查楊永泉係棧房跟船夥友，與該被告及孟東祥均不相識，詰訊該被告亦供並不認識此人，其對於兩方素無恩怨可知，孟東祥在船身死，如非該被告謀殺所致，楊永泉事不干己，斷不能憑空誣陷，即更進一步謂，楊永泉所述各節或有別項緣故，其言不盡可信，然徐光峯係該輪賬房珇理，孟東祥死後情事係所目睹，據其陳述則殺人正凶除該被告外，別無他人。且通船人役暨搭乘客等，於此事發現以後，均痛恨該被告不置（楊永泉供），眾證確鑒，尤屬毫無疑義。

（2）據該被告抗辯，意旨謂孟東祥在途患病身死，該輪經理人等欲將屍身海內，並以二百元許我，我堅不應允，致相口角，該輪人等即誣我為殺人凶犯，將我捆縛毆打等語，經本廳訊問徐光峯，據稱並無其事，且輪船死人亦無拋棄海下之規矩，觀其言詞支飾，語不近情，益徵犯罪行為反觀可信。

　　縱觀上列各論點，該被告犯罪行為情狀確鑿，自未便聽其狡展，致殺人凶犯悻逃法網，案無遁飾，應即判決。

（二）判決

　　齊錫朋犯殺人罪判處死刑，褫奪公權全部二十年。

（三）理由

　　依據以上事實，被告齊錫朋殺害孟東祥致死，證據充分，自當按律論罪科刑，查已死孟東祥腰帶內貯有洋銀二十一元有零，經該輪賬房徐光峯等在該被告上鋪檢出，其為有昧取財物之意，殊屬無可諉飾，惟殺人原因是否專在圖財，審訊該被告供詞狡飾，固不承認，且洋銀數目究屬有限，區區之款足以惹起殺機與否？不能確切證明，未便遽依《懲治盜匪法》第三條第二款科以強盜殺人之罪。按暫行新刑律三百十一條載，殺人者處死刑、無期徒刑或一等有期徒刑等語。本案該被告與孟東祥同鄉至契，共事日久，驟於輪船公眾聚集之所蓄意謀殺，致遭慘斃，窮凶極惡，法無可宥，非處極刑不足以蔽厥辜，應依同條所定最重主刑判處死刑，並依同律第三百三十一條，褫奪同律第四十六條所列公權全部二十年，除洋元、衣服等件，俟孟東祥家屬到津後再行飭領外，本此理由特為以上判決。

（四）評析

　　首先需要說明的是，本案審理採用了公開審理的方式，公開審理是司法公正的基本保證和前提，也是近代庭審方式異於傳統庭審最顯著之處，在襲用西式審判方式審理案件時，進行公開審理在民國時期所設新式法院已經成為常態，對於確保裁判之公平、維持當時公眾對於法院的信用是非常必要的。誠如時人所評論：「在公開主義，審判衙門及訴訟關係人之行為，俱受公眾之監督，則審判衙門之審理事件，不至有專橫偏頗之虞，訴訟關係人，亦不至有寡廉鮮恥之動作，於使裁判公正維持裁判信用之點，極為必要。」〔註12〕

〔註12〕左德敏：《訴訟法上諸主義》，載《北京大學月刊》第 1 卷第 3 期，1919 年 3

可以「防止法官之專橫，促進裁判之公平，益增公眾之信仰」〔註 13〕而就本件案例來看，案涉人命且發生於公共場所（輪船），公開審理就顯得更有意義。民眾通過公開審理，對法院如何調查核實證據、如何訊問查驗等審判環節就會有直觀的感受，法院則展示了其在審理過程中有理性說服力的正當公平程序，並據此公開作出裁判，從而增強社會大眾對法官的信任，對法院的信心，新式審判理念也得以深入人心。

中國傳統法制下的刑事審判歷來重口供而輕證據，要求斷案決獄最終以口供爲憑，「斷罪必取輸服供詞」〔註 14〕，「罪從供定，犯供最關緊要」，〔註 15〕口供在刑事訴訟中居於絕對地位，因而審判官往往出於自身利益考慮，爲獲取口供而對被告人施以刑罰逼供，這爲歷代法律所允許，以致造成了大量的冤獄，導致了司法審判效率的低下。至清末，刑訊逼供招致各界有識之士的批評質疑，加之西方自由心證主義的影響，近代證據制度在傳統的「眾證定罪」證據基礎上，發生了較大的變化，「不論行政司法官署，及何種案件，一概不准刑訊。鞫獄當視證據之充實與否，不當偏重口供。其從前不法刑具，概行焚毀。」〔註 16〕輕口供而重其它證據的新式證據制度逐漸確立，並在刑事審判實踐中得以適用發展。本案審判中除訊問被告人獲取口供外，對於涉案證據檢察人員均非常細緻地勘驗認定，勘察傷口大小、有無傷痕、血瘢顏色等，「迭經檢驗，確無疑義」，以使證據確鑿。案發現場也經詳細查驗，質之現場證人，並就各方情形認眞研討，最終形成證據鏈接，由事實與理論兩方面論證齊錫朋犯罪行爲情狀確鑿，證據充分，殺人罪名成立，可以說本案的裁判確切闡釋了「認定事實，應當根據證據」〔註 17〕這一證據裁判主義，意味著近代中國的刑事審判官已經開始用理性的方式方法對案件進行裁判，而證據裁判主義的引入正是近代刑事司法移植的結果，其價值性應該說頗值稱道。

月。

〔註 13〕徐朝陽：《刑事訴訟法通義》，商務印書館，民國 23 年版，第 7 頁。

〔註 14〕趙爾巽等：《清史稿·刑法志》（第十五冊），中華書局，1976 年 7 月版，第 4214 頁。

〔註 15〕汪輝祖：《佐治藥言·續佐治藥言》，中華書局，1985 年第 1 版，第 4 頁。

〔註 16〕《辛亥革命史料》，中華書局，1961 年版，第 216 頁。

〔註 17〕宋英輝譯：《日本刑事訴訟法》，中國政法大學出版社，2000 年 1 月第 1 版，第 73 頁。

案例二：安澐等犯賄賂罪一案

（一）事實

案緣安澐向在天津監獄充當看守，今年三月間分監改組，典獄長改派安澐充當分監第一棚看守，分監中有囚徒趙大雨者，其親戚張品三素與安澐至契，當安澐到分監時，張品三曾來監爲趙大雨介紹，請其照拂。約十餘日後，適趙大雨、林仲三改往總監監禁，趙大雨素諗總監規則嚴緊，不似分監自由，面懇安澐設法挽回，允賄洋三十元，安澐允諾，於陽曆五月初間在分監獄神廟內，由趙大雨親手過付三十元，有囚徒林仲三在旁目睹，嗣趙大雨仍被提往總監，安澐旋因他事撤退。五月二十五日，趙大雨在總監與其岳母李段氏接見時，令往尋安澐索還所賄之三十元，事經典獄長檢閱接見簿，查覺知有情弊，隨飭二科科長蔡振洛，飭看守長田鴻典密向趙大雨盤問，初猶支吾，嗣經再三窮詰，廉得其情。翌日，複檢閱李段氏覆趙大雨函，互徵參觀，事愈眞確，遂詳由高等檢察廳長飭令同級地方檢察廳切實偵查，當經同級檢察廳函請分監長文惠查復。旋據復稱，該日有四十許之婦人來訪安老爺，伊聞之，非常訝異，緣監獄內看守向無此等稱謂，今竟呼以老爺，深慮有招搖情事，急往調查該婦，業已走去，並函述安澐在監宿室係北屋三楹，距大門最近等語，核與李段氏供詞，無不符合，偵查終結，訴請公判到廳，本廳公開審理。據李段氏供稱，已向安澐取回三元，餘尚欠二十七元未給。趙大雨供詞含糊，語多顧忌，迭經研詰，始盡情吐白，當庭仍一再乞求提還分監，並乞求代追銀洋，質之張品三、林仲三所供，亦大致相同。此案眞情顯然畢露，提訊安澐不惟收賄一節堅不承認，即李段氏前供係趙大雨托伊帶寄家用三十元一事，亦絕口言無，多方駁詰，堅不吐實，然覈其前後供詞，在監察廳則稱文分監長陷害，到本廳復稱趙大雨挾嫌，毫不能提出有利益之反證，顯係畏罪情慮，捏詞狡展，案關賄賂瀆職，未便任其遁飾，應依以上各供證認，定趙大雨犯行求賄賂罪，安澐犯收受賄賂罪是實。

（二）判決

上列列被告等因賄賂案，經審理判決安澐處四等有期徒刑一年，褫奪公權全部五年；趙大雨處三等有期徒刑三年，褫奪公權全部八年賄洋三十元追繳沒收。

（三）理由

依據上述事實，趙大雨對於安澐行求賄賂之所爲，適犯新刑律第一百四十

二條之罪，按律應科四等以下有期徒刑、拘役或三百元以下罰金。惟查該被告係因犯搶案於宣統三年二月二十四日經本廳判處永遠監禁人犯，查大理院四年三月十三日解釋，既決人犯在監犯罪，依本院最近判例認爲，係刑律第十九條之再犯，其有刑律第二十四條情形者，俟確定後，別以決定更定其刑等語。據此趙大雨合依刑律第一百四十二條，適用同律第十九條，於本刑上加一等判處三等有期徒刑三年，並依第一百五十條，褫奪公權全部八年，俟確定後，再以決定更定其刑。安澧於其職務收受賄賂之所爲，犯同律第一百四十條之罪，於本刑三等至五等有期徒刑範圍內，判處四等有期徒刑一年，並依第一百五十條褫奪公權全部五年，賄洋三十元依第一百五十一條追繳沒收。

（四）評析

本案涉及到大理院法律解釋問題，北洋政府時期，法制初變，刑事法律多未確定，各級法院在審理刑事案件時也尚有諸多疑義，大理院作爲統一解釋機關以及最高審判機關，其根據各級法院之聲請所作的解釋或裁判，對於各級法院適用法律有相當幫助，對於法制之推行及發展，也有相當必要性。

案中趙大雨所犯賄賂罪，是其在監服刑期間所犯，而其服刑是因其之前犯有搶劫案，則趙大雨所犯兩罪分別於服刑前後。暫行新刑律第十九條規定的是對再犯罪的加重處罰，第五章俱發罪也無相應對兩罪以上合併處罰的妥善條款，〔註18〕這樣看來，對趙大雨所犯兩罪應作如何處理新刑律並無明確標準，如何適用法律也就成爲疑問。這種情形之下，就需要向大理院提出聲請，就相關問題要求其作出解釋以便於實際操作。在民國四年（1915 年）三月十三日大理院覆總檢察廳函（統字第二二二號）中，大理院就此問題作出解釋稱，「本院查既決人犯在監犯罪，依本院最近之判例，認爲係刑律第十九條之再犯，至刑律第二十四條情形，應俟確定後，別以決定更定其刑。」〔註19〕因之，本案問題遂得以解決。在其後的 1928 年，刑法典中專列第九章並合論罪，就一人犯數罪如何懲罰細緻進行了規定，且將俱發罪包括其中，但是「非係將數罪並合爲一罪，其各罪仍獨立存在，不過並合處斷之耳。」〔註20〕可以看出，大理院的法律解釋一方面起到了填補法律空缺的作用，另一方面

〔註18〕 參見《中華六法（一）》，（暫行新刑律），第 7～9 頁。

〔註19〕 郭衛編：《大理院解釋例全文》，上海會文堂新記書局，民國 21 年版，第 147 頁。

〔註20〕 郭衛：《刑法總則釋義》，上海法學編譯社，民國 20 年版，第 501 頁。

也對法典的制定提供了可以汲取的營養。

案例三：楊錫珍誘拐一案

（一）事實

案緣冀縣人楊松壽向在北京作首飾行手藝，娶妻楊楊氏，生有子女三人，男名鳳岐，年十九歲，在北京天玉成染坊營業，長女樵文，年十四歲，次女二密，年七歲，因家道貧寒，樵文常到天橋賣唱，籍資補助。民國四年陰曆五月間，楊錫珍（即邢聘三）由孫姓介紹與楊松壽妻室楊楊氏認識，遂於通姦，楊松壽及其子楊鳳岐依人作活，不常回家，邢聘三遂起意拐逃，向楊楊氏捏稱，天津場戲生意極好，力勸攜帶二女同往，楊楊氏允諾，於陰曆五月二十八日，邢聘三誘同楊楊氏及樵文、二密等來津，在德美後寄居。隨改樵文名爲翠紅，送入娼窰賣唱，改二密名桂子，隨帶赴吉林省圖利。楊松壽在京尋找妻女無著，邀同楊楊氏之表弟邢多餘（即邢振清）來津訪查多日，渺無踪迹，楊松壽即返京，函致邢多餘並寄洋三元促令回京，再圖他法。本月八日（即舊曆六月二十八日）邢多餘偶至三不管，適遇邢聘三購物走回，尾迹至德美後胡同內，巧遇二密串門閒玩，入內將楊楊氏等查獲鳴警送案，並在住屋內搜出邢聘三至辛坐正函件，內有到吉林省及六月初六日在津起身等字樣，一併交案。旋據楊松壽攜帶其子楊鳳岐投案告訴，經同級檢察廳偵查起訴前來。訊據楊松壽、邢多餘、樵文、二密等，分別供悉前情，並據楊松壽稱，其夫子均在京幫人，不常歸家，致被邢聘三將妻女拐逃，向不知其有姦，伊女二密年幼，無人撫育，故對於和姦罪不願告訴等語，據楊楊氏供稱，在京先於邢聘三姦識，後被騙來津，至將伊女送在何處唱戲，及往吉林等事，伊並不知情。提訊楊錫珍（即邢聘三）堅稱，攜帶來津唱戲係受楊松壽託付，動身時楊松壽並在車站走送，實非拐逃，一再究詰，堅不吐實。查該犯在偵查中不認姓邢改名爲楊錫珍，後進一再駁詰，始肯承認原來姓名。設非情虛，因何改易名姓？覆查楊楊氏在檢察廳初供，頗有左袒邢聘三之意思，然對於來津一點亦稱並未告知丈夫，是我之錯云云。可知邢聘三所供受託來津，車站走送等語純屬子虛烏有。而楊松壽之事前毫不知情，顯然益見。況查楊松壽家本素寒，父子力竭經營，所得無幾。當初果係託付該被告帶伊妻女來津學戲，何至邀同邢多餘一再來津訪查，往返奔馳，資斧罄竭？嗣復父子同來告訴，廢業損財於己有何利益？楊錫珍之所供顯係捏飾無疑。依以上供詞，

應認定楊錫珍（即邢聘三）犯誘拐罪是實。

（二）判決

上列被告人因誘拐案，經審理判決如下：

楊錫珍（即邢聘三）和誘楊楊氏一罪，處五等有期徒刑四月，圖利略誘楊翠紅（即樵文）一罪，處二等有期徒刑五年，褫奪公權全部終身，圖利略誘楊桂子（即二密）一罪，處二等有期徒刑五年，褫奪公權全部終身，定執行刑期六年，褫奪公權全部終身，其於楊楊氏和姦一罪，公訴駁回。

楊楊氏與楊錫珍（即邢聘三）相姦之所為，並予公訴駁回，交本夫楊松壽領回安度。

（三）理由

依據以上事實，楊錫珍（即邢聘三）和誘楊楊氏之所為，觸犯刑律第三百四十九條第二項之罪，按律判處五等有期徒刑四月，其誘拐楊翠紅（即樵文）、楊桂子（即二密）之所為，查該被和誘人，年均未滿十六歲，當以略誘論。雖翠紅、桂子係隨同其母來津，然查邢聘三在京時，以詐術向楊楊氏聲稱，到津賣唱可以獲利。來津後，伊即改易兩女名字，隨將翠紅送入娼窯賣唱，繼思投往吉林，為處置二密地步，是當和誘楊楊氏之初，其意實不在楊楊氏，而在使兩女營利為目的。情節皎然，應依同律第三百五十一條第一項處以兩個二等有期徒刑，各為五年，並依第三百五十六條褫奪第四十六條所列資格全部終身。罪係俱發，依第二十三條第三款於各刑合併，刑期十年四月以下，其中最長刑期五年以上，定其執行刑期為六年並褫奪第四十六條所列資格全部終身，其和姦一罪既據本夫楊松壽當庭撤銷告訴，應該依刑訴法理將公訴予以駁回，楊楊氏著交本夫領回安度。

（四）評析

翁敬棠在《天津地方審判廳辦事情形略述》中稱，受理的刑事「案件中以誘拐事件居多」，〔註21〕蓋民國初期，社會轉型，經濟蕭條，家道貧寒所致，此類案件涉及男女平等以及維護家庭穩定等觀念，細加評析則有助於瞭解民初北洋時期相關刑事法律的實施過程，以及該法對社會大眾日常思維以及行為模式的影響。

〔註21〕 天津地方審判廳總務科：《直隸天津地方審判廳判牘彙刊》（附錄），北洋印刷局，民國6年10月版，第7頁。

　　本案中，楊松壽家道貧寒，與其子楊鳳岐替人做活，不常回家，長女樵文常到天橋賣唱，籍資補助，遂被楊錫珍鑽空，與楊楊氏通姦，不久捏稱「天津場戲生意極好」，誘使楊楊氏及樵文、二密等來津，隨即改易兩女名字，並將長女樵文送窯賣唱，之後準備將其次女二密帶往吉林圖利，可見楊錫珍以詐術誘騙楊楊氏去天津，其意在略誘二女，專在圖財，成立略誘罪無疑。

　　本案可以稍作進一步討論的是，楊楊氏和姦一罪經本夫楊松壽當庭撤銷告訴，審判廳公訴駁回。這裡關注的不是和姦罪本身，而是處理該罪所折射出的當時國家與社會的互動，現實與法律的博弈。和姦罪之所以要處罰，顯然是為了保護正常的家庭生活秩序，然而中國傳統意義上的家庭結構中，男女是極不平等的，女性相對於男性，權利甚少而義務頗多，在法律上所獲得的保護與被要求的事項極不對等，即使到了民國時期，雖然民事法律規定了夫妻雙方享有平等權利，但是在刑事法律及其有關司法解釋中，依然有男女不平等的印迹。例如民國五年（1916 年）大理院上字第 51 號例：本夫見妻子與姦夫行姦，而在姦所擊斃姦夫係屬正當防衛。大理院認為，「當時既為防衛其夫權起見，縱有傷害之認識，而具備正當防衛之要件，亦不能認為超過必要程度。」〔註22〕對於本夫行為不予追究，夫權之優越性顯而易見，更是男權社會「男尊女卑」觀念之於法律的注腳。觀察傳統中國社會固有法，其中也有相似條款，例如明清律在「刑律・人命門」都有「殺死姦夫」條：「凡妻妾與人姦通，而於姦所親獲姦夫、姦婦，登時殺死者，勿論。」〔註23〕與大理院的解釋並無二致。這就說明了，民初雖然引進了西式講求平等的先進司法理念，但由於傳統觀念的固守，新法實施於民初社會亟須融合，相同之觀念甚至於審判官的頭腦裡也一時難以擺脫，於是在新舊因素交織，傳統與現代共存的這個時期，面臨西方樣本和中國現實，在處理類似「和姦」這樣的犯罪時，卻也暫時不得不屈服於固有處理模式。由是觀之，要使西法紮根本土，深入觀念，就需要在國家與社會、法律與現實之間週旋，緩解法律剛性張力，彌補立法不足，探尋法治與傳統的最佳切合點，在情、理、法之間有條件地妥善協調，以尋求司法效能的最大融通。

〔註22〕郭衛編：《大理院判決例全書》，上海會文堂新記書局，民國 20 年版，第 403～404 頁。

〔註23〕參見懷效鋒點校：《大明律》，法律出版社，1999 年版，第 151 頁；另可參見馬建石、楊育棠主編：《大清律例通考校注》，中國政法大學出版社，1992 年版，第 780 頁。

案例四：丁玉順侵佔、分庭檢察官聲明控訴一案

（一）事實

丁玉順籍隸本津，以拉車為生，於民國五年七月間（不記日期）行至日租界四面鐘地方，於道旁拾得皮夾一個，內貯鈔票百元，侵佔花用。旋經偵查查覺，獲送警廳，轉送同級檢察廳發交分庭，偵查終結，提起公訴。經天津地方審判廳分庭判決丁玉順犯侵佔遺失無罪，處罰金一百元，其未決期內羈押日數准以二日抵罰金一元。同級檢察廳分庭檢察官對於原判不服，聲明控訴到廳。

（二）判決

被控訴人因侵佔案，經天津地方審判廳分庭於民國五年十一月二日為第一審判決，復由同級檢察廳分庭檢察官龔世昌聲明控訴，本廳審理判決如下：

原判撤銷，丁玉順侵佔遺失物之所為，改處罰金一百零二元，其未決羈押兩日準抵罰金一元。

（三）理由

控訴意旨略稱，原判判決丁玉順僅處罰金一百元，並因其供稱，連在警廳羈押已經三月，復宣告准抵，似覺過嫌輕縱。雖准抵與否，審判官得以自由裁量，未足為控告理由，第查丁玉順既稱撿拾皮夾一個，內有紙幣百元，則通算二者價額，最低亦在一百一元以上，今置皮夾而不論，僅就紙幣價額百元本數處罰，是值在價額以下，並不在價額以下。至於皮夾一個應否沒收，保存招領，未經宣告，亦屬疏漏。雖於事實無甚出入，究於法律未盡恰合，請求撤銷原判云云。經本廳公開審理，訊據被控訴人供認，侵佔他人遺失鈔票百元、皮夾一個，又字條三紙不諱，惟稱所拾鈔票票面係大連灣日本銀行字樣，所以在津使用每元少換十幾枚銅元等語，查是項鈔票現既被該被控訴人用罄無存，又無確係大連灣鈔票及減少價額之確證，提出空言主張，殊難徵實，只能依據票面定額為標準。至所拾皮夾既經本廳派員鑒定價值一元，則本案所拾遺失物其價額係在一百一元以上，原判僅判罰金一百元，於法顯有未合，又控訴意旨書對於原判宣告未決羈押日數准予一節，似生異議，但是項日數准抵與否。純屬審判官之職權，自無干涉餘地。原判以該被控訴人久羈囹圄，准予折抵並無不合。至皮夾等件究應如何處置？查原判既未經宣告沒收，又無別項諭知，依據刑訴法理，當然可視為已經諭知返還論，但於理由中未經聲敘明晰，究欠明暸。

根據以上論結，本案控訴不能認爲無理由，應將原判撤銷，由本廳更爲判決丁玉順侵佔遺失物之所爲，依暫行新刑律第三百九十三條第一項法定主刑範圍内處斷，其未決羈押日數准援同律第八十條予以折抵。除案内皮夾一個、字條三紙，應俟查傳失主到案認明給領外，特爲判決。

（四）評析

本案因侵佔案之第一審裁判問題，由同級檢察廳分庭檢察官龔世昌聲明控訴，故涉及到近代刑事審判中的審判監督問題。在第一章第二節新式法院的設置及其運作的有關討論中，我們瞭解到，在清末的法制變革中，通過頒布《大理院審判編製法》（1906），引進了西方的檢察制度，即在審判廳局内，設置提起刑事公訴，並監督「審判官」適用法律是否適當的「檢察官」，實行控審分離，實乃近代檢察制度之發端。北洋政府時期暫時沿用清末法律，依據《法院編製法》（1909），傚仿大陸法繫日本法院設置，實行四級三審制，各級審判廳均配置同級的檢察廳，派任檢察官負責偵查、起訴和監督審判等。期間雖經起伏，但是依據法院級別設置同級檢察廳的做法並沒有改變。其中審判監督權爲檢察官的重要職責：「預審或公判時均須檢察官蒞庭監督，並得糾正公判之違誤」；「凡不服審判廳之判決於上訴期限内聲明不服之理由呈請上訴者，檢察官應即申送上級檢察廳」；「檢察官得隨時調閱審判廳一切審判案卷，但須於二十四小時内繳還。」「各審判廳審判統計表非經各該檢察廳查核不得申報」。[註24] 當然，爲了確保法官獨立審判，又對審判監督有所限制，確立了不能干涉法官獨立審判的原則，體現了既要給予刑事審判相應監督以保證法院正確裁判，又要保證法官獨立審判的價值選擇，以避免檢察監督權干涉審判權，破壞司法獨立。

本案一審判決作出後，同級檢察廳分庭檢察官就判決中認定事實有無錯誤，適用法律是否正當，以及訴訟程序有無瑕疵，量刑標準是否適當等行使監督職權，經過審查，認定判決中未決羈押准抵以及罰金標準計算失之不確，且案中所涉當事人皮夾如何處理，也沒有提及，故此決定提出上訴，要求法院予以糾正，撤銷原判。法院經公開再審，調查取證，修正了原審判決，應該說，檢察廳的審判監督對於防止法官亂法，嚴格依法判案起到了相當重要作用，尤其是在社會轉型時期，這種審判監督不僅保證了司法公正，而且於無形中傳播了法治信仰。

〔註24〕《大清新法律彙編》，麟章書局，宣統 2 年再版，第 282～283 頁。

　　我們知道，傳統社會中的監察御史也具有司法審判監督之職權，但是其更重要的職能是監察百官、巡視郡縣、肅整朝儀等事務，且是自上而下地進行，政治意義明顯，其目的爲「尊君抑臣」，雖然也具備糾正刑獄的功能，但畢竟不是同級監督，所涉又甚多，一職多能，眞正效果則不言自明，甚至於以權害法。同時中國古代的監察法制是與專制、集權是緊密聯繫的，缺乏民主理念上的關聯，所以無法形成西方政治傳統中出現的權力分立的政治體制，也無法培育出西方社會用法律約束權力的法治觀念。〔註25〕當然，斯時施行檢察制度，更多的也是爲了迎合收回「治外法權」的需要，對於檢察制度本身所應具備的價值和職能卻也缺乏應有的關注。

第二節　南京國民政府時期的案例

　　本部份案例選自《民刑事裁判大全》，該書原由國民政府時期謝森、陳士杰、殷吉墀等彙集，上海法學編譯社 1938 年發行，現由盧靜儀點校，北京大學出版社 2007 年 5 月出版，其中收集刑事裁判 10 大類 76 種 139 件，這些刑事案例發生於 1928 年至 1931 年期間的江蘇省境內，裁判書分別是由吳縣地方法院、上海地方法院及江蘇高等法院等各級法院法官製作，可以說是南京國民政府這一時期刑事審判記錄的代表性資料，「正好提供了研究國民政府早期司法審判實務的文獻資料。同時，編者以程序法爲依據，有意地搜羅各種裁判，雖然有些部門的數量可能不多，但內容也可以稱的上豐富。」〔註26〕而且這種地域上的相對集中性，爲我們更好瞭解國民政府所在地江蘇省內的法制實際運作狀況以及社會狀態提供了極具價值的素材。

一、案例分析

　　1928 年，國民政府定都南京，因有關刑事審判法律多予以修改實施，適用的法律也隨之改變，這一時期刑案適用法律的依據爲 1928 年《中華民國刑法》（即《二八刑法》）及其施行條例，1928 年《中華民國刑事訴訟法》及其施行條例，雖然適用的法律不同，但北洋政府時期所確立的原則，例如罪刑

〔註25〕參見張晉藩：中國古代監察法的歷史價值——中華法系的一個視角，《政法論壇》，2005 年第 6 期，第 93 頁。

〔註26〕謝森、陳士杰、殷吉墀編：《民刑事裁判大全》，盧靜儀點校，《民刑事裁判大全》導讀，北京大學出版社，2007 年版，第 19 頁。

法定主義、司法獨立原則等，卻一直被國民政府法院所遵行。本節案件選取多關注於刑事審判之處罰及訴訟程序，與上一節刑案關注於刑事審判之理論原則形成呼應，便於從整體上把握理解近代時期我國刑事審判的運行實態。

案例一：張芝標強盜案

（一）事實

張芝標於本年七月二十三日在院屬廣濟橋堍附近小弄內途遇褚氏，見該氏戴有金耳圈一副，以其年老可欺，且別無行人，遂乘其不備將耳圈搶奪在手，當被該氏扭住，張芝標因脫免逮捕，即將該氏左手大指咬傷，該氏負痛釋放，張芝標乃乘間逃逸。褚氏大呼救命，時適附近有水木作工人正在造屋，工人吳水泉聞聲出現，知為盜劫，並見張芝標將耳圈棄擲路旁，上前將張芝標扭住，旋被張芝標用力掙脫奔逃。適值該處崗警聞聲追至，見其躍入河中藏身水內，遂被緝獲，連同贓物解由蘇州市公安局轉送到院。檢察官驗明褚氏左手大拇指咬傷一處，皮損血結，填單在卷，偵查完備，聲請預審。經預審推事裁決張芝標犯刑律第三百七十三條第三款罪名，送交檢察官以刑法第三百四十三條之罪提起公訴。

（二）判決

張芝標強盜一罪，處有期徒刑四年，褫奪公權全部五年。判決確定前羈押日數，准以二日抵有期徒刑一日。

（三）理由

本案被告張芝標抗辯要旨以在河內浴身被獲，堅不承認有竊盜褚氏耳圈情事。然查該被告如何搶奪褚氏耳圈，褚氏扭住不放，該被告如何咬傷其手指逃逸，如何將耳圈拋擲路旁，如何躍入河內圖逃就捕各情，業據被害人褚氏到案訴明，並有證人吳水泉及警察張心甫先後在預審公判中供述前情無異，褚氏手指傷痕亦經檢察官驗填傷單可憑。且在該被告身畔皮夾內搜出水浸當票三張，更足為越河圖逃之證，則該被告搶奪搶奪褚氏耳圈因脫免逮捕，當場對於褚氏施強暴脅迫咬傷手指情形，自屬證據確鑿，豈託詞浴身所可掩飾。覈其所為依刑法第三百四十三條第一項、第三百四十七條規定，實犯刑法第三百四十六條第一項之罪，唯其傷害行為係屬強盜之一種，結果應依刑法第三百零二條、第二百九十三條第一項、第七十四條從一重處斷。江蘇吳縣地方法院刑庭依刑法施行條例第二條第一款與刑律第三百七十三條第三款

之刑比較重輕，刑律之刑爲重，依刑法第二條前段、第三百四十六條第一項，處以有期徒刑四年，並依同法第三百五十五條、第五十七條第五項、第五十六條，褫奪公權五年。判決確定前羈押日數，准依同法第六十四條以二日折抵有期徒刑一日。爰依刑事訴訟法第三百十五條、第三百二十條，作出上述判決。

（四）評析

本件刑案涉及法不溯及既往原則，該原則是罪刑法定的必然體現，因爲罪刑法定原則要求法不溯及既往，《二八刑法》第二條對刑法不溯及既往原則作了具體規定：「犯罪時之法律與裁判時之法律遇有變更者，依裁判時之法律處斷；但犯罪時法律之刑較輕者，適用較輕之刑」[註27] 也即從新從優主義。《二八刑法》於 1928 年 3 月 10 日公佈，同年 9 月 1 日施行，而本案發生於 1928 年（民國十七年）7 月 23 日，則應該依據《二八刑法》裁判。

張芝標意圖不法佔有他人合法所有財物，乘褚氏不備將耳圈搶奪在手，從而獲取財物利益，應該依據刑法第三百四十六條第一項處以強盜罪，且其有傷害他人之故意而被起訴到庭，是以實際上犯有竊盜罪及傷害罪，也就是一個行爲觸犯了兩項罪名，應該並合論罪，從一重處斷。由於犯罪在刑法施行以前，但是犯罪當時，暫行新刑律處罰較之二八刑法爲重，所以適用二八刑法，依刑法施行條例第二條第一款新舊刑比較輕重判決，處以有期徒刑四年。而對於《二八刑法》第二條但書規定，最高法院做出這樣解釋：「刑法第二條但書所規定，係就新舊兩法所定之刑，比較而適用其輕者，與刑以外之事項無設。」（解字 120 號）[註28] 也就是該條只是對於在新舊刑法處罰有輕重時，對犯罪人如何懲罰作出的規定，以便於法官依法裁判，不至於比附援引，違背罪刑法定。

《三五刑法》則對《二八刑法》第二條進行了修正：「行爲後法律有變更者，適用裁判時之法律，但裁判前之法律有利於行爲人者，適用最有利於行爲人之法律」，「處罰之裁判確定後未執行，或執行未完畢，而法律有變更不處罰其行爲者，免其刑之執行。」[註29] 這一修正使得近代中國刑法溯及力

[註27] 郭爲校勘：《刑法》，上海法學書局，民國 23 年 10 月版，第 1 頁。
[註28] 郭衛：《刑法總則釋義》，上海法學編譯社，民國 20 年版，第 292 頁。
[註29] 郭衛校勘：《最新中華民國刑法》，上海法學書局，民國 24 年 6 月 3 版，第 21 頁。

問題的有關規定更爲合理科學，如新舊法律處罰不同時，採「適用最有利於行爲人之法律」的原則；新法對於已經裁判確定但尙未執行或未執行完畢，依照舊法應該處罰的行爲，若改爲不予處罰，新法具有溯及效力。可見修改後的條文均爲從有利於行爲人角度著眼，體現了近代刑法所倡導的充分保障人權，教育感化爲主懲罰爲輔的理念，已經使刑法的時間效力制度從形式到內容都已完全現代化。

　　我們注意到，本案審理過程中還採取了預審制度，這是因爲 1928 年《中華民國刑事訴訟法》是於當年 9 月 1 日施行的，晚於本案發生時間，案件處理則是依照北洋政府時期的《刑事訴訟條例》，而在隨後的《刑事訴訟法》中已經徹底廢除了預審制度。有關預審制度的廢止，黃右昌這樣認爲：

　　預審之爲不良制度，已爲國民所公認。茲就其不良之點，略舉如下：案件旣經偵查完畢，而以必須經過預審之故，復加審判，徒費無益之程序，其弊一；預審處分，旣以斷定案件之應否起訴爲限，而案件之應否起訴，盡可讓諸偵查辦理。乃偵查之後，又有此種輔助起訴程序，於事實上毫無裨益，於學理上實不可通，其弊二；預審情形，如訊證、鑒定、選任指定律師之類，無不與審判時相同，幾使審判爲預審之複審，其弊三；有罪無罪，純由審判官依證據以爲裁判，不受偵查筆錄之拘束，故偵查手續，世人已多譏爲贅瘤，其弊四；預審羈押，舊案不得過二月，其調查繁難者，往往以期促之故，草率送審，仍與未經送審者，毫無區別。徒使耗費二月期限，多此一舉，其弊五；被告到案未久，尙肯略爲吐實，證據亦尙不致遺失。若經過一次預審，被告不免沾染習氣，翻異供詞，證據亦多散失。故預審中供證，不如偵查中供證爲多。審判中供詞，尤不如預審中供詞爲多。愈經預審，愈難審判。由各種案卷觀之，當知此言不謬，其弊六；司法以手續繁難之故，遲滯完結，已爲世所詬病。多此預審制度，更因遲滯而受詬病，其弊七；指定律師，不勝其繁。法院旣無此種律師經費，被告亦係無力供給費用，律師徒勞往返，籍故推諉案件進行，因之遲滯，其弊八。是故預審者，學說上之良制也，非實驗上之良制也。試以預審問題，質之全國法院久辦刑事案件之推事，其以預審爲良制度者，恐十無一二。故新案決然廢止預審制度，刪去舊律案二百六十二條至第二百八十條預審之規定。是爲新案根本上最大改革之點。〔註30〕

〔註30〕黃右昌輯錄：《中華民國刑事訴訟法》（弁言），中華印刷局，民國 17 年 9 月版，第 2～4 頁。

可以看出，所言皆從司法實踐著眼，是從實證對預審制度所作的精闢分析，當然實務中推事介入預審，也違背了刑事審判中司法中立的理念，其被廢止在一定程度上則是有利於被告。

案例二：王金氏、石來生共同預謀殺人案

（一）事實

王金氏係王發財之妻，與住居同村之石來生姦通有年，因礙於其夫，早蓄謀殺之心。民國二十年五月九日（即廢年三月二十二日）王發財由滬傭工回家，微聞其事，常相爭吵。同月二十六日彼此又發生口角，王金氏即於翌日（即廢年四月十一日）夜間與石來生一同潛逃來蘇，預備來滬。不料二十八日在胥門與其嫂金江氏相遇，翌日（即廢年四月十三日）將其勸送回家。石來生亦於先一日雇船回家，因偕逃未成，愈增謀殺之心。當王金氏返家之日，石來生即於夜間身懷利刃，由王金氏開放後屋向東側門，將其引進藏匿樓上臥房後隔壁弄內，並由石來生先將王發財之叔王子明臥房房門扣住。約十一時許，王金氏起與石來生謀議，王發財夢中似有所聞，欲下床詰問，石來生即持利刃向王發財猛戳，王金氏則抱住王發財致不能抵抗，共受刀傷八處，胃腸流出。王發財一手捧住腸胃，一手堅握王金氏，將其托往王子明臥房門外竭力呼救。詎王子明素患重聽，並因房門業已被扣，迨用力拉脫門軸，石來生已乘機帶刀逃逸，僅將王金氏一人執住。隨即喚集鄰居王曉全（即王孝泉）、周阿炳及金江氏、吳仁保、孔大小弟並地保查金盛等到場，當時王發財尚能言語謂，由王金氏抱住，石來生所戳云云。即經周阿炳、孔大小弟等星夜雇船，將王發財送往本城博習醫院醫治無效，延至三十日下午即行殞命，將屍運回。翌日由該管公安第八分局函請派員檢驗，並將王金氏解送本院，經檢察官率吏前往查明，填書附卷，偵查終結。認石來生、王金氏依刑法第四十二條均犯同法第二百八十四第一項第一款之罪，提起公訴。

（二）判決

被告王金氏共同預謀殺人證據已臻明確，覈其犯罪之原因目的及其心術均屬毫無可恕，應依刑法第四十二條、第二百八十四條第一項第一款處死刑，並依刑法第二百九十二條、第五十六條、第五十七條第三項，無期褫奪公權。除被告石來生在逃未獲，係屬在所不明，應依刑事訴訟法第三百零七條停止審判程序外，爰依刑事訴訟法第三百十五條為判決。

（三）理由

以上犯罪事實，江蘇吳縣地方法院刑庭依下列證據得以認定：

（1）查被告王金氏與石來生姘識有年，業已自白不諱。此次與石來生一同潛逃，預備赴滬，被告在公安第八分局業已供述明確，並經其嫂金江氏具結證明。又查被告與石來生姘識後，石來生早有謀殺其夫之心，此次因偕逃未成，其謀殺之心尤為堅決。此觀諸被告在公安第八分局所供，去年「石來生常常有要做死氏夫的話」，「在蘇州的時候，氏回渡村時，石來生曾對氏說，你回去也好，我給顏色把你們看」各等語，固可予以認定。而被告對於石來生早有謀殺其夫之心，實有其所明知，據此亦足以完全證明。

（2）至此次被告經金江氏於五月二十九日由蘇勸送回家後，石來生即於當日夜間攜帶利刃，藏匿王發財住房床後之隔壁弄內，並將王子明之房門先行扣住。至十一時許始侵入房內，用刀將王發財八處各等情。質諸被告並不否認，對於開放後門引進石來生及事先謀議共同下手各節，雖堅不吐實，但查其在偵查中業已供明，足以斷定被告與石來生共同殺害王發財，確係出於預謀為無可疑。並以上述被告明知石來生早有謀殺其夫之心，互相參證，則被告此次之犯意與石來生之犯意顯屬一致，尤可不待煩言而解矣。

（3）查已死王發財係生前被人連戳八刀，戳傷肚腹，胃腸流出身死，業經本院檢察官率吏前往驗明填書在卷，被告當時早具有致死之決心，且查被告與其夫王發財共睡一床，石來生深夜侵入其房內將王發財連戳八刀，其右手心連食指本節並有刀傷一處，足證當時已有爭奪之事，被告豈有充耳不聞，毫無覺察之理。又查王發財身軀偉大，絕非一人之力所能殺害，該被告在公安第八分局既已供認，其時丈夫在床上聽見下來，兩下相打，氏即拉丈夫的手，不料石來生將刀猛戳氏夫，氏夫肚腸拖出。復經傳訊證人查金盛、金江氏、王曉全等均一致供明，王發財未死前曾謂，由王金氏抱住，被石來生被戳。查金盛並稱，王發財向我說是石來生用刀戳的，是他女人捏住他的手，如不是他不會被石來生戳到這樣云云。核與被告在公安第八分局所供適相符合。是被告當時業已共同實施加害，證據也極確鑿，其共同謀殺情節更屬顯然。

（四）評析

《二八刑法》的刑罰體系沿用《暫行新刑律》，仍然分為主刑和從刑，主刑主要有：死刑、無期徒刑、有期徒刑、拘役、罰金；從刑為褫奪公權和沒收，但有期徒刑改為年月制，不同於暫行新刑律的等級制，其它沒有變化。主刑中的死刑是剝奪罪犯生命的刑罰，也是最為嚴厲的懲罰方式，這是考慮到死刑罪犯乃是對國家社會罪大惡極，具有重大危險，採取其它措施無法使其棄惡從善的考慮，但當時也有反對死刑之聲，不認為死刑可以減少犯罪，因此主張廢止。〔註31〕但《二八刑法》依然用絞首的方式於監獄內秘密執行死刑。

案中王金氏與石來生姘識已久且早有預謀，共同預謀殺人證據確鑿，經法院裁判判決死刑，根據《二八刑法》規定，宣告死刑或無期徒刑，褫奪公權終身，王金氏應同時並處褫奪公權無期，理屬罪刑相當。但是石來生出逃在外，依據1928年《刑事訴訟法》第三百零七條，被告所在不明時，應停止審判之程序之規定，停止部份審判。

本案為公訴案件，先是由公安分局函請派檢察官檢驗並進行偵查，案中檢察官在偵查終結之後，認為二被告所實施行為觸犯刑法之預謀殺人罪，隨即提起公訴，即依據《刑事訴訟法》第253條之規定，「檢察官依偵查所得之證據，足認被告有犯罪嫌疑者，應向該管法院起訴，被告所在不明者亦同。」〔註32〕民國時期刑事案件，除由被害人自訴外，均應由檢察官代表國家提起公訴，也就是採用國家追訴原則。檢察官作為主要的偵查機關，在獲知有犯罪嫌疑之時，應即著手開始偵查，犯罪嫌疑之發生原因概有告訴、告發、自首或其它情事〔註33〕。檢察官依據偵查所得之證據，認為被告犯罪嫌疑確實充分，除相關規定可以不起訴之外，應及時起訴，檢察官不得自由裁量，即起訴法定主義；檢察官行使其起訴權，無論被害人及其它人之意思如何，不受其拘束，此舉充分說明對於公訴案件，為實現國家的刑罰權必須由國家公訴機關依據其職權行使刑事追訴權，本質上即為職權主義，也就是一旦有犯罪事實存在，則應當依法追究刑事責任，意味著國家的刑罰權必須主動去尋

〔註31〕 參見郁朝俊：《刑法原理》，上海商務印書館，民國21年版，第345頁。
〔註32〕 黃右昌輯錄：《中華民國刑事訴訟法》，中華印刷局，民國17年9月版，第51頁。
〔註33〕 參見《刑事訴訟法》第230條，黃右昌輯錄：《中華民國刑事訴訟法》，中華印刷局，民國17年9月版，第46頁。

求實現。這種由專門的起訴機關經過審查，再向審判機關提起公訴的制度，不同於中國傳統審判之直接向審判機關控告或檢舉犯罪，即審判機構擁有偵查、控訴之權，這就造成事實上的偵控審不分，而且辦案官員擁有從受理案件到偵查、糾問、裁判的幾乎一切權力，整個辦案期間沒有犯罪嫌疑人之外的其它第三者介入，很難保證案件公平公正處理，隨著近代民刑分立原則的確立，檢察制度隨之引入，控審分離原得到確立，由專職檢察官起訴方式以取代傳統的起訴方式則是大勢所趨。

案例三：林鏡忠侵佔案

（一）事實

林鏡忠係蘇州三山水果公所之管理人，所有該所之公產均歸管理收益。歷年以來對於經管事項既未報告同幫，又無收支賬目足資稽核。民國八年、十八年竟將該所所有南濠街五十四號及仙工里十三號之房屋兩所，擅行盜賣於唐、金兩姓。經駐滬福建三山水果公所商幫查悉，向本院提起自訴，審理結果以不合自訴規定，送由檢察官偵查起訴。

（二）判決

林鏡忠侵佔一罪處有期徒刑六月，並科罰金一百元。罰金如不完納，以二元折算一日易科監禁。裁判確定前羈押日數，以二日抵刑一日或以一日抵罰金一元。

（三）理由

本件被告抗辯要旨略稱，蘇州三山果桔公所繫由三山青果棧所收，其資金完全出於林、洪、程三姓，為一種私人團體之結合，與上海南幫所組之水果公所絕不相聯。告訴人既非林、洪、程三姓之子孫，自屬無權告訴。況蘇州果桔公所地糧僅有二分，所有十三號及五十四號之房屋均係祖遺之產，有糧串可為憑證等語。但經本院調閱三山水果公所與被告等因產權涉訟案卷宗，被告致三山水果公所函內有在滬同人提議糧串一節，以使蘇滬雙方共策進行等語，足證蘇滬公所本有聯絡關係，該被告人等以被告盜賣公產依法告訴，自屬毫無不合。且查蘇州公所公產甚多，本為被告所不爭之事實，被告辯稱該所地糧僅有二分云云，自係捏飾之詞不足置信。被告於民國三年間曾將南濠街五十四號店屋盜賣於人，旋經備價贖回，業由本院傳喚證人黃文園、黃玉富、江一南等到案供明屬實，算為公產，而復何疑。至仙工里十三號房

屋，據告訴人述稱，該屋右邊牆上原有三山會館界石一塊，已爲被告毀去云云，業經本院民庭履勘屬實。更就被告於民事訴訟判決以後，竟與金士英進行和解，情願將房價五百分分期撥還之情形互相參證。則該十三號之房屋亦屬公產，已可證明。該被告因情虛而和解，其事實尤爲明顯，乃被告以管理人之資格，竟敢擅將上項公產連續盜賣於人，則其應負刑事責任自不待言。

據上論述，江蘇吳縣地方法院刑庭依刑法第七十五條、第三百五十七條第一項、第五十五條二、三項、第六十四條、刑事訴訟法第三百十五條，爲上述判決。

（四）評析

近代刑事訴訟普遍採用國家訴追主義，也就是起訴之權，屬於代表國家行使訴權之檢察官。以檢察官代表國家行使刑事原告職權，非檢察官不得爲刑事訴訟之原告，此爲採用國家訴追主義。然而民國時期注重民權，舉凡被害者均必須先向檢察官告訴。「苟未經檢察官起訴者，即不得受法院正式之裁判，揆諸保護人民法益之本旨，故特設例外規定，對於特定犯罪，使被害人及有告訴權者，得就其被害事實，自向法院起訴，謂之自訴。」〔註34〕因此在刑事訴訟中，起訴權的行使方式一般區分爲公訴與自訴，南京國民政府時期的刑事訴訟立法以國家追訴主義爲原則，以被害人追訴主義爲例外。本案爲自訴案件，林鏡忠作爲蘇州三山水果公所的管理人，擅自將該所所有房屋兩所盜賣於唐、金兩人，已經直接侵害到上海南幫所組之水果公所的利益，依據《刑事訴訟法》第 338 條規定，被害人之法定代理人、保佐人或配偶得獨立自訴〔註35〕，因此上海南幫所組水果公所之代理人，駐滬福建三山水果公所商幫提起自訴，以維護本幫眾人合法權益，於法契合。經法院查明事實，認定林鏡忠犯侵佔罪，處有期徒刑六月，並科罰金一百元。

有期徒刑是剝奪犯罪分子一定期限人身自由的刑罰方法，爲自由刑。在暫行新刑律中，有期徒刑採用的是等級制，「有期徒刑採取等級制雖然便於加減，但以等爲加減，則加減必然爲一等，恐有畸輕畸重之嫌；同時，立法上也有不便，例如在刑法分則以及其它單行法當中，對於刑期的確定只以此五等爲標準，而罪之輕重各有不同，僅僅以五等進行處罰，不是失之過寬就是

〔註34〕 徐朝陽：《刑事訴訟法通義》，商務印書館，民國 23 年版，第 262 頁。
〔註35〕 黃右昌輯錄：《中華民國刑事訴訟法》，中華印刷局，民國 17 年 9 月版，第 66 頁。

失之過嚴，而以年月制規定，以若干分之幾爲加減，既沒有定刑失當之虞，也沒有加減刑時嚴寬之慮，而且分則條文以及其它單行法訂立徒刑時，明確地寫明年月，一目了然，處刑時也比較便利。」〔註36〕正是基於此種考慮，《二八刑法》廢除了《暫行新刑律》的五等制，在總則中規定有期徒刑的最長期爲 15 年，加重不超過 20 年；最短期爲 2 個月，可減輕至 2 月以內。而且在分則各條中，以年月制規定了徒刑，刑期之加減則以若干分之幾爲準，這就爲有期徒刑的量刑設定了較爲客觀和合理的標準。

　　罰金是國家剝奪罪犯的財產，作爲對犯罪進行處罰的一種財產刑，可以彌補自由刑之所缺。「舉其利便，可得數端：可因犯人之地位而伸縮，一也；可避短自由刑之弊害，二也；適於貧欲犯罪者，三也；因過失犯罪者已足資戒勉，四也。雖然富者雖罰多金，未嘗知警，貧者財力維艱，苦痛無限，揆之事實，罰金之制，又得曷謂平；故本條有因犯貧得減五分之一之規定，以彌其弊害焉。」〔註37〕《二八刑法》規定罰金的幅度爲一元以上，但因犯貧，得減至五分之一；第五十五條規定，罰金於裁判確定後，令二月以內完納之。期滿而不完納者，強制執行。其未完納者，易科監禁。〔註38〕《三五刑法》對罰金刑作了一定程度的完善，繳納期限延長到兩個月內完納，罰金刑的追訴時效由三年縮短爲一年。同時將無力完納者易科監禁改爲易服勞役，並將易科監禁的期限不得逾一年，改爲易服勞役不得逾六個月。鑒於《二八刑法》規定完納期內，經本人之承諾者，即可易科監禁，失去了財產性的處罰本旨，遂改爲，非經強制執行無力完納時，不得易服勞役。〔註39〕

案例四：陳子路不服一審判決上訴案

（一）事實

　　陳子路曾在毛陳氏家傭工，頗有恨心。民國十八年五月十七日，即廢曆四月初九日夜十時，毛陳氏老屋被火焚燒，越二日傍晚陳子路在毛陳氏田內將桑樹砍折二、三十株，爲王雙全所見，走告毛陳氏前往看明時，陳子路已經他去，僅拾得其常用斧頭一柄。當即報由梅村商團分會派遣司務長華振率

〔註36〕郁朝俊：《刑法原理》，上海商務印書館，民國 21 年版，第 343 頁。
〔註37〕石松編：《刑法通義》，商務印書館，民國 23 年版，第 206～207 頁。
〔註38〕郭爲校勘：《刑法》，上海法學書局，民國 23 年 10 月版，第 12，13 頁。
〔註39〕參見郭衛校勘：《最新中華民國刑法》，上海法學書局，民國 24 年 6 月 3 版，第 31，41 頁。

隊往查，當於夜間在毛陳氏屋上將陳子路捉獲，解由商團公司轉解無錫縣政府訊辦。無錫縣政府於中華民國十八年七月二十五日作出第一審判決，依刑法第三百八十二條定犯損壞財物罪，處以有期徒刑六月；依刑法第四十二條、第一百八十七條第一項犯放火罪且係共犯，處以有期徒刑七年。陳子路不服一審判決，提起上訴。

（二）判決

原判決關於放火罪刑及執行刑部份撤銷，其它之上訴部份駁回。

（三）理由

本案上訴人陳子路因被辭工懷恨，將毛陳氏田內桑樹砍折二、三十株，業經王雙全到案證明，該上訴人亦已在原審供認不諱。是證據已屬明確，原審判決關於此部份，依刑法第三百八十二條處以有期徒刑六月，裁判確定前羈押日數准依第六十四條折抵，尚無不合。至放火部份，雖據該商團公會呈縣原文內據梅村分會原呈，有陳子路自認前日毛姓之火亦由彼與阿二所縱等語。然嗣後迭經研訊，該上訴人堅不供承。且此外又無其它項證據以資佐證，自不得以該分會呈內有此一語，即斷定該上訴人確有放火事實，況據上訴人在本院供指，該分會所供係被打的。該司務長華振亦述稱，拿住時是將他手捆起來云云。則該上訴人即果有在分會供放火之事，但是否因刑逼供亦滋疑實，乃原審判決遽依刑法第四十二條、第一百八十七條第一項，處以有期徒刑七年，顯有未當。

江蘇高等法院刑事第一庭據以上論斷，認為本案上訴意旨關於放火部份係有理由，於民國十九年四月十四日依刑事訴訟法第三百八十五條第一項，將原判決關於放火罪刑及執行刑部份撤銷。其它之上訴部份係無理由，爰引同法第三百八十四條駁回。

（四）評析

本件為當事人對於無錫縣政府〔註40〕所作之一審判決不服，而上訴於江蘇高等法院，是為上訴審。上訴是一種審判救濟措施，「蓋國家既設審判機關，並慎選司法官吏，以為持平之裁判，惟於當事者之權利義務，未必即盡壓其願望，且其所判斷者，或不免百是而一非。揆諸國家哀矜明慎之意，自

〔註40〕　無錫縣法院遲至 1931 年 1 月 31 日始成立，之前則暫行縣政府兼理司法。參見《民刑事裁判大全》（導讀），北京大學出版社，2007 年版，第 9 頁注 3。

不能不予以救濟，於是上訴之制起焉」，〔註 41〕用於糾正法院判決中出現的錯誤，因之法院審級制度誕生。「設置審級制度，使對於原裁判不服者，得以循級上訴或抗告，以資救濟。案件多經一次之研訊，即多一次糾正之機會，偏頗不公之事，自可因而減少」，同時也可以「使不服原裁判者，得循級上訴，使最高法院得有機會糾正錯誤之見解，以求法律解釋統一」。〔註 42〕考據 1928 年《刑事訴訟法》，國民政府早期仍然實行北洋政府時期的四級三審制，但根據 1932 年公佈的《法院組織法》，國民政府取消了初級法院，確立了三級三審制，原則上地方法院受理第一審刑事案件，高等法院受理第二審刑事案件，最高法院受理第三審刑事案件。高等法院的審理既要調查事實，又要核實第一審法院適用法律是否準確，即為事實審與法律審，而最高法院則是第三審終審法院，如果當事人對第二審法院判決不服的，可上訴至最高法院。

依據 1928 年《刑事訴訟法》的規定，當事人對於下級法院之判決，有不服者，得上訴於上級法院；檢察官及自訴人為被告利益起見，亦得上訴（第358 條）。被告之法定代理人、保佐人或配偶，為被告利益起見，得獨立上訴（第 359 條）。原審之辯護人及代理人，為被告利益起見得代為上訴，但不得與被告明示之意思相反（第 360 條）。檢察官對於自訴案件之判決得獨立上訴（第 361 條）。〔註 43〕可見上訴權之主體眾多，只要是基於維護當事人的利益都可以提起上訴，對於當事人的權利保護可謂周全，當然上訴必須於法定期間內提出。第二審法院接到上訴狀後，應首先進行形式審理，認為其上訴合乎法定形式要件之後，再進而為實體審理。〔註 44〕

本案起訴人為原審被告人，第一審認定該上訴人行為違法，作出有罪判決，其不服一審判決，上訴至二審江蘇高等法院。第二審法院經過重新調查，認定被告人上訴一部有理由、一部無理由，依據刑事訴訟法第三百八十五條第一項，將原判決關於放火罪刑及執行刑部份撤銷。其它上訴部份係無理由，依同法第三百八十四條予以駁回。

〔註41〕丁元普：《法院組織法要義》，上海法學書局，民國 24 年版，第 14 頁。
〔註42〕李光夏：《法院組織法論》，上海大東書局 1946 年 11 月再版，第 35 頁。
〔註43〕黃右昌輯錄：《中華民國刑事訴訟法》，第 70～71 頁。
〔註44〕《刑事訴訟法》第 383 條，第二審法院認為上訴違背法律上之程序或其上訴權已經喪失者，應以判決駁回之。參見黃右昌輯錄：《中華民國刑事訴訟法》，第 74 頁。

二、刑事審判運作之分析

綜觀以上刑事審判的具體運作，無論是刑事判決的形式詮釋，還是基於判決的內容意蘊，我們都可以一窺民國初期刑事審判官是如何本著近代刑事審判的理念與原則，來處理個案判決的，其處理方式展現了西式刑事訴訟的精神理念。從刑事案件受理、庭審過程，以及證據調查、判決製作及訴訟程序來看，以下近代刑事訴訟原則顯得特別重要。

首先是司法獨立原則。在判決書中我們既沒有看到「直督」、「陝撫」等行政官銜，也沒有「恭請聖裁」之類詞語出現，判決書文末一般是承審推事的姓名，表示案件判決由呈審法官負責，這意味著不再由行政官兼理司法事務，而由專職審判機關負責。這是司法獨立的第一個特徵。在近代新式法院組織體系之中，雖然法院之間也有管轄隸屬的關係，但這是審級制度之必然形式，僅限於案件的上訴審，以及司法行政性事務中，而且這種法院行政體系是封閉的，純粹是由司法機關組成，由此可以得出，各級審判廳、法院均為獨立審判，獨立形成終局判決，當事人如未於法定期間內上訴，即為確定，其法律適用亦不須事先經上級法院審核。而且最高審判機關就是審級的最上層大理院、最高法院，它們所做出的判決與解釋在司法體系內具有最高效力，行政機關則無權干涉，從而排除了法院體系外其它因素的干擾。這與傳統司法體系中，最高司法權掌握在皇帝手中，由具行政性質的刑部與三法司（例如清朝）事先擬定適用法律的意見，再送請皇帝作最後裁決的情況迥然有別。

其次是罪刑法定原則。通過評析以上案例，與傳統審判最大的不同是罪刑法定，只要與犯罪構成要件不盡符合，就認為行為人無罪。縱觀以上各案，在判決中均據法論斷，沒有出現比附援引，也沒有出現法律規定以外的事實而影響判決。比如馬德春殺葉鴻恩未遂一案，因其符合殺人中止犯的要件，所以依據相關法律規定，判決時從輕判處，而在劉魏氏歐傷孫三元一案中，劉魏氏被毀損的瓷物，由於是在與孫三元揪扭時被撞碎，依照暫行新刑律第四百零六條第一款，孫三元毀棄損害之罪不能成立，免予處罰。又如齊錫朋殺害孟東祥一案，齊錫朋殺人動機是否專為圖財，抑或有其它原因，因證據不足，沒有處之以《懲治盜匪法》第三條第二款強盜殺人之罪，而是按暫行新刑律第三百十一條殺傷罪論處等。這種做法完全符合近代刑法的理論與精神，即國家只能依照事先確立的法律才能干預個人的自由，責令個人為其行為負責，如若證據不足，則疑罪從無。國民政府時期的刑事審判也嚴格遵循

罪刑法定原則，在張芝標強盜案中，法官依據《二八刑法》及其施行條例，遵循法不熟及既往的刑法原則，比較新舊法刑度之輕重，使「從新從優」原則得以在該案體現，從而作出公正合理的判決。

罪刑法定主義的產生是基於近代西方國民爭取個人權利與自由的鬥爭，為對抗罪刑專擅主義的產物。在罪刑專擅主義之下，懲罰沒有明確的標準，也無以預測，而罪刑的明文化，個人對於自己所為之行動有預測的可能，並可防止國家濫用刑罰，並保障個人權利。我國近代隨著民主、自由、平等之觀念深入人心，保障人權、刑罰人道等思想也體現在刑事法律中，因而法律中所蘊含的平等精神，自然也通過判決予以表現，例如保永才致趙張氏墮胎案中，沒有因為趙張氏的身份而加以區別對待，而是同等保護其合法權益。

反觀我國傳統法中的比附援引，因具有類推適用的性質，不符合近代罪刑法定理念，而歷來多遭批評。考諸唐律，可以發現其中經常適用「類推」、「比附」的方式來解釋律文，乃是不爭的事實，但是唐律嚴格禁止採用「比附入重」此一類推方式，〔註45〕完全符合近代刑法倡導的輕刑理念，其積極意義頗值肯定。同時由於立法技術的限制（如大清律例採取一事一例），難免會遺漏依據立法精神顯然應該加以處罰的犯罪行為，如果囿於法律規定而不處罰，就必然違背傳統司法強調的「情罪相符」，這種情形下，司法官吏依據「事理相同」，以職業直覺為基礎進行法律推理，通過比附援引其它律或例的規定進行判決，才不至於讓這種犯罪行為逍遙法外。可以說這一過程融合了意識形態式的情感直覺、司法經驗判斷和形式上的合法性論證，既尊重了律例規則，又在實踐中通過各種技術手段，如必要的靈活裁量和「造法」等一系列富有特色的推理技術，為緩衝一罪一刑的刻板條文可能造成的不合理結果，在制定法的框架內盡可能實現「罪刑相應」「罰當其罪」的終極目標。〔註46〕可以這樣說，中國傳統刑事審判在解決紛爭、維護秩序方面不乏合理、智慧的因素，其制度設計也並非一無是處。我們也應該看到，比附援引雖然在一定程度上矯正與補充了制定法的疏漏。但是，它在發揮其「造法」功能的同時，也在實際中賦予了審判者一定的裁量權，為刑事審判注入了相當大的不確定因素，以致造成實踐中的流弊叢生。

〔註45〕（唐）長孫無忌：《唐律疏議》，中華書局，1983 年 11 月第 1 版，第 567 頁。
〔註46〕參見王志強：《制定法在中國古代司法判決中的適用》，《法學研究》，2006 年第 5 期，第 144 頁。

　　第三、控訴原則。在前述判決書中，我們可以看到「經檢察官□□□蒞庭（文首）」、「本件經同級檢察廳檢察官□□□蒞庭執行檢察官職務（文末）」等用語，說明刑事案件的啓動是由檢察官發動，代表國家進行起訴以打擊刑事犯罪。清末司法改革進程中，確立了大陸法系控審分離的刑事司法體制，由檢察官行使刑事案件起訴權，「凡因公訴案件，不問被害者之願否訴訟，該管檢察應當即時起訴。」〔註47〕乃「犯罪概因侵害國家公益而成立，故爲原告請求處罰者，必須由國家設立機關」〔註48〕。並於《暫行法院編製法》第90條規定，檢察官在刑事訴訟中的職權爲「實行搜查處分、提起公訴、實行公訴並監察判斷之執行。」〔註49〕民初北洋政府時期准予援用，相沿未改，迄至國民政府時期。〔註50〕在刑事訴訟中，對犯罪嫌疑人的控訴與否，由國家專職人員檢察官決定實施，當事人除少數告訴乃論之罪外沒有處分權，這就是近代刑事審判制度中的控訴原則，其涵義爲「法院不得就未經起訴之犯罪加以審判」，即法院須有檢察官的請求才能夠發動審判程序，以合於不告不理原則，如無檢察官的起訴，也就沒有法官的裁判，不同於固有法之糾問制。因此，檢察官成爲控制法官裁判入口的把關者，從此法官被局限在被動消極的角色，也因此保有其作爲裁判者的不可或缺的客觀性。所以創設檢察官制度的最重要目的，即在於透過訴訟分權模式，以法官與檢察官彼此監督節制的方法，保障刑事司法權限行使的客觀性與正確性。〔註51〕所以，在審判程序中雖然有屬於行政體系的檢察官的存在，但其與司法體系不相隸屬，與法官也是處於相對等的地位，即行政與司法分立，保證了司法獨立的運行。

　　至於形式上的分析，因相關研究已經比較充分，這裡僅就判決書體例略作說明。京師地方審判廳與直隸天津地方審判廳的判決書，其結構一般爲案號、主文、事實與理由，最後爲參與刑事審判的人員，包括推事與書記官。這就與傳統判決書的體例截然不同，傳統判決書（以清代爲例）在結構上一般先指出法律意見的作成機關，例如貴撫、河撫等，隨後注明咨、題、奏等

〔註47〕　《大清新法律彙編》，麟章書局，宣統2年再版，第282頁。
〔註48〕　熊元襄：《刑事訴訟法》，安徽法學社，宣統三年三月二十三日版，第34頁。
〔註49〕　《中華六法（一）》，（暫行法院編製法），第20頁。
〔註50〕　1915年6月20日民國政府司法部呈准重刊《暫行法院編製法》，1916年2月2日修正，主要修正了稱謂，將職官名稱改爲院長、廳長、檢察長、書記官長、書記官等，以體現民主色彩，其它相關規定不變，故該法實質上從清末一直施行至北洋政府時期，直到1932年《法院組織法》頒行。
〔註51〕　參見林鈺雄：《檢察官論》，學林文化事業有限公司，2000年版，第16頁。

字樣，以表明該文書之性質，闡明事實之後是該機關的具體意見，接下來是刑部批示，成案在行文最後還有皇帝的簽署意見。這種體例的差異反映了刑事訴訟在司法實踐中的運行差異，也正說明了傳統刑事審判制度的近代化。

本章小結

通過本章刑事案件的實證分析，我們可以基本看出傳統刑事審判制度的變化演進過程。從技術角度觀察，傳統社會之行政司法不分，司法易被掌控，到了清末變法修律以至民國時期，則實行權力分立體制，廢除比附援引，踐行司法獨立、審判獨立等原則，同時實務中施行國家起訴原則，司法實踐中比較注重平等原則的適用。

從法律適用角度分析，傳統審判制度大量採用比附援引，斷罪判刑不一定引用律之正條，至近代法制變革，引進罪刑法定原則、證據裁判原則，廢除了比附援引以及刑訊逼供，訴訟程序上審判公開，允許當事人自行辯護並可以委託辯護人，建立起律師制度，同時設置檢察機關監督審判，一定程度上防止了法官的枉法裁判。刑事審判制度的這些變化，與近代引進西式刑事審判原則與理念關係密切，因為繼受移植西式的刑事審判法律制度，也同時引進了一系列的近代刑事審判法律觀念，使傳統中國固有法制發生根本性的變革，立法內容也隨之發生巨大改變，在這種司法環境中，刑事審判實踐不可避免亦會受到影響，這從我們前文所探討的案例判決的內容與形式方面就可以看出。

同時，司法實踐的具體實施也可以反映出立法規範的優劣與否，並直接體現這樣的立法是否適合當時的社會狀況，從而最終影響立法的技術與內容。而立法技術與內容的進步，同時也可以帶動司法的改變，進而又通過司法判決，影響立法規範的進一步改善。不可否認，處於轉型期的近代刑事審判與當時社會情形確實存在一定的差距，不可能完全融合，這就需要通過某種形式或者方式進行調適，判決例與解釋例就適時地解決了這個問題，不一定完美，但卻實用。

第四章　近代刑事審判之司法創制

　　民國前期，政治局勢混沌、社會環境動盪，特別是司法審判機關與國家行政機關之間，以及法律調整與社會生活之間皆呈現出紛繁複雜、參差交錯的局面，雖然各界政府先後宣布暫時有條件地援用既有法律，也制訂了一些單行法規。但面對正處於轉型變化過程中的社會，現行有效法規，已明顯不能適應調整社會關係、規範社會秩序的需要，甚至審判活動中出現無法可依的現象。即使 1928 年國民政府統一全國並定都南京之時，刑事審判法律的發展相對穩定，卻也並不完全；同時也由於這一時期國家政治上剛剛統一，相關法律需要進一步修正以適應調整社會變化的需要，使得刑事審判活動不可避免呈現複雜多變的局面，造成刑事審判活動法律淵源的多元化，既有國家的制定法，也有部份尚未生效的法律草案，另外，西方國家流行的近代法律理論、法律原則、甚至外國法律等，也均成為司法機構審判案件所依據的法律淵源，因之其與我國法律傳統發生衝突則是不可迴避；在前一章實證案例研究之中，我們也切實感受到，中西法律傳統觀念之異同，刑事審判運作之差異，也同時鑒於西式法治觀念初入，刑事法制不備，審判法官於裁判之時頗生疑竇，為改變這種法律適用的不堪，維護刑事審判的公正，作為最高審判機關的大理院和最高法院運用其法律解釋權，通過司法創制的形式確立了大量判例和解釋例，成為了這一時期各級刑事審判機關審判案件的重要法律淵源，也統一了法律裁判之根據，成功處置了法律適用之疑難。

第一節　北洋政府時期的刑事司法創制

清末變法之際，清政府頒布《大理院審判編製法》，其第 19 條規定：「大理院之審判，於律例緊要處表示意見，得拘束全國審判衙門」，但有「按之中國情形，須請旨辦理」之補充規定，〔註 1〕其意謂大理院所作相關法律解釋必須經清政府認可，才能夠具有法律拘束力。在之後頒布的《法院編製法》中，則明確賦予了大理院解釋法律的權利，編製法第 35 條這樣規定：「大理院卿有統一解釋法令必應處置之權，但不得指揮審判官所掌理各案件之審判」〔註 2〕。同時，這條規定也是民國時期「統一解釋法令」制度的直接淵源。

清帝遜位，民國建立。臨時政府於民國元年公佈了《中華民國臨時約法》，但其中並沒有一般法律解釋權的規定。北洋政府時期，袁世凱通令暫行援用前清法令，其中包括《法院編製法》，後將大理院正卿改爲大理院院長，大理院爲北洋政府時期最高審判機關，繼續擁有統一解釋法令的權利。而之後公佈的《參政院組織法》中，將中華民國約法的解釋工作交由參政院，不過一般法律的統一解釋之權，仍是由大理院掌理。北洋政府雖然歷經張勳復辟、曹錕賄選以及軍閥割據等各個時期，但統一解釋法令之權仍一直由大理院來實施，直至民國 16 年最高法院成立。當時由大理院統一解釋法律，一方面是由於我國法制變革不久，許多法律尚未制定，另一方面則是各級法院在刑事案件審理中有諸多疑義需要上級機關解釋明瞭，而大理院作爲最高審判機關以及法律的統一解釋機關，其所作的解釋或判決，對於各級法院裁判具有拘束力，同時在如何具體適用法律上也有相當的幫助。

一、大理院的判例

北洋政府時期是西式法律理念與我國固有法律傳統碰撞較爲劇烈的時期，在這個階段，西式法院體系已經籌建，刑事審判法規正在完善，由刑事裁判的角度觀察，刑事司法的重點在於如何使完全嶄新的西式審判制度和近代中國的社會現實進行調和的層面，因此，這一時期成爲近代刑事判例發展的重要時期。

大理院自 1912 年 9 月起，就連續出版《大理院判決錄》，〔註 3〕但「係依

〔註 1〕《大清新法律彙編》，第 202 頁。
〔註 2〕《大清新法律彙編》，第 218 頁。
〔註 3〕參見北京圖書館編：《民國時期總書目（1911～1949）法律》，北京書目文獻

案件先後編纂，按月出版，卷帙繁重，檢閱較難」。〔註4〕這給下級法院的援引審判帶來了極大的不便，而且判決理由篇幅往往較長，有的甚至洋洋數千言，而當時法官整體法律素養並不高，要在如此綿長之判決理由中演繹抽象出一般法律規則確實勉爲其難，而個人理解也會不一致，容易造成歧異。

有鑑於此，大理院遂於 1915 年 10 月將「1912 年 9 月至 1914 年 12 月大理院判決要旨，分民律、邢律之部和民刑訴訟律之部」，輯成《大理院判決要旨》一書，作爲司法公報第 43 期與第 47 期之臨時增刊合冊出版。〔註5〕其中大理院將判例的裁判理由部份抽象成判例要旨，也就是將案件事實和判決理由盡可能地壓縮，概括而形成最能體現判決實質內涵的簡短摘要，其「要旨取簡括，附具理由則於原文中擇要採輯」，以便於下級法院裁判時援引適用。需要說明的是，其之所以只輯「要旨」的原因是「現在法規尙未完備，判例之刊，迫不容緩，爲應急需，先輯要旨，欲求詳備，異時大理院尙有判例彙覽及解釋文件彙覽之發刊。」〔註6〕

1919 年 12 月，在大理院長姚震主持之下，大理院出版了該院的第一部判例要旨彙編《大理院判例要旨彙覽》（後被稱爲正集），其例言謂：「本彙覽係節取大理院自民國元年改組至七年十二月底之裁判文先例，經曾與評議之推事再三審定，認爲確符原意，凡援引院判先例者，除將來續出新例未經刊印者外，應專以此書爲準。至司法講習所舊設編輯處刊行之二年度判例，業經分別編入此書，幸留意焉。」〔註7〕

1924 年 12 月出版了《大理院判例要旨彙覽續集》，「本彙覽續編係賡續前編，就大理院民國八年一月至十二年十二月之裁判成例，節取編輯，本編所載，有與前編牴觸者，無論有無變更先例字樣，概以本編爲準」，〔註8〕正續兩集共收入判例「計三千九百九十一條」。此判例要旨彙覽一經公佈，即因其簡明且易於檢索，而爲當時地方各級審判機構推事們所青睞，奉爲圭臬，「承法之士無不人手一編，每遇訴爭，則律師與審判者皆不約而同，而以『查大

　　　　出版社，1990 年 12 月，第 318～320 頁。

〔註4〕《司法公報》第 42 期，1915 年 10 月 15 日。

〔註5〕參見《民國時期總書目（1911～1949）法律》，第 320 頁。

〔註6〕《司法公報》第 43 期增刊 3。

〔註7〕郭衛編：《大理院判決例全書》，上海會文堂新記書局，民國 20 年版，第 848頁。

〔註8〕《大理院判決例全書》，第 856～857 頁。

理院某年某字某號判決如何如何』爲爭訟定讞之根據」〔註9〕。

（一）判例的地位與效力

一般意義上而言，判例是指法院對於訴訟案件所作出的判決，成爲以後其它法院裁判同類案件所援用的先例，又稱之爲判決先例。民國時期學界也認爲：「法院所爲裁判所造成的成例，是法律的實質的淵源之一種，或爲最高法院的裁判有一般的拘束力，或爲通常法院的裁判因反覆施行而發生法的效力。」〔註10〕在各種法律淵源中，判例所佔的地位，大陸法系和英美法系不同，其效力在不同法系國家也不相同。

英美法系也有稱判例爲判例法的，但判例這一用語，本身就已含有法的意味。依照英美法系的傳統，「普通法是一系列無系統的法規、司法判例和習慣的混合體，它們被看作是法律的主要淵源。」而且認爲，「立法機關創制的法固然是法律，通過其它渠道產生的法（如判例）也是法律。」〔註11〕特別是終審法院的法律解釋，更是法律的直接淵源。然而這種認爲判決先例有權威性效力的理論，是建立在「法官造法」基礎上的，也就是法官如同立法者一樣具有創設和制定法律的權力。因而在英美法系國家，判例的效力與法律相同，判例在事實上及法律上均具有拘束力，而由此成爲法院審判最主要的法律法源。

而在大陸法系國家，早期的判例通常不具有法律上的拘束力，大陸法系「無論法官遇到什麼案件，他都能從現存的法律規範中找到可適用的法律規定，無論這些規定是來自於法律、法規或具有法律意義的習慣。法官在審判案件時不得把法學家的論著或先前的司法判例作爲法律加以引用。」〔註12〕而這正是權力分立的結果，司法不受行政干預，司法高度獨立以求法律穩定統一，否則就剝奪了議會的權力。「當然，這僅是理論上的要求，實際中並非如此。雖然沒有『遵循先例』的正式原則，法官的活動卻受到判例的影響。作爲案件辯護人或代理人而準備出庭的律師，總是把活動重點放在對大量判例的研究上，並在辯論中加以引證。法官判決案件也常常參照判例。」〔註13〕

〔註9〕胡長清：《中國民法總論》，上海商務印書館，1934年版，第36頁。
〔註10〕朱采眞：《中國法律大辭典》，上海世界書局，民國24年4月4版，第77頁。
〔註11〕（美）梅利曼：《大陸法系》，顧培東、祿正平譯，法律出版社，2004年版，第25頁。
〔註12〕（美）梅利曼：《大陸法系》，第24頁。
〔註13〕（美）梅利曼：《大陸法系》，第47頁。

比如《法國民法典》第 5 條規定：「審判員對於其審理的案件，不得用確立一般原則的方式進行判決。」〔註 14〕此條既是限制了司法審判權，同時也含有禁止法官以判例作為審判依據的意思。但「儘管沒有遵循先例的規則，法國法院仍像其它國家的法院一樣，具有一種遵循先例的強烈傾向，尤其是對於高級法院的判法……下級法院對待法國最高法院判決的態度，實際上頗類似於普通法管轄權中下級法院對待上級法院判決的態度。」〔註 15〕也就是說，判例雖不具有法律上的約束力，但事實上法官裁判行為卻受到遵循先例觀念的拘束。

我們再分析日本的情形，理論上日本判決先例並沒有制度化，審判員也沒有必要遵守所謂先例，但是下級法院作出與上級法院不同的判決，事實上則是可能的。值得注意的則是，根據日本刑事訴訟法第 405 條的規定，如果下級法院「作出與最高法院的判例相反的判斷的」，或者「在沒有最高法院的判例時，作出與大審院或作為上告法院的高等法院的判例或者本法施行後作為控訴法院的高等法院的判例相反的判斷的。」〔註 16〕檢察官或被告就可以此為理由進行上告。也就意味著，雖然判例先例沒有形成明確的法律拘束力，但是在司法實踐中，法院就相同或相似案件，應該避免做成有歧義或相互牴觸的判決，否則就可以成為上告的理由。日本學者田中成明指出：「現在，即使在大陸法系中的各個國家，根據作為先例的判例進行審判的實務活動已成慣例並牢牢紮根，即使就先例的拘束性方面存在的基本慣例而言，大陸法系與英美法系之間也已不存在原理性的差別，兩者的不同只是在於對判例的重視程度而已」。〔註 17〕梅利曼也認為，在事實上大陸法系法院在審判實踐中對於判例的態度同美國的法院沒有多大區別。兩大法系在司法程序中的重大差異，並不在於兩種法院實際上在做什麼，而在於它們各自占統治地位的社會習俗觀念要求法院應該做些什麼。〔註 18〕這一定程度上說明了判例在大陸法系國傢具有實質上的拘束力。

〔註 14〕　《拿破侖法典》（法國民法典），李浩培等譯，商務印書館，1979 年版，第 1頁。

〔註 15〕　（德）康‧茨威格特、海茵‧克茨：《普通法和大陸法中發現法律的方法和訴訟程序》，載《法學譯叢》1991 年第 2 期。

〔註 16〕　宋英輝譯：《日本刑事訴訟法》，中國政法大學出版社，2000 年 1 月第 1 版，第 89 頁。

〔註 17〕　（日）田中成明：《法理學講義》，有斐閣，1994 年版，第 61 頁。

〔註 18〕　參見（美）梅利曼：《大陸法系》，第 47～48 頁。

　　對於我國傳統意義上的判例應該如何認識，汪世榮教授作過深入的研究，他指出，制定法是我國傳統法律體系最基本的法律形式，判例則居於從屬的、輔助的但不可缺少的地位，同樣是一種重要的法律形式。在存在方式上，判例植根於律，起著補充律、變通律，乃至發展律、完善律的作用。司法實踐中，判例解釋了制定法的含義，使之有效地適用於具體案件，判例創造了新的法律規則，彌補了制定法的不足。到了明清時期，因案生例促進了判例所形成的規則的具體化，定期修例則實現了判例的規範化、系統化，增強了操作性。而以例入律，又將經過實踐證明為行之有效的判例，通過官修的方式正式入律，使其上升成為成文法規範，賦予了其穩定性特徵。〔註19〕到了清末時期的司法改革，其重點和核心是對大陸法系國家法律制度的引進與移植，由於法律傳統的不同，不可避免地會產生衝突，北洋政府時期尤顯凸出。其時法制初創，「法有不備，或於時不適，則藉解釋，以救濟之。其無可據者，則審度國情，參以學理，著為先例」，〔註20〕判例的創制應運而生。而創制的判例經反覆援引，自然就可以產生「法的確信」，對審判隨之發生效力，除可以補充現行法律的不足，也可以統一法令見解，達到維持法律秩序穩定性的作用。此外，判例還可以供立法機關制定、修改或廢除法律時的參考，由此意義言之，其成為法律的間接法源也是順理成章。

（二）大理院判例形式分析

　　我們首先要確定的是，並不是所有大理院的判決都是判例，本文所研究的大理院判例乃是指，大理院分別於1919年以及1924年出版的《大理院判例要旨彙覽》正集和續集中的判例而言。而彙編中所選之判例，應該是係屬大理院的裁判當中，為了彌補法律規定的不足，具有創新價值的裁判。依據1918年8月7日大理院頒行的《大理院編輯規則》，判例「編輯處由院長指定現任或聘任曾任本院推事人員擔任編輯判例彙覽或解釋文件彙覽。」（第2條）並且將「判例彙覽、解釋文件彙覽，大別為二類：一民事二刑事，民刑事之分類，除依現行法規編定目次外，得參酌前清修訂法律館各草案及本院判例所認許之習慣法，但先實體法後程序法，先普通法後特別法。」（第5條），「判決錄、解釋文件錄，刊載裁判或解釋文件全文，但得以該各彙覽已摘取要旨

〔註19〕　參見汪世榮：《中國古代判例研究》，中國政法大學出版社，1997年5月版，前言，第172頁。
〔註20〕　楊仁壽：《法學方法論》，中國政法大學出版社，1999年1月版，第210頁。

之文爲限。」（第 12 條）〔註 21〕由此可知，本文意義上的大理院判例，均是由庭長或推事經過審愼篩選加以取捨，摘錄其要旨，並送交院長檢閱，所選取的皆爲具有闡明法律蘊藏之眞意，又具有抽象規範意義見解的代表性大理院判決，所以判決彙覽所載判例並不是大理院的全部裁判，但這些判例足以代表當時大理院的權威性法律評判。

　　判例的彙編方式是，將不同時間段的同類判例，依照現行各類成文法的目次以及條文序號進行編排整理，以法爲類，以條爲序，即在首先區分民刑事兩大類的前提下，又以本類法律條文的先後爲順序排列，這樣就使得幾千個判例要旨仍然處於原有成文法典的編纂體例下，綱目井然，繁而不亂。一方面體現了判例完全以成文法爲依託，其對於成文法僅具有輔助性質，另一方面法官裁判案件時，也可以非常方便地查找到適用於當前案件的判例，大大減輕了法官查找判例的工作量，有利於及時判案，迅速解決糾紛。對於律師、法學研究者進行分析研究，同樣也可以很方便地按照法典、法規、法條的有序排列查閱判例。

　　同時，以最高審判機關，大理院的判決爲彙編的編輯方式，使得被收入彙覽中的判例具有事實上的權威性與拘束力，這不僅避免了法官在浩瀚的判例及紛繁的民間判例彙編面前的茫然無從，〔註 22〕還可以防止由於法官任意援引判例而可能導致的司法擅斷的弊端。

（三）大理院判例之實際運作

　　法律作爲一種定紛止爭化解矛盾的有效方式，自產生以來其實效是有目共睹的，但是由於政治經濟社會等因素的制約，在其實際運行中不可避免的會產生不適的問題，這就需要相關有權機關進行修正與調適，而不是千篇一律地以強制力繼續實施，至於其倫理價值與集體目標的實現與否，問題的核心往往並不在於法律解讀的充分性，而是經過最高司法機關的有權解釋，其

〔註 21〕 余紹宋編輯：《改訂司法例規》，司法部印，民國 11 年 9 月版，第 1834～1835 頁。
〔註 22〕 據本文作者掌握的資料，民間判例代表性彙編大致有：黃榮昌、唐璋、陳志學等編：《大理院法令判解分類彙要》，上海中華圖書館，1921 年 10 月初版；黃榮昌、唐璋編：《大理院法令判解分類彙要補續編雜錄編三種合一集》，上海中華圖書館，1922 年 10 月版；黃榮昌新編：《最新司法法令判解分類彙要》（6 冊），1923 年 1 月版；周東白編：《大理院判例解釋新刑律彙覽》，上海世界書局，1924 年版。

司法創制在實踐中的實施效果才是社會各方最為關切的問題。

近代中國法制引進西方司法理念，其價值理念與中國固有傳統存在著巨大的差異，同時與當時社會現實也難以契合。法官在審判過程中既不能無視社會的現實機械地適用法律，又不能違背法律以迎合社會現實。大理院的判例在很大程度上起著創製法律的作用，其對於緩和兩者之間的衝突，彌補法律空缺，調整社會大眾的心理承受，並促使中國社會從傳統家族主義逐漸趨向近代個人本位主義，就實證而言應該說效果比較顯著。那麼大理院是如何通過判例來對成文法進行解釋和補充，以其所特有的闡釋性以填補成文法的「漏洞」，並彌補已有法條欠缺的？我們可以通過以下幾則實例進行觀察分析。

1、民國四年上字第一○○五號：和姦寡婦在補充條例頒行前者不論罪

查刑律總則第一條第二項規定，凡犯罪在以前法律不以為罪者，雖未經確定裁判而認為有罪之律頒行，仍難援用新律論罪，被告人和姦寡婦，在刑律補充條例頒行以前，既無論罪明文，該條例又應適用刑律總則，為刑律總則第九條所明定，則被告人等和姦行為按之該條例現雖有罪，而依刑律第一條第二項仍難論罪。〔註23〕

《暫行新刑律》第1條規定：「本律於凡犯罪在頒行以後者適用之。其頒行之前未經確定審判者，亦同；但頒行以前之法律不以為罪者，不在此限。」〔註24〕這是有關刑法溯及力問題的規定。新刑律在溯及力上採從新兼從輕原則，但其「從輕」的情形中不包括新舊刑律都規定是犯罪，舊律處罰為輕用舊律的內容。也就是說，該律在溯及力上採從新為原則，從舊為例外的規定方式。但是該規定過於原則概括，不易為審判人員掌握，加之相當一部份新型法官對於新式審判缺乏實踐經驗，對於新的法律條文在內涵理解方面顯得不足，導致有關成文法的原則和一些條文的內涵就含混不清，此種情形之下，上級機關（大理院）的解釋說明就非常重要。該項規定大理院通過判例認為，案中寡婦和姦行為發生在刑律補充條例頒行前，依照當時法律並無明文確定其有罪，而新頒布法律雖然認定該和姦行為有罪，但是依照刑律總則，頒行以前的法律認為不是犯罪的行為，不適用新刑律，也就是法不溯及既往，不

〔註23〕 郭衛編：《大理院判決例全書》，上海會文堂新記書局，民國20年版，第394頁。以下所引判例均出自本書，不再一一注明。

〔註24〕 《中華六法（一）》，暫行新刑律，第1頁。

能認定其和姦行為為有罪。大理院正是通過這種形式的判例解釋使得裁判官對於法律條文有了明白、清晰的感性認識，改變了法律條文過於抽象而難以把握的狀況。實際上，刑法不溯及既往也是罪刑法定原則的必然要求，說明了近代時期該原則在刑事審判中的重要程度。而這個時期有關罪刑法定原則的相關判例還有數例，再列舉如下幾例。

（1）民國二年非字第九號：被和誘之人律無處罰正條。

（2）民國四年非字第五號：代表災民求賑無強暴舉動，不成犯罪。

（3）民國五年上字第五一二號：強盜預備犯律無處罰明文。

（4）民國九年上字第一〇八三號：私藏賭具應不為罪。

（5）民國九年非字第五三號：詐財未及著手不能論罪。

《暫行新刑律》第 10 條規定：「法律無正條者，不問何種行為，不為罪」。其意不甚明瞭，該行為如果已經預備但是未及實施，或者已經實施但法律沒有明文規定處罰，抑或已經實施但沒有獲得非法利益，是不是應該定罪懲罰？這裡法律無正條之行為究竟是指何種行為，應該如何裁判就發生疑問。於是大理院就各級法院的有關疑義，以判例的方式作出解答，供裁判時進行參考，很好起到闡釋填補成文法漏洞的重要作用。正是基於此，《二八刑法》將此條修改為，行為時之法律，無明文科以刑罰者，其行為不為罪。這裡的「行為時」，尤能顯示出刑法不溯及既往的原則，所以行為時法律不認為犯罪者，以後新法雖然確定有罪，亦不應予以處罰。

2、民國二年上字第一一七號：刑律所謂故意為犯人對於犯罪事實有一般認識預見之謂。

查刑律所謂故意者，為犯人對於犯罪事實有一般認識預見之謂，以鐵鋯毆擊謂為無殺人之認識則可，不能謂為無傷害人之認識。〔註25〕

《暫行新刑律》第 13 條第 1 款規定：「非故意之行為，不為罪；但應論以過失者，不在此限。」實際上確立了以處罰故意犯罪為原則、以處罰過失犯罪為例外之近代刑罰基本理念，費解的是其總則並未給故意下定義，這就給民國初期的司法官如何判斷「故意」出了一個難題，同樣大理院承擔起了以案例來進行闡釋刑法原則與精神的責任，期望通過此種方式，藉以確定故意的適用範圍，做到法律適用的統一性，消除出入人罪、同罪不同罰的隱患。大理院判例中故意的認定是以達到對於犯罪事實有一般認識預見即可，也就

〔註25〕《大理院判決例全書》，第 396 頁。

是故意的成立僅需要認識因素，不需要意志因素，也就是認識主義〔註 26〕。意志因素是指，在認識到犯罪構成要件的客觀事實後，對實現這種客觀事實的決意。如此件案例，用鐵鋯擊打他人，以一般人之見，肯定預見到會給他人造成傷害的事實，而沒有殺人的決意，這種心理狀態就成立故意。在以後的幾年裏，大理院又陸續就涉及故意判斷定罪的案件作出解釋，擇其一二如下：

（1）民國四年上字第七二三號：傷害與殺人以故意如何判斷。

殺人罪與傷害致死罪之區別，以加害者有無致死之故意爲斷。甲命乙取灰迷瞎丙二目，而乙代爲取灰後，因丁刀傷行爲，見勢不佳且出門喊救，其僅有傷害之故意，而無殺人之故意，固已昭昭甚明。主觀方面無殺意既足以證明，自不能依客觀標準，因他人下手所致之傷較爲重多而推定爲有殺人之故意。〔註27〕

（2）民國七年上字第九二號：知院外有人，開槍射擊，爲不確定故意。

明知院外有人，始行開槍射擊，其具有不確定之殺人故意，甚爲明瞭。〔註28〕

可見，此兩件判例同樣採取認識主義，通過這樣不厭其煩的解釋，使得審判官員對「故意」這種專門法律術語有了直接、清晰的感性認識，更加準確理解相關法律條文的本旨，在後來的判例中，還就間接故意作出闡釋，認爲行爲人對於犯罪事實預見其發生且發生不違反本意，即爲間接故意，標誌著民國時期刑事法學理論的趨於成熟，也藉以提升了司法審判官員的理論素養。

上告人意欲殺甲，置毒粥內，甲於食時給乙食，乙中毒身死，據上告人前後供詞，其是否知甲與乙常在一起吃飯，並是否常給剩飯與乙吃食及上告人是否確無毒乙之意思，尚屬不明，則乙中毒斃命之事實，上告人是否預見其發生，又其發生是否違反上告人本人之意思，於上告人果否具有殺人之間

〔註26〕 有關刑法意義上的故意，民國時期學理上有四種學說，1、認識主義，亦曰觀念主義。僅對於犯罪事實有認識者，即爲故意；2、希望主義，亦曰意欲主義。對於犯罪事實有認識而外，並有希望結果發生之意思者，爲故意；3、違法認識主義，此說以認識違法爲故意，即不知違法爲非故意；4、意思說，具犯罪要件之認識，而爲行爲之意思者，爲故意。詳參石松編：《刑法通義》，上海商務印書館，民國 23 年，第 82～83 頁。
〔註27〕 《大理院判決例全書》，第 510～511 頁。
〔註28〕 《大理院判決例全書》，第 400 頁。

接故意，殊難斷定，如其並無此種故意，則其是否應負能注意而不注意之責任，又應切予訊究。〔註 29〕

3、民國四年上字第一七六號：騷擾罪以妨害一地方安寧秩序為成立要件。

按騷擾罪之性質，係出於內亂罪以外之目的而為多眾之集合，以行其強暴脅迫，即所謂暴動是也。故其程度必有足以危害一地方安寧秩序，始為本罪之成立。觀本罪之分別首魁、執重要事務者種種階級而所科刑罰亦復較重，立法之意至易明瞭。〔註 30〕

《暫行新刑律》第九章第一百六十四條規定騷擾罪為：「聚眾意圖為強暴脅迫，已受當該官員解散之命令，仍不解散者。處四等以下有期徒刑、拘役或三百元以下罰金；附和隨行僅止助勢者處拘役或五十元以下罰金。」那麼依據本條如何確定騷擾罪，其與內亂罪、妨害公務罪如何區分，程度怎麼掌握，也就是應該怎麼定罪？這是問題一。

問題二，既然為聚眾，應該有首犯，首犯如何確認？鑒於本罪罪名較抽象概括，缺乏細緻的認定標準，大理院通過上述判例具體地明確提出騷擾罪成立必須具備的要件，並將其與其它犯罪行為區別開來，同時也通過判例就如何認定首要分子進行了說明，從而避免由於認定標準不明確，導致對同一類不同程度的犯罪處罰量刑有失公平的情況發生。

4、民國三年上字第二號：民刑事訴訟不得混合審判。

民刑事訴訟程序現行法上已顯然劃分，除私訴程序外，不許混合審判。〔註 31〕

中國傳統審判制度的最大弊端之一是民刑不分，其使用刑事審判方式來解決民事糾紛，造成濫施刑罰的現象，既增加了審判官審判工作的負擔，無形中也加大了人力、物力等審判資源的投入，近代中國的司法改革使得我國由重刑主義的傳統中走出來，重新規劃國家的司法審判體系，民事訴訟作為一種獨立訴訟體系從原來的刑事法律體系中被分離出來，正式確立了民刑分立的原則，強調訴訟審判應該區分為分民事刑事訴訟。民國初期，法制初變，尤其是北洋政府時期司法審判機構和審判程序極為複雜，民刑事訴訟案件繁多，訴訟中不可避免存在著大量的疑難問題。其中基層各級法庭常因民刑事

〔註 29〕民國十一年上字第二九二號，《大理院判決例全書》，第 401 頁。
〔註 30〕《大理院判決例全書》，第 469 頁。
〔註 31〕《大理院判決例全書》，第 818 頁。

訴案件的管轄問題產生疑惑，而請求大理院裁決。爲了解決疑問避免人爲的訴訟紛繁，大理院以判例的形式，對已經設立地方審判廳的地區依照上述判例辦理，而對於沒有設置地方審判廳的縣域，以民國三年上字第一七〇號判例，就相關訴訟程序做了明確的闡述和必要的指導。判例謂：

> 未設審判廳各縣地方刑事採用私人訴追主義，故人民遞狀欲辯別其應屬民事抑屬刑事，當審察其請求之目的若何而後可予斷定，至其請求者若係辦罪，固不必引舉法條開示罪名，即應歸刑事，依刑法及刑事訴訟法則審判，其人民對於縣判聲明上訴者，若係被告自可依法爲刑事受理，若係原告訴人，仍應呈由該管高等檢察廳依法辦理。而要不許以刑事被告之上訴誤作爲民事依民事法則受理，更不能因被告之誤認訴訟關係而即爲轉移也。〔註32〕

可以看到，如果在審之民事訴訟中，該案當事人涉嫌犯罪嫌疑，而且其犯罪嫌疑已在偵查中，則應該立即中止該訴訟程序。〔註33〕這樣處理的目的正是爲了確保民刑事訴訟不混合進行，同時也可以培養審判官吏的民刑事分立意識，對當時社會大眾的法制理念與意識也有潛移默化的影響。

當然，任何社會的法律都不是完美的，由於立法者的疏忽，抑或社會情況的變更，法律因之產生欠缺，造成漏洞也是常情，這在轉型時期尤爲如此。而法律一旦出現漏洞就需要採取適當方式加以填補，因此作爲司法審判的直接機關——法院有時就被賦予了創造法律規範的功能，也即通過司法創制以彌補。

民國初年北洋時期，刑事法律體系尙不完備，相關刑事法典未及公佈，各級審判機關斷案無據，因而大理院參照暫行新刑律以及刑事訴訟等法，審時度勢，融合西方法理，通過判決以至於判例彌補了法律欠缺，同時也創制出一些新的法律規範。我們通過上述幾則判例的分析，注意到大理院不但對實體法律規範予以創制，對於程序法律規範有時也以判例加以創制，似乎說明大理院「以司法之名行立法之實」。但正如前文所討論的，北洋政府時期的判例，法律上沒有明確的拘束力，但在實踐中確實卻有事實上的拘束力，作爲法官們的創作，雖然沒有絕對的法律效力，卻依附律文而存在，對律文起到解釋補充的作用，但這卻絕不同於中國傳統判例制度的「以例破律」、「因例廢律」，反而是深深打上大陸法系判例制度的印迹。

〔註32〕《大理院判決例全書》，第818～819頁。
〔註33〕參見民國三年抗字第125號，《大理院判決例全書》，第643頁。

二、大理院解釋例

　　大理院自民國 2 年（1913 年）1 月 15 號統字第 1 號起至民國 16 年（1927 年）10 月 22 日第 2012 號止，十多年的時間共製作了兩千多件解釋，均依序冠以統字，在我國近代法制上佔有相當重要之地位。蓋因斯時社會糾紛日益紛繁，但法律又缺而不備，爲避免司法審判無所依憑，無所適從的局面，大理院統一法律解釋之權的運用便顯得尤其重要。《大理院解釋例全書》編者郭衛在「編輯緣起」中這樣指出，其時「正值我國法律改良之時期，各級法院對於民刑案件之疑義滋多，而大理院之解釋亦不厭長篇累牘論述學理。引證事實，備極精詳。」〔註 34〕可以說是爲法律新舊交替之際，法官素質不敷要求而頗生疑義之法令提供了準確的法律闡釋。

　　大理院統一法令解釋權的法律根據是民國 4 年公佈的《修正法院編製法》，該法第 35 條規定：「大理院長有統一解釋法令，作出必應處置之權，但不得指揮審判官所掌理各案件審判。」同法第 37 條又規定：「大理院各庭審理上告案件，如解釋法令之意見，與本庭或他庭成案有異，由大理院長依法令之義類，開民事庭或刑事庭或民、刑兩庭之總會審判之。」〔註 35〕至於大理院所作之法令解釋的具體效力，民國 8 年（1919 年）4 月 21 日大理院解釋例第 975 號明確表示「本院解釋除法院編製法第三十五條但書情形外，自有拘束效力」。〔註 36〕同年 5 月 29 日公佈的《大理院辦事章程》第 203 條也有同樣之規定：「大理院關於法令之解釋，除法院編製法第三十五條但書情形外，就同一事類均有拘束之效力。」〔註 37〕

　　可見，大理院解釋例中有關法令的解釋，對同一類型案件在審判過程中可以參照適用，且具有法律拘束力。至於對下級法院的拘束力，大理院解釋例於第 1378 號〔註 38〕又重申了《修正法院編製法》第 45 條的規定，亦即下級審判廳對於大理院及其分院院所發交之案件，不得違背該院法令上之意見。〔註 39〕加之「大理院又有最高審判的權限以爲貫徹法令間接的後盾，故此種權限實足

〔註 34〕郭衛編：《大理院解釋例全文》，上海會文堂新記書局，民國 21 年 7 月 6 版。以下所引解釋例皆出自本書，不再一一注明。
〔註 35〕周東白：《中華民國憲法法院編製法合刻》，上海世界書局，1924 年 07 月再版，第 35～36 頁。
〔註 36〕郭衛編：《大理院解釋例全文》，第 545 頁。
〔註 37〕黃源盛：《民初法律變遷與裁判》，第 32 頁。
〔註 38〕郭衛編：《大理院解釋例全文》，第 812 頁。
〔註 39〕參見周東白：《中華民國憲法法院編製法合刻》，第 38 頁。

增長大理院的實力；而大理院解釋例全國亦均奉爲圭臬，用作準繩。」〔註40〕

（一）大理院解釋例之形式闡釋

根據民國9年（1920年）12月修正頒行的《大理院辦事章程》第50條規定：「依法院編製法第三十七條應開民事庭或刑事庭或民刑各庭之總會時，該庭庭長應將主任推事提出之內容報告書連同全案卷宗及附件送交院長召集會議，其會長由院長臨時定之。對於解釋法令之成案有疑義時准用前項之規定。」第52條：「各庭庭長認案件之裁判爲重要時，得商請院長將該裁判文登載政府公報，並將副本送交關係公署。」〔註41〕也就是在解釋程序上，就刑事案件而言，主任推事提出的解釋文件由大理院院長召集刑事推事全員會議（總會）討論，同樣，其與大理院裁判或解釋成例有牴觸者，也應由大理院長舉行總會最後定奪，對於認爲具有一定指導意義的重要性的裁判則商請院長將該裁判文登載於政府公報。由此可見，大理院對解釋例態度的審愼，其程序的嚴格性也足以保證解釋上的嚴謹，同時也可看出對於解釋成例的尊重態度。但是，大理院對其法令解釋文件一直沒有定期系統整理發佈，只是在政府公報上予以公示，而「坊間刊本不過節去其中之片語爾，閱者斷章取義誤會原意之處難免也」，〔註42〕甚至於一些下級審檢廳對大理院答覆的解釋法令文件也並不知曉，使得解釋例對下層審檢機構的整體性指導作用大打折扣。

大理院解釋例的格式一般分爲兩大部份，第一部份爲解釋例全文，第二部份爲附件，這裡以大理院統字第25號解釋例爲例進行說明。

民國二年五月十六日大理院覆浙江湖州第三地方審判廳函

湖洲地方審判廳鑒：

寒電悉。

刑律所謂供犯罪所用之物，以動產爲限，房屋當然不能沒收。

大理院鈐印。

附湖州第三地方審判廳原電

大理院鈞鑒：

犯刑律第二百六十九條之罪者，其館舍似應解爲供犯罪所用之物，是否有當，立候電示。

〔註40〕黃源盛：《民初法律變遷與裁判》，第33頁。
〔註41〕余紹宋編輯：《改訂司法例規》，第584，585頁。
〔註42〕郭衛編：《大理院解釋例全文》，編輯緣起。

浙江第三地方審判廳印寒。〔註43〕

　　我們可以看到，第一部份是解釋例全文，其結構依次是抬頭、主文、解釋機關（印），抬頭一般為地方請求機構（主要為審檢廳）的名稱，也有以「逕覆者」、「逕啓者」作為抬頭，主文則是對所請求解釋事項的說理性回覆，最後即為做出解答的機關大理院並簽印。為了讓閱讀解釋例的審判人員全面瞭解所解釋的事項，在全文之後一般均附上地方請求機構的函電，便於其理解查照。但以「逕覆者」「逕啓者」為抬頭的解釋例，其後並不附有函電，這是因為大理院在作解釋時，已經將請求來函之主要事項引用於其例文中，所以不再附錄，這樣就使得解釋行文簡潔緊湊流暢，另一方面也看出大理院的法官們對解釋例的靈活處理方式。

　　依據上文所見分析，請求大理院進行解釋的一般為地方機關，那麼個人是否可以提出解釋的申請呢？依民國 2 年大理院特字第 15 號通告稱，「查法院編製法，本院有統一解釋法令之權，惟請求解釋者，自係以各級檢審廳及其它公署為限，其有以私人資格或團體名稱函電質疑者，概置不覆。」〔註44〕也就是個人或者團體均不得申請，僅有機關具有申請解釋之權。而且有關解釋的申請，只需機關對某事項有疑義即可，並不以機關之間發生歧見為前提。〔註45〕且多為各地高等審判廳或者轉據地方審判廳、縣知事等所承辦產生爭議的案件，不過，整體上來看，當時對於法律解釋的申請限制較少。同時在請求解釋的程序上，為了力求統一，各級審判廳有關解釋法令的函件，除有緊急事項待決者以外，大理院要求一律轉由總檢察廳及高等審判廳送大理院審查辦理。〔註46〕

　　這個時期，大理院除了統一解釋法令之外，甚至還包含了解釋憲法（約法）的權利。我們可以查看民國 7 年大理院統字第 779 號，其文曰：「依約法信教自由之規定，夫自不能禁妻之奉教。」〔註47〕在北洋政府時期，關於約法之解釋權，雖亦有「議會釋憲制」，如袁世凱專政時期即公佈了中華民國約法，由參政院解釋約法；曹錕憲法時期，則是由國會議員組成的憲法會議進

〔註43〕郭衛編：《大理院解釋例全文》，第 16 頁。
〔註44〕姚瑞光：統一解釋之研究，載於《憲政時代》，1982 年第 1 期，第 19 頁。
〔註45〕參見楊與齡：我國憲法解釋之沿革，《大法官釋憲史料》，司法院編，1998 年印，第 19 頁。
〔註46〕參見《司法例規》（上冊），（臺）司法院秘書處，1979 年版，第 221 頁。
〔註47〕郭衛編：《大理院解釋例全文》，第 429 頁。

行解釋。〔註48〕但是此二者掌政時期並不長，所以議會解釋憲法的功能實際上很少操作，而且操作效果也並不明顯，因此事實上仍然是以大理院作為主要的憲法解釋機關。

有必要指出的是，大理院之統一法令解釋權，僅僅限於解釋法令中沒有明文規定的事項，或者有關法令中雖有明文卻因條文抽象而於審判中產生疑問者，如果是針對具體個案如何處理而請求解釋，大理院則依「本院向例，關於具體案件概不答覆，該廳縱依一定程序請求解釋前來，亦不在本院答覆之列」。〔註49〕

（二）大理院解釋例之實際運作

法律解釋的目的在於，法律概念不明確，涵義模糊時，通過法律解釋的方式使法律規範具體、明確，從而維護法律的穩定，確保法律功能的充分發揮。但由於法律條文本身固有的一般性與抽象性，當進行具體案件審判時，則往往需要對相關法律之構成要件作出解釋而加以適用，因此法律適用與法律解釋兩者之間密不可分。「蓋法律之意義，未能確定，則無由適用，而適用之當否，一視其解釋如何。」〔註50〕

大理院作為當時國家最高的審判機關，同時依據法律享有統一法令解釋之權，基於立法者可能因立法技術有限或是文字表達粗略，以致於法律條文內容不夠周全，或者可能因為社會的轉型、時代的變遷以致於法律條文之本旨不相符於當前社會之要求而產生疑義之際，其積極通過解釋使得法律條文明確化、具體化，從而對各級法院審判人員實務中面臨之適用困窘起到指導作用乃當仁不讓，也是毋庸置疑。誠如姚震之言曰：「民國以後，大理院一以守法為準；法有不備，或於時不適，則藉解釋，以救濟之。」〔註51〕

而我們應該值得注意的是，對於作為近代保護犯罪人權利的根本理念——罪刑法定原則，大理院法官們進行解釋時如何把握，則是應該仔細探究的。陳瑾昆先生就曾經告誡說：

〔註48〕詳參楊與齡，我國憲法解釋之沿革，第17～19頁。
〔註49〕參見民國3年2月7日大理院統字第98號解釋例，另參見民國11年6月27日大理院統字第1749號解釋例，該例重申了這一原則：「具體問題，依本院民國九年第一號布告應不予解答」。詳細內容請參閱郭衛編：《大理院解釋例全文》，第63頁：第1010～1011頁。
〔註50〕陳瑾昆：《刑法總則講義》，北平好望書店，民國23年12月版，第73頁。
〔註51〕《大理院裁判要旨彙覽正集》序文，郭衛編，《大理院判決例全書》，第848頁。

「自來解釋法律，多就成文法言之。刑法之淵源，只限於成文法。故解釋刑法，亦只在就刑法法條探求立法者之眞意，即國家之意思。蓋法律原爲國家之意思表示，解釋者惟應求表示上之意思，不得求表示外之意思。所謂理想論，目的論，均爲立法者之事，非解釋者之事。國家意思，固應與時代思潮及社會現狀相適用，解釋法律時固應於不背國家意思之範圍內，而注意此二者。但逾比範圍，即非正當之解釋，所謂惡法亦爲法律。故在刑法，如變更解釋，如自由法說，要當力避之。又應注意者，立法者之意思，與起草者之意思無與，故如立法會議之記事錄，立法機關之理由書，雖亦爲解釋時之重要參考，要不能直認爲立法者之意思也。」〔註52〕

尤其是北洋政府時期，雖然大理院的法官推事具有較高的法學素養，但是我國傳統審判中罪刑擅斷的因素，國家刑罰權的濫用，其觀念的影響是不可避免的，因而，在研究大理院解釋例問題時，罪刑法定原則的維護與保證是需要我們仔細辨別與觀察的。

1、民國大理院統字第 252 號：民國四年五月二十六日大理院覆江蘇高等審判廳電

江蘇高等審判廳鑒：

　　沁電情形，依本院判例，應以竊盜著手未遂論。大理院印宥。

　　附江蘇高等審判廳原電

　　大理院鑒，竊盜指明目的地，至中途被獲者，應否以竊盜未遂犯論。蘇高審廳沁。〔註53〕

本件解釋例涉及未遂犯的成立與否問題，依據《暫行新刑律》第 17 條規定：「犯罪已著手，而因意外之障礙不遂者，爲未遂犯。其不能發生犯罪之結果者，亦同。」其中「已著手」乃解釋的中心問題，關係到犯罪分子實施之行爲是否既遂，因而成爲認定的關鍵。大理院通過第 252 號解釋例明確指出：「依本院判例，應以竊盜著手未遂論」，意指已經動身去實施犯罪，但是並沒有得逞即被俘獲，也就是竊盜未遂，應爲未著手。而是年大理院所作的第 348 號解釋例也指出：「強盜雖預定某日強搶某家，而於未起身時被捕者，尚係在預備時期，並未著手，不能以未遂犯論」，〔註54〕則是從相反的方面揭示了未

〔註52〕陳瑾昆：《刑法總則講義》，第 73～74 頁。
〔註53〕郭衛編：《大理院解釋例全書》，第 161 頁。
〔註54〕郭衛編：《大理院解釋例全書》，第 213 頁。

遂犯的如何認定，更是區分開了預備犯與未遂犯。再看民國 4 年大理院統字第 359 號解釋例對未遂犯的解釋，「強竊盜之共同正犯，中途因別故不行，其所謂別故，係出於自己任意中止者為準未遂犯，非出於己意，而因他故不行者，為未遂犯。」〔註 55〕這就更加明確了未遂犯的認定標準，從而更有利於司法實踐中法官的裁判。

大理院法官們進行法律解釋方法的主要為兩種：文理解釋與論理解釋。所謂文理解釋，是指根據法律條文的字句的含義進行的解釋，包括對條文中字詞、概念、屬語的文字字義的解釋，故又稱文義解釋；而所謂論理解釋，又稱推理解釋，也就是不拘泥於法律條文字句的含義，而就法律之整體原則理念，採用邏輯推理方法尋求立法的真意，並依據法理探究來闡明法律的真實內涵。據此觀察，本件未遂犯相關解釋採用的即為文理解釋，法官們在解釋案件時，依據法律條文字面的意義以及法律規定的犯罪構成要件，以案件情節闡明法律條文內容的實際內涵，使得如何認定犯罪行為切實明瞭，便於各級法官裁判時準確把握，因此作為一種基本的解釋方法，文理解釋被廣泛地使用於北洋政府時期的解釋例當中。

2、民國大理院統字第 370 號：民國四年十二月二日大理院覆湖南巡按使電

湖南巡按使鑒：

感電悉。刑律二十九條正犯、準正犯法定刑範圍雖同，而同一條之共同正犯，或準正犯，科刑原不必定須相等。得由承審官斟酌犯罪情節、犯人性質，分別處斷。至強盜把風，乃實施行為之一部，自係共同正犯。則在房門外堂屋門口，無論認為把風與否，與罪名出入無關。大理院冬印。

（附件略）〔註 56〕

《暫行新刑律》第 29 條有關共同正犯的規定是：「二人以上共同實施犯罪之行為者，皆為正犯，各科其刑；於實施犯罪行為之際，幫助正犯者，準正犯論。」〔註 57〕條文中「共同實施犯罪之行為」如何認識，正犯、準正犯其科刑是否應予區別，刑律中並沒有說明，這就給法官裁判帶來困難，審判中不免產生疑義。而湖南巡按使請求解釋之案中，幾人共同圖謀搶劫，而且

〔註 55〕郭衛編：《大理院解釋例全書》，第 217 頁。
〔註 56〕郭衛編：《大理院解釋例全書》，第 222 頁。
〔註 57〕《中華六法（一）》，暫行新刑律，第 9 頁。

搶劫過程中有分工，其中有人行劫，有人在門口外以及門口外各自把風，之後共同分贓，便產生以上問題。大理院的解釋指出，爲強盜把風，乃實施行爲之一種，認爲是共同正犯，同時，共同正犯與準正犯定刑不一定必須相同，而應該由承審官根據犯罪情節、犯人性質，分別斟酌裁判。並且民國 5 年大理院 411 號解釋例也指出：「事前同謀圖劫，事後得贓，雖未行劫，應以共同正犯論。」〔註 58〕如上兩例解釋均是對共同正犯的擴張解釋。擴張解釋是論理解釋之一種，所謂擴張解釋是指，當法律所規定的範圍較其所應適用的範圍爲小時，可以依據立法者的意圖，擴大文字的意義進行解釋。但是，刑事法而言，擴張解釋之擴張，只能被限制在相關詞彙的可能解釋文義的範圍內，只有這樣，才能防止擴張解釋的過度化，以維護刑法的罪刑法定原則。

　　論理解釋還包括狹義解釋，即是指對法律規定的用語作小於其字面含義的解釋，以便更加體現立法本旨，通常是法律條文所規定的文義失之過寬而與社會實情不符，所以將法律條文所能表達的內涵予以限制，因而又稱限制解釋。例如民國 2 年大理院第 25 號解釋例稱：「刑律所謂供犯罪所用之物，以動產爲限，房屋當然不能沒收。」〔註 59〕供犯罪所用之物，如果我們由字面意義理解，應該包括動產與不動產，但上述大理院解釋將其僅僅限制在動產的範圍內，是對供犯罪所用之物作的縮小解釋。大理院的法官們通過限制解釋，就縮小了一些法律尤其是刑事特別法的適用範圍，抑制了當時重刑化的趨向，對於社會大眾無疑也起到一定程度的保護。

第二節　南京國民政府時期的刑事司法創制

一、國民政府時期刑事司法創制

　　南京國民政府時期的刑事司法創制可分爲兩個階段進行討論，第一階段始於民國 16 年（1927 年）10 月《最高法院組織暫行條例》的公佈至民國 17 年（1928 年）11 月《國民政府最高法院組織法》公佈時止，這一時期的法律解釋機關爲最高法院；第二階段爲民國 17 年 10 月《國民政府司法院組織法》公佈施行至民國 36 年（1947 年）12 月《中華民國憲法》的公佈，該時期以司法院爲法律解釋機關。南京國民政府繼續沿用北洋政府時期大理院的判例

〔註 58〕郭衛編：《大理院解釋例全書》，第 239 頁。
〔註 59〕郭衛編：《大理院解釋例全書》，第 16 頁。

與解釋，而且判例之製作與法令之解釋概念上關係密切，因此本部份在分階段討論的前提下，將這一時期的判例與解釋合併研究，而其創制程序以及適用程序亦大體相似，爲避免重複，本節主要關注判例與解釋的發展變化及其彙編情形。

（一）最高法院時期

民國16年國民政府指示司法部籌設最高法院，12月將大理院改爲最高法院，作爲實行憲政前國民政府最高審判機關，同時地方審判廳改爲地方法院，高等審判廳改爲高等法院，仍然沿用四級三審制。同年10月25日公佈《最高法院組織暫行條例》，全文14條，其中第3條規定：「最高法院院長有統一解釋法令及必要處置之權，但不得指揮審判官所掌理各案件之審判。」〔註60〕該項規定和大理院時期的暫行《法院編製法》之規定本質完全相同，僅僅是把大理院院長改爲最高法院院長而已。至12月26日最高法院公佈了《最高法院辦事章程》，〔註61〕其中第3條第2項這樣規定：「本院判決例每六個月編纂一次印行。」第6條則規定了解釋的程序：「解釋法律案件得由院長指定某庭擬稿，送由院長核定行之。前項案件院長認爲必要時，得召集庭長推事會議議決之。前項會議通用第5條第3項第4項之規定。」〔註62〕如果僅僅事涉刑事，由庭長召集庭務會議議決即可，而當涉及民刑兩庭以上時，因爲事關民刑事全部，或者民刑事互有關係的情形，「得開刑事庭或民事庭聯席會議或民刑庭聯席會議議決之」（第19條第3項）。對於各庭製作的重要裁判應該摘錄要旨以備查詢，並通知其它各庭。同時第30條規定：「各庭設主任書記官一人、書記官若干人，直接受庭長推事之指揮監督，分掌左列事務：……四、摘錄裁判要旨及彙集法律解釋。」通過如此操作就使得裁判要旨的摘錄、法律的解釋制度化，保證了專業性與權威性。

民國16年（1927年）11月5日司法部頒布《國民政府司法部司法公報

〔註60〕 國民政府法制局編：《增訂國民政府現行法規》，商務印書館，1929年4月版，第40頁。

〔註61〕 條文參見《增訂國民政府現行法規》，商務印書館，1929年4月版，第703～708頁。

〔註62〕 第5條：本院行政事務，認有必要時開院務會議議決之。院務會議院長主席、各庭長、首席檢察官、書記官長列席。議決事件以過半數定之，可否同數時取決於主席。議決事件須製成議事錄，由主席署名分送各推事、檢察官、書記官，但應守秘密者不在此例。

章程》〔註63〕，就《司法公報》刊載法院判決以及法律解釋等有關問題進行規範，第 5 條規定：

「刊登法規種類如左：……乙、解釋法令文件一、最高法院解釋法令原文；二、其它機關解釋行政事務原文。解釋文件須將原來文電刊登於後」。第 6 條規定：「刊登專件種類如左：甲、訴訟案件一、民事訴訟案件；二、刑事訴訟案件；三、其它訴訟案件。訴訟案件以業經判決而案情重要足資法學研究者錄之。」

這就對《司法公報》刊登的判例及法律解釋種類進行了明確指定，有關法律解釋還必須將原申請機關的申請原文附後，以便於公眾對照，深入透徹理解相關條文解釋。需要說明的是，所刊載的法院判決，也並不是以「已選為定例」為要件，主要依據案情是否重要以及是否具有相當的學術研究價值為評判標準。據檢閱最高法院時期的《司法公報》，發現其所刊登的「訴訟案件」，絕大部份為各地檢察官向司法部呈報死刑案件或是非常上告的結果公文等，而屬於最高法院判決的裁判僅占少數，當然所登載的裁判及解釋皆應為辦理結束，且不屬於應保守秘密者為限。

由此可知，這一時期的判例以及法律解釋官方主要是刊載於《司法公報》，並沒有編輯成集，而民間自 1927 年最高法院成立後，即有將判決全文編輯出版者，例如郭衛就編輯出版了《最高法院判例彙編》共 3 集，收集了這一時期最高法院的判決全文，其中包括民事訴訟、民法、商法、刑法、刑事訴訟等，整理了「判例提要」。〔註64〕張虛白編輯了（國民政府）《最高法院判例彙編》第 1 輯，收錄最高法院 1928 年度判例 64 件，分民法、民事訴訟法、刑法、刑事訴訟法 4 大類，並「摘取內容精華，節為要旨，列於上方，以便檢閱」。〔註65〕

最高法院時期陸續發佈了 245 件解釋，自民國 16 年 12 月 15 日至 17 年 11 月 20 日止，其中很多解釋可以說具有劃時代的進步意義，比如解字第 7 號「女子有財產繼承權」；同時解字第 34 號及 35 號均認為「未出嫁女子與男子同有繼承財產權」，〔註66〕進一步確認男女平等的原則，可以看出最高法院時

〔註63〕條文參見《增訂國民政府現行法規》，第 689～690 頁。
〔註64〕《民國時期總書目（1911～1949）法律》，第 320 頁。
〔註65〕參見張虛白編：《最高法院判例彙編》（第一輯），上海中華法學社，1929 年 4 月版；《民國時期總書目（1911～1949）法律》，第 322 頁。
〔註66〕參見郭衛、周定枚編輯：《最高法院法令解釋總集》，上海法學書局，民國 23 年版，第 4 頁；第 20～22 頁。

期的統一解釋法令制度，同樣也包括解釋憲法（約法）。

　　當時法律解釋的彙編主要有郭衛編輯之最高法院解釋法律文件彙編（第 1
集），但只收錄了最高法院的解釋法律文件「解」字第 1-50 號，其餘的解釋文
件在 1929 年出版的第 2-5 集中陸續被編輯出版，最終將 245 件法律解釋全部
收錄。〔註 67〕，鄭爰諏編的《最高法院判決例解釋例要旨彙覽》，乃是將最高
法院的判決與解釋節取要旨合編爲書，但「判決、解釋各例，依其義類，分
別歸納於各法中。」〔註 68〕而且該書依照判決例與解釋例分爲兩卷出版。以
上解釋例彙編也均爲民間所爲，官方編纂者則惜未見。

（二）司法院時期

　　1928 年南京國民政府形式上統一全國，隨著國民黨二屆五中全會的召
開，宣告「軍政時期」結束，「訓政時期」開始並實行五院制。同年 7 月 3 日
公佈《中華民國國民政府組織法》，其中明確規定司法院爲國民政府最高司法
機關，掌理司法審判、司法行政，官吏懲戒及行政審判等職權。〔註 69〕同年
11 月 17 日修正公佈的《國民政府司法院組織法》〔註 70〕規定司法院設立司法
行政部、最高法院、行政法院及官吏懲戒委員會。〔註 71〕該司法院組織法第 3
條規定：「司法院院長經最高法院院長及所屬各庭庭長會議議決後，行使統一
解釋法令及變更判例之權。前項會議以司法院院長爲主席。」這就將統一解
釋法令之權改由非審判機關的司法院來行使；而且《國民政府最高法院組織
法》，也刪除了《最高法院組織暫行條例》中賦予最高法院的統一法令解釋權，
將此項權力移轉給司法院，至於未結案件的解釋，也同時移交司法院辦理。〔註
72〕實際上是，由司法院長兼任最高法院院長，而最高法院院長同時又兼任推

〔註 67〕此外，上海商務印書館編譯所於 1929 年編輯出版了 3 輯《最高法院解釋法律
　　　　文件》，收錄了最高法院解釋法律的覆文、覆電等文件，書後幷附有按法律名
　　　　稱編排的文件索引。參見《民國時期總書目（1911～1949）法律》，第 327 頁。
〔註 68〕參見鄭爰諏編：《最高法院判決例解釋例要旨彙覽》，上海世界書局，1929 年
　　　　4 月版。
〔註 69〕《增訂國民政府現行法規》，第 3 頁。
〔註 70〕條文參見國民政府司法院參事處編：《國民政府司法例規》，司法院參事處，
　　　　1930 年 2 月版，第 153～155 頁。
〔註 71〕民國 17 年 10 月 20 日公佈的《國民政府司法院組織法》規定司法院設置司法
　　　　行政署、司法審判署、行政審判署及官吏懲戒委員會。參見《增訂國民政府
　　　　現行法規》，第 7 頁。
〔註 72〕參見楊與齡：我國憲法解釋之沿革，《大法官釋憲史料》，第 23 頁。

事。〔註 73〕因此雖然由司法院院長召開統一解釋法令會議，但仍是由最高法院擬具解釋後，再由司法院院長審核公佈，也就是最高法院仍爲統一解釋法令事實上的主要解答者，而司法院對於解釋結果也具有一定的影響力。

1929 年 1 月 4 日司法院公佈《司法院統一解釋法令及變更判例規則》，〔註 74〕該規則是這一時期統一解釋法令制度較爲明確的法律規範，其中規定的解釋法令的程序較之以前也相對複雜。主要程序分述如下：

1、申請資格

申請人以「機關聲請」爲限，僅限於公署、公務員或法令認許之公法人，不得以個人資格請求或經由公署轉請（第 3 條第 1 項），後該項要求 1944 年修正爲以公署聲請者爲限。

2、申請條件

申請解釋事項必須是就「關於其職權，就法令條文，得請求解釋」。乃是有關「行使職權」事項而對法令條文有疑義的情形，且僅限於法令條文抽象的疑問，不得羅列具體事實。最後由其該管機關審查是否具備法定條件，符合條件者再層轉司法院核辦。

3、解答程序

向司法院請求解釋法令者，由司法院院長發交最高法院院長分別民刑事類，分配民事庭或刑事庭庭長擬具解答案。如果是向最高法院請求者，則由最高法院院長按照前項程序辦理（第 4 條）。分配庭長擬具解答後，應徵詢各庭庭長之意見；經各庭庭長簽注意見後，復經最高法院院長同意，由其呈司法院院長核閱，司法院院長亦贊同者，該解答即作爲統一法令會議議決案（第 5-6 條）。

但是，如果最高法院院長及過半數庭長對於解答有意見，由最高法院院長呈請司法院院長召集統一解釋法令會議，而如果最高法院院長及庭長無異議，司法院院長對解答有疑義時，則由司法院院長召集會議解決（第 7 條）。

4、會議議決

統一解釋法令會議原則上由司法院院長、最高法院院長及各庭庭長組成，所列各員三分二以上列席，過半數議決之，可否同數，取決於主席。前

〔註 73〕 參見丁元普：《法院組織法要義》，上海法學書局，民國 24 年版，第 49 頁。
〔註 74〕 參見國民政府司法院參事處編：《國民政府司法例規》，司法院，1930 年 2 月版，第 158〜159 頁。

項會議由司法院院長爲主席，司法院院長有事故時，由司法院副院長代行之；司法院副院長亦有事故時，由最高法院院長代行之（第 8 條）。司法院院長對於上述會議議決案尚有疑義時，可以召集最高法院全院推事加入會議進行復議。復議時要求司法院院長、最高法院院長、庭長及推事全員三分二以上出席，出席人員三分二以上議決始得確定（第 9 條）。此後，司法院便依據該規則進行法令解釋並發佈。

司法院自民國 18 年（1929 年）2 月 16 日公佈院字第 1 號解釋起，[註75] 至民國 34 年（1945 年）5 月 4 日第 2876 號解釋開始解釋止，一共公佈院字解釋 2875 件，而自民國 34 年 5 月 4 日開始以院解字公佈法令解釋，直到民國 37 年（1948 年）6 月 23 日院解字第 4097 號解釋止，總共 1222 件。[註76] 隨著民國 36 年 12 月《中華民國憲法》的施行，以及同年《司法院組織法》之修正，解釋機關轉爲司法院大法官，一直延續至今天之臺灣當局。這個期間內，司法院參事處自刊編輯《司法院解釋彙編》5 冊，收錄院字解釋 1200 件，民間最具代表性的解釋彙編當屬郭衛編輯之《司法院解釋法律文件彙編》，全書共 24 冊，輯國民政府司法院解釋各種法律（主要爲民、刑法）的全部文件，時間從 1929 年 2 月 16 日起，每冊解釋法律文件 50 號，共包括 1200 件解釋。後來郭衛又編輯了《司法院解釋例全文》（3 冊），輯錄國民政府司法院自 1929 年 2 月 16 日至 1946 年 5 月 5 日期間解釋法律的全部來往文件，共 3116 件。[註77]

此外，這個期間最高法院也公佈了不少判例，而且首次組織最高法院判例編輯委員會，編輯出版最高法院判例要旨，將民國 16 年 12 月最高法院成立時起至民國 29 年 12 月止之判例編爲 2 輯出版：《最高法院判例要旨》（1927 年～1931 年）第一輯、《最高法院判例要旨》（1932 年～1940 年）第二輯，並於 1944 年 3 月出版了合訂本。[註78] 居正在第一輯序中書曰：「自民國政府成立以來，判例有書，此爲嚆矢。」該書「因僅摘錄要旨，於原文字句間有

[註75] 通過前述研究可知，國民政府解釋法令權初屬最高法院，後改屬司法院。最高法院用「解」字編號，司法院改用「院」字編號，但自民國 34 年 5 月 4 日第 2876 號解釋開始，改爲「院解」字。
[註76] 參見楊與齡，我國憲法解釋之沿革，《大法官釋憲史料》，第 46 頁。
[註77] 參見《民國時期總書目（1911～1949）法律》，第 327～328 頁。
[註78] 參見《民國時期總書目（1911～1949）法律》，第 323 頁。

增減，但均存其原意；同一例涉及二以上之法條者，於其關係各條並行列入。」
而且「各條除互有詳略者酌存外，其完全重複者不錄；各法令施行前之判例
與現行法令顯相牴觸者不錄。」這樣的編輯方式注重的是法律解釋之觀點，
而並沒有拘束於裁判原文，同時其「名稱及章次悉依現行法令編列，其無成
文者依性質定之；每例後附注法條以便參考；各例皆摘錄眉批以便檢閱。」〔註
79〕事實上是遵循了大理院以來的編排體例傳統，以方便時人閱讀查看。第二
輯出版時，其體例編排愈加清晰明瞭，「各例之上欄為標題，下欄為裁判年度
及號數，其關係各法條數字均載列例後；各例標題專在揭示該例解決之要點，
務求簡明，其相關聯之例均依次排列，藉資參證。」〔註80〕而對於同一裁判
涉及到數個法令或者數個法條者，則相互有關聯之處，酌量並列以便檢查。

　　為了便於觀察司法創制機關的權力來源、法律依據以及其解釋權類別，
特製作司法創制沿革表如下：

表4－1：司法創制沿革一覽表

類別 ＼ 機關	大理院	最高法院	司法院
起止時間	1913 年 1 月至 1927 年 10 月	1927 年 10 月至 1928 年 10 月	1928 年 10 月至 1948 年 12 月
法律依據	法院編製法第 35 條	最高法院組織暫行條例第 3 條	國民政府司法院組織法第 4 條；司法院統一解釋法令及變更判例規則
機關性質	最高審判機關兼掌統一法令解釋權	最高審判機關兼掌統一法令解釋權	最高審判機關兼掌統一法令解釋權
解釋類型	判決例、解釋例	判決例、解釋例	判決例、解釋例
憲法解釋權	有	有	有

二、判決例、解釋例與法律解釋

　　無論是判決例還是解釋例，雖曰司法創制其本質均屬於法律解釋。就法
律解釋而言，既可以是個人解釋，也可以是國家機關解釋。本文討論之判決

〔註79〕　參見最高法院判例編輯委員會編：《民國十六年至二十年最高法院判例要旨第
　　　　一輯》例言，上海大東書局，民國 35 年 1 月 3 版。
〔註80〕　參見最高法院判例編輯委員會編：《民國十六年至二十年最高法院判例要旨第
　　　　一輯》凡例，上海大東書局，民國 35 年 1 月 3 版。

例與解釋例皆屬於國家審判機關（大理院、最高法院、司法院等）的解釋，學理上又稱之爲有權解釋。一般意義上，法律解釋依其解釋之效力大致可作以下區分：

1、立法解釋

立法解釋，是立法機關，對於法律條文含義所做的解釋。〔註81〕也就是立法機關制定法律時，爲了避免適用法律時可能發生疑義，事先就法律條文中的專有名詞、抽象名詞之含義、適用方式等在法條中作出解釋。例如《三五刑法》第 13 條規定：「行爲人對於構成犯罪之事實，明知並有意使其發生者，爲『故意』。」此種解釋方法，因爲是規定於法律條文中，已經構成法律的一部份，所以與法律具有同樣的效力，其本質應該屬於立法，其性質顯然已與適用法律時所作的解釋不同，所以嚴格看來，立法解釋並非通常意義的解釋。

2、司法解釋

司法解釋，是司法機關對於法律條文的含義，所做的解釋。分爲兩種：一爲審判解釋，二爲質疑解釋。〔註82〕審判解釋就是審判機關所作的解釋，即法院在對具體訴訟案件適用法律時作出的解釋，本項解釋是基於「法官依據法律獨立審判，不受任何干涉」，因此在裁判過程中，法官自然享有解釋之權。一般而言，法官就具體個案適用法律時，依據上述法律當然有解釋法律的權限，但僅僅對於訴訟當事人具有拘束力，而其它法院及一般民眾在法律上並不受其拘束。但是上級法院所作的判決於下級法院具有拘束力，即下級法院所作判決，經上級法院撤銷時，上級法院就其適用同一法律所作的解釋，對於下級法院具有拘束力。只有最高法院所作的解釋，對於下級法院方有拘束力，同時也拘束一般行政機關與民眾，此種解釋就成爲判例，如上文我們討論之判決例。

質疑解釋指的是政府機關或者民眾，對於法律條文的含義有疑問時，向司法機關提出解釋申請，司法機關據以答覆的解釋。民國初立，變法未久，法律知識生疏，法律教育不昌，不僅民眾對於法律條文不甚明瞭，甚至於政府機關在適用法律時，也常常產生疑寶，因此大理院、最高法院以及司法院，均有質疑解釋制度，以解疑答惑，此即前文所研究的解釋例。

〔註81〕 林紀東：《法學緒論》，五南圖書出版公司，1978 年 06 月第 1 版，第 82 頁。
〔註82〕 林紀東：《法學緒論》，第 82 頁。

3、行政解釋

行政解釋，是上級行政機關，關於法律的執行，對於下級行政機關所做的有關法令含義的指示。〔註83〕通常，此種行政解釋只在同一系統內行政機關之間發生拘束，並不能約束其它行政機關和民眾。一般而言，行政機關解釋令的範圍，僅以行政機關職權範圍內所發佈的行政法令為限。即下級行政機關對於本身所發佈的行政命令有解釋權，但不得違反上級行政機關的行政命令，否則上級行政機關對於下級機關所為解釋可依其職權加以變更或撤銷。雖然行政解釋的效力，較之立法解釋司法解釋為弱，對於法官的審判也沒有拘束力，但是法官在審判時也應該予以適當的重視。

這是就解釋效力所作的分類，本論研究的判例與解釋即屬於司法解釋，也即本文的司法創制，而享有司法解釋權的主體如何解釋法律，則涉及到解釋方法問題，解釋方法在理論上主要分為文理解釋與論理解釋，前文中已作實證探討，此處不贅。

必須指出的是，司法創制之判例即審判解釋，此種解釋乃審判機關基於其職權而就裁判作出的解釋，申言之，法院只有在審判案件時，才可以作出此種解釋，也只有此種情形下就案件所涉法律所為之解釋，如若成為判例，才具有一般拘束效力，依法理而言毋庸置疑，而依近代實際操作情形來看，也並非虛言。北洋政府時期，曾任司法總長與大理院長的章宗祥即認為：「夫大理院為最高法院，有統一解釋法律之權，其所平亭比當，即為法律之正解，而成下級之楷模。然則，此判決錄者，固全國法官所共瞻式，非但供學者之參稽而已。」〔註84〕而到國民政府時期，「至於最高法院的判例，依照一般通例，亦與法令之解釋相同，具補充法令的作用，有拘束下級法院判案的效力，那於『審判獨立』仍無何項影響。」〔註85〕另有學者也認為判例與解釋得效力是等同的，對於下級法院具有拘束力，「惟上級司法官雖不能直接指揮下級司法官對於特定案件之審判；而上級法院之判例，則有拘束下級法院判案之效力，亦為一般之通例。判例亦與法令之解釋相同，有補充法令之作用，必須有統一之標準，方足以免適用之紛歧。最高法庭之判例，有統一適用之效

〔註83〕林紀東：《法學緒論》，第87頁。

〔註84〕大理院編輯處：《大理院判例要旨彙覽　二年度》，大理院收發處，1916年版，章序2。另外董康與姚震在此書序中，亦有類似觀點，並請參考。

〔註85〕陳盛清：《五五憲草釋論》，中國文化服務社，1944年3月第1版，第189頁。

力；下級法院據以判案，與適用法律同。」〔註86〕同時也說明由最高法院的見解作為判例，不僅有利於標準統一，並可彌補法律缺陷。

有疑問的是，司法創制之法律統一解釋其申請的機關不僅僅只是司法機關，其它行政機關、地方機關，甚至於軍事機關亦均有牽涉，而其解釋的問題也涉及憲法，那麼此種解釋之統一性就頗值得探討。實際上法律統一解釋的對象仍然是法律問題，只不過是因為不同機關對於法律發生疑義並提出申請而產生。如果該不同機關是就法律有歧義而申請解釋，那麼作出的解釋就必須具有統一拘束力，鑒於不同機關之間決定並不可以相互拘束，由此統一解釋法律很有必要性。這就要求統一法律解釋權的行使機關具有中立性與獨立性，籍此本質屬性可以作客觀公正、正確的判斷，而且所作的法律解釋，其它機關必須尊重並受其拘束。我們知道，司法權本質上除了「拘束性」外，還具有有「被動性」、「正確性」、「獨立性」等特徵。被動性即為不告不理原則；正確性則表現為定分止爭、判斷是非從而實現正義；而獨立性就是法官身份之保障及依法獨立審判。〔註87〕那麼，最高審判機關作為司法權的行使主體，其在進行統一法律解釋時，並不受其它機關干涉，由此才能為最客觀的考慮並作出客觀正確的解釋，這種體現司法權本質的解釋顯然具有拘束個案及其它機關的效力，正說明了由最高審判機關掌握統一解釋乃最恰當之選擇。

本章小結

中國法律的近代化，基本上是西化，刑事審判法律制度也不例外，由於外來法與固有法的衝突性，導致了刑事法律近代化過程的特殊性。而至清末開始的近代法律的移植，脫不了一味模仿，全盤照抄的底色，於是司法實踐中便有了如何在傳統法籠罩的氛圍裏完善適用西式刑事法制的問題，遂有司法創制的產生。事實上，近代時期創設的大量判例及解釋例，實踐中起到了統一法律的作用。而且這種司法創制不僅對於民國政府的司法機關具有法律約束力，對於會審公廨等也具有同樣約束力，這種權威一直延續至南京國民政府時期。

〔註86〕金鳴盛：《國民政府宣布中華民國憲法草案釋義》，上海世界書局，1940 年 2 月重版，第 161 頁。

〔註87〕參見湯德宗：抽象釋憲權之商榷，《權力分立新論》，臺灣元照出版公司，2000 年 12 月版，第 141～145 頁。

　　通過本章討論，我們基本可以釐清近代時期司法創制的具體操作情形，對司法創制的條件、程序以及法律拘束力都有明晰的認知，同時並結合具體判例與解釋例作實證分析，理解了實施司法創制的用心所在，而且文中梳理了民間與官方對於判決例與解釋例的編纂概況，這一方面有利於司法人員的參考利用，另一方面也有利於傳播新式法制的原則理念，從而便於建立法制新傳統。

　　但我們必須認識到，儘管通過司法創制的方式適時解決了中西法律衝突的問題，但這是否意味著，法制的發展可以因此而一勞永逸呢？在前文討論中，我們注意到，這種司法創制涉及到立法與司法、行政與司法的複雜關係，同時在具體的刑事審判中，法官的裁判也受到諸多主客觀因素影響，雖然一般而言，刑事審判中這種影響也會存在，但在民國時期，此種影響尤為強烈，其時乃轉型時期，莫不千頭萬緒，法律制度亦牽涉其中，就法律制度建構而言，兼顧本國的社會人文以及法律文化傳統因素，應是理智之舉。

　　錢穆先生就曾經這樣說到：「若中國人不能自己創制立法，中國今後將永遠無望。我們若只知向外抄襲，不論是民主抑是集權，終究是一條行不通的一邊倒主義！」〔註88〕

〔註88〕錢穆：《中國歷史研究法》，生活・讀書・新知三聯書店，2001年6月版，第36頁。

第五章　結論：近代刑事審判制度分析與反思

　　刑事審判的價值在於抑制犯罪行為、保持社會的和平與穩定，維護社會秩序。而要達到社會及其成員對於此種安全性的追求，刑事審判就必須滿足國家、社會及其一般成員對於秩序、公正等最佳社會效果的期望。近代中國處於社會變革與法律轉型的過渡時期，刑事審判制度就歷史地被賦予了這樣的期盼，但是其是否能夠有效滿足社會大眾的期冀，就必須面對轉型期特殊的角色困境，也就是當時建立之刑事審判制度不完全能適合當時的社會情境，由於刑事審判主體的多元以及適用法律的多源，尤其是刑事審判制度的運行，囿於成文法的不足、簡約或過於抽象，往往需要司法機關通過司法創制的方式保證其運行，因此使得近代時期刑事審判制度價值的實現事實上必然受到一定程度的衝擊。綜合前述史實梳理、實證研討併兼以理論分析，本章嘗試在闡釋刑事審判制度之多元特徵的基礎上，釐清在法制變革過程中，不僅成文法之移植為必要，與之相關的法學理論、法治觀念之輸入也實屬必然，而且該理論觀念須與其輸入的固有法制環境中原有觀念融合才有其生命力，藉此可以啓發我們發現一些問題或捕捉一些思考點，從而瞭解只有通過轉化使之與固有法之理論理念相結合，建立新式法治傳統，移植法才會具有相當的適應性，與本土法和諧融合，也才可能擁有實質性的規範效力。

第一節　刑事審判制度之特質性

一、刑事審判主體之多元性

北洋政府時期，全國新式法院的數目如前文所引《法權會議報告書》指出，當時中國有大理院 1 所，高等審判廳 23 所、高等審判分廳 26 所、地方審判廳 66 所、地方審判廳分庭 23 所，共計 139 所新式法院〔註1〕，而這個時期的審判機關大致可分爲三種，普通法院、兼理司法法院以及特別法院，除設置普通法院的地區依照新式法院管轄體系受理案件之外，其餘地區訴訟案件則由兼理司法法院或特別法院受理。加之已設新式法院主要集中在省城或通商大埠，基層法院建設因種種原因始終沒有能夠普遍設立，因此大部份刑事案件只得仍然交由縣知事或者縣司法公署訊問處斷。與此同時，「由於受到治外法權的束縛，縣知事及各級新設司法機構的管轄權，無法及於租界地區以及享有治外法權國家的公民。爲了處理這些區域內的華洋爭訟案件，在東三省尚設有特區法院，在上海、武漢、廈門也分別設有會審公廨。整個審判體系呈現出新式法院與行政機關二元化並行發展的趨勢，既有現代化的進步傾向，也有封建傳統的束縛，統系龐雜，雜糅新舊。」〔註2〕可以說北洋政府時期法院體系的多元化使得案件的管轄與審理紛繁複雜，由此導致刑事司法審判權主體的多元化。更爲特別的是，北洋政府時期軍事審判權直接侵入到普通審判權的管轄範圍，使得刑事審判權主體多元化的局面愈發盤根錯節。

南京國民政府建立後，在中央實行五院制，司法院作爲最高司法機關獨立於行政院，但就基層司法組織而言，全國廣大地方的縣級司法大多仍然由縣政府兼理。「二十五年度司法統計告訴我們：蘇、浙、皖、贛、湘、鄂、川、豫、魯、陝、晉、甘、閩、青、桂、黔、察、綏、寧等十九省區一千三百七十九縣中，已設地方法院的只有二百八十九縣。其餘一千○九十縣的司法，都由帶有暫時性質的縣司法處處理，或竟仍由縣長兼理」〔註3〕。雖然抗戰的爆發延緩了普設法院的進程，但並沒有停滯設置的步伐，截至民國二十七年十二月，設立地方法院的縣增至 326 所，其它地方依舊採取兼理司法制度。鑒於縣級政權設置法院的實際情形，在全國未普設法院以前，縣司法處制度

〔註1〕參見《東方雜誌》，第二十四卷第二號「法權會議報告書」，第 147 頁。
〔註2〕吳永明：民國前期新式法院建設述略，《民國檔案》，2004 年第 2 期，第 72 頁。
〔註3〕蔡樞衡：《中國法理自覺的發展》，河北第一監獄，民國 36 年版，第 140 頁。

仍需繼續存在，而《縣司法處組織條例》之施行期間至民國二十八年四月屆滿，經申請呈准延長實行三年，以資依據。〔註4〕可以看出，南京國民政府時期雖然縣級地方設立新式法院較之北洋政府時期有一定數量的增長，但全國大多數縣依然沒有獨立的司法機構，刑事案件審判主體依然呈現出多元化的特徵。

　　爲便於更加直觀地瞭解抗戰爆發之時，新式法院在全國的設置情形，特製錶如下：

表5－1：民國二十七年十二月新式法院設置一覽表

省　別	法　院				縣司法處
	共計	高等法院	高等法院分院	地方法院	
總計	439	24	89	326	859
江蘇	24	1	5	18	
浙江	36	1	3	32	43
安徽	14	1	4	9	33
江西	14	1	4	9	71
湖北	24	1	6	17	51
湖南	15	1	5	9	66
四川	32	1	4	27	79
西康	4	1		3	
河北	21	1	8	12	
河南	17	1	5	11	63
山東	36	1	7	28	82
山西	13	1	5	7	50
陝西	8	1	3	4	34
甘肅	19	1	5	13	53
青海	3	1		2	3
福建	9	1	2	6	57
廣東	89	1	8	80	
廣西	24	1	7	16	83

〔註4〕參見《司法院工作報告》，司法院編，1939年11月印，第4頁。

省　別	法　院				縣司法處
	共計	高等法院	高等法院分院	地方法院	
貴州	12	1	4	7	74
雲南	8	1	3	4	
察哈爾	3	1		2	
綏遠	5	1	1	3	14
寧夏	5	1		4	1
新疆	4	1		3	2

說明：本表依據各省法院及新監獄看守所設置數目表（《司法院工作報告》附錄一，
　　　司法院編印，1939年11月）編制。

二、刑事審判適用法律之多源性

　　北洋政府時期的刑事訴訟程序基本上是援用清末原有法規，也就是《各級審判廳試辦章程》、《法院編製法》、《刑事訴訟律草案》等，而對於簡易刑事訴訟程序，實務中援用司法部以部令形式頒布的《地方廳刑事簡易庭暫行規則》、《審檢廳處理簡易案件暫行規則》等，刑事實體法則基本援用修正之《暫行新刑律》。國民政府時期刑案適用法律的依據爲1928年《中華民國刑法》（即《二八刑法》）及其施行條例，1928年《中華民國刑事訴訟法》及其施行條例，實體法著主要是《刑事訴訟法》。這是就設立普通新式法院地區而言，在那些沒有設置新式法院的地區，司法官審理刑事案件，其訴訟程序上並不受上述《法院編製法》及《修正暫行法院編製法》、《高等以下審判廳試辦章程》、《刑事訴訟條例》等法律之拘束，而是專門適用《縣知事兼理訴訟暫行章程》以及《修正縣知事兼理司法事務暫行條例》等特別訴訟法，從而使得近代時期的刑事審判之法律依據也表現爲一種多源化特徵。

　　尤其需要特別指出的是，在近代時期的刑事審判實際運行中，基於法律解釋而生成的判決例與解釋例也發揮了法源的作用，這種多源性就顯得更加多樣化，並呈現出國家立法與司法創制、固有法與移植法相互交織的複雜狀態。

　　同時，近代中國政局動蕩，社會紛繁以致糾紛日盛，但是刑事法律又缺而不備，爲了避免刑事司法審判任意用法，統一法律解釋權的出現也是應時所需，大理院抑或司法院充分發揮其統一法律解釋權，通過頒布大量的判決

例與解釋例，盡力修正國家法之超前或滯後之處，或審慎解釋條文中之含混，最大限度調和國家立法與司法實踐之不諧，有效解決了法律多元的適用難題。同時，近代時期的法律文本率皆移植於西法，形成了固有法與移植法並存的態勢，比如北洋政府時期的刑事基本法《暫行新刑律》，該法係以《大清新刑律》爲藍本，而《大清新刑律》乃是基於近代西方刑事法基本理論與法律原則，其移植性應該說頗爲典型，導致事實上的中西法律規則之牴觸，而雙方法律原理之衝突也是勢所難免。爲此，政府一方面對《暫行新刑律》通過修正加以調整，如 1915 年的《第一次刑法修正案》；另一方面，則是運用法律解釋權進行司法創制，於具體個案中進行調適，其中又以司法創制爲主要方式，而且近代時期判決例與解釋例彙編的不斷編選、分門別類的出版，事實上證明了司法適用的頻繁。需要說明的是，司法創制之要旨式編制方式，使司法創制尤其是「判例遂一直停滯於狹義的法律解釋或價值補充之階段，對法律之安定性而言，固頗有貢獻，惟進取則嫌不足」〔註5〕。也正是因爲如此，南京國民政府六法體系基本建成之後，這種判決例與解釋例對法律的創製作用隨即大爲降低。

　　但也正是在這種刑事審判主體多元與適用法律之多源情境中，司法創制之權擔當起調和多元化法律內部衝突之重任，從而社會大眾也可以經由多種途徑或方式對國家的制定法與刑事司法審判制度予以更多關注，這樣一來，國家立法與司法創制相互交錯，固有法與移植法綜合爲用，於是保證了刑事司法審判制度在多元化的複雜路途中繼續近代化的進程。

三、刑事審判觀念之衝突性

　　近代西方法律觀念與傳統中國法律觀念大異其趣，其發展軌迹也呈現出兩極化趨勢，正所謂「一種發展的出現與另一種發展的缺乏」〔註6〕。中國的傳統法律觀念，由於法律長期處於輔佐道德、禮教、倫常的地位，〔註7〕不僅法律條文簡潔，條文修改亦不頻繁，雖然到了清代修訂律例雖然有所增多，試圖增強律例規範的細密性，刑部也在審轉覆核中反覆勘查，防止因法令疏陋而造成弊端，然而，只要以法輔禮的法律傳統存在，審判中援引比附律例

〔註 5〕楊仁壽：《法學方法論》，中國政法大學出版社，1999 年 1 月版，第 213 頁。
〔註 6〕參見（美）昂格爾：《現代社會中的法律》，吳玉章等譯，中國政法大學出版社，1994 年版，第 91 頁。
〔註 7〕參見楊鴻烈：《中國法律思想史》，上海書店，1984 年 3 月版，第 2～3 頁。

所造成的缺陷與不足就不會明顯改善。即使有法令之外的律例出現，也是基於維持禮法的考慮，這些修改對於用來輔佐道德、禮教的法律條文本身其實並無實際影響，而且通過援法定罪的方式正好可以體現道德倫常的固有觀念。

進一步而言，此種觀念不僅表現在立法上，也出現在司法中，而且司法實踐中以刑事審判尤顯突出。傳統中國社會法律的首要目的自然是保護皇權，其次才是保護尊卑長幼的家庭倫理，固有法刑事審判中的援法定罪，其出發點正是如此，縱然也維護了法律的統一適用，約束了官吏司法裁判，優於任意定罪，但是援法定罪卻與近代刑法罪刑法定之保護人權與自由宗旨明顯不同。

自從 1911 年《大清刑律》第 10 條規定：「凡法律無正條者，不論何種行為，不為罪」，於立法上否定了固有法制之罪刑擅斷和詔敕斷罪，罪刑法定原則同時也被正式引入近代中國，民國初期的《暫行新刑律》以及後來的《二八刑法》、《三五刑法》等刑事法典也均毫無例外地規定了罪刑法定原則，但是由於傳統「法本原情」、「原情論罪」等道德化觀念的深入，特別是在袁世凱主政期間，重新推行隆禮、重刑的法律價值取向，可稱是「禮律結合」這一法律傳統在新式法律體制中借屍還魂的具體表現，而伴隨著禮律結合所生成的中國固有法律傳統更是自民國元年以來，就從未間斷地影響於民國初期的刑事審判實務活動中。

因此，就法律條文本身而言，儘管表面上似乎一致，「律無正條不為罪」、「法無明文不為罪」，但其精神實質卻是迥異，特別是刑事審判中司法官基於情理靈活運用援法定罪，以此兼顧法意與人情也是在所難免，甚至時任大理院長的董康也認為，刑法宜注重禮教，對於「犯罪行為為各國所共同者」，應注重各國共通之法理；對於「犯罪行為為本國所獨有者」，應注重禮教評價。他還指出，我東方諸國，大率同種同文，上溯建國政治的精神，自不容放棄禮教。〔註 8〕試想，作為具有一定法學素養的法律專家竟也有這樣的認知，那麼社會一般公眾包括地方法院的法官推事，其心理上傳統禮法因素的烙印顯然更不會輕易消除，於是在固有傳統依然活躍，新式傳統尚待建立之際，情、理、法合一的司法理念仍然繼續存在，而刑事審判中的法官進行裁判時，很自然也會具有這種體現道德倫常的慣常思維方式，近代中西審判觀念之衝突也就順理成章。

〔註 8〕參見華友根：董康的刑法思想與近代法制變革，《中西法律傳統（第二卷）》，中國政法大學出版社，2002 年版，第 275 頁。

第二節　刑事審判制度之適應性

　　法律本是社會現實的反映，但法律與社會總是很難達到完全契合的境地，近代中國法律體系的重新架構中，西式刑事審判制度的引進與創設，與我國傳統刑事審判制度的本質截然不同，因之相應的實際運作方式亦因而有別，而民國初期以統一法令解釋之權通過司法創制的途徑，意圖構建新式刑事審判制度體系，其實際操作就實證角度分析觀察，也是頗有成效，同時也反映出將西式刑事審判制度引進近代時期的司法審判體制之中，制度適應性之培養不可或缺。

　　就刑事審判而言，刑事審判過程本身是一種發揮權威作用的過程，其判決的宣布與執行更可以說是司法權威的具體宣示，刑事審判中所作的裁判對於此後的司法運作或多或少均造成一些影響，這是整個刑事審判活動過程不可抑制的現象，而在民國初期的刑事審判中，司法創制也參與到刑事審判過程當中，司法創制產生的判決例與解釋例並由此產生權威性且具有了實質性的法律效力，我們關注的是，由於時處社會轉型期，刑事審判也正在近代化，如若司法創制與社會情勢產生不諧，或者是與原有成案抑或先例發生衝突，判決例或者解釋例是否變更，依照何種程序變更？而這又是否會影響到法治之權威？

　　1910 年頒行的《法院編製法》第 37 條中有這樣的規定：「大理院各庭審理上告案件，如解釋法令之意見與本庭或他庭成案有異，由大理院卿依法令之義類，開民事科或刑事科，或民刑兩科之總會審判之。」〔註9〕這就意味著，大理院在裁判上告案件時，首先應該引據成案，沒有成案可引則宜召開總會進行議決，申言之，如果裁判涉及刑事案件時，若該刑案沒有成案或先例，則應該召集全體刑事庭全體推事，召開總會以為裁判。這裡的「成案」並不同於傳統律例之例，傳統社會中皇帝頒行之例相當於立法部門所制訂的法律，並不是近代通過司法創制產生的判決例或解釋例，這裡是指大理院對於律令作出的解釋，即「遇同一之事件，為同一之判斷，後之裁判官遵守之，故又名之曰判決例」，〔註10〕也就是大理院為法律統一適用而作出的解釋。同樣，民國 4 年（1915 年）公佈的《修正法院編製法》第 37 條也就司法創制變

〔註9〕《大清新法律彙編》，第 218～219 頁。
〔註10〕汪庚年編：《汪輯京師法律學堂筆記〈大清法院編製法〉》，京師法學編輯社，1911 年 5 月版，第 39 頁。

更作出了明確規定，只是將大理院卿改爲大理院院長，用語則完全相同，民國初期因援用舊法，有關判例或解釋之變更也是依照慣行做法，我們可以從大理院判例彙覽之編輯過程管中一窺。

　　大理院在編輯判例彙覽正集時表示，「凡援引院判先例者，除將來續出新例，未經刊印者外，應專以此書爲準」。〔註11〕民國三年統字第一○五號解釋例則稱，「且訴訟通例，惟最高法院判決之可以爲先例者，始得稱爲判決例」，〔註12〕這就揭示了判決例的具體含義，同時表明了其權威拘束性，之後的彙覽續集也認爲，「本編所載，有與前編牴觸者，無論有無變更先例字樣，概以本編爲準」。若就同一事項而前後裁判不同時，大理院也有明確態度，「本彙覽所輯各例若有同一事項而先後岐異者，自係以後變先，應以最後之例爲準」。〔註13〕這實際上表明了判例的變更不需要另行召開總會，只需要大理院依據案件情形，比照客觀情況作成新的判例即可。

　　國民政府時期 1928 年 11 月修正公佈的《國民政府司法院組織法》乃將司法創制變更之會議主席變更爲司法院院長，第 3 條規定：「司法院院長經最高法院院長及所屬各庭庭長會議議決後，行使統一解釋法令及變更判例之權。前項會議以司法院院長爲主席。」第二年 1 月 4 日司法院以院令形式發佈了《司法院統一解釋法令及變更判例規則》，該規則就司法創制的程序進行了細緻規定，有關判例的變更，規則中也同時加以規定：「司法院院長對於判例認爲有變更之必要時，得依前二條之規定行之。最高法院院長對於判例認爲有變更之必要時，應呈由司法院院長照前項辦理」（第 10 條）。這也是民國時期第一次就判例變更作程序性的規定，依據該規則，判例變更的程序與統一解釋法令的適用程序大體相當，基本一致。

　　而在 1932 年 7 月 13 日修正頒布的《最高法院處務規程》〔註14〕之中，第 27 條規定：「各庭新判例應由庭長命書記官摘錄要旨，連同裁判書印本，分送各庭庭長推事。」也就是新判例應該分送各庭庭長推事保存，以便日後遇到類似案件參考，至於需要變更的先例，第 28 條認爲：「裁判案件，經評議結果認以前判例不適用者，應由民事庭或刑事庭或民刑事庭開總會議決變

〔註11〕郭衛編：《大理院解釋例全文》，第 848 頁。

〔註12〕郭衛編：《大理院解釋例全文》，第 70 頁。

〔註13〕《大理院判例要旨彙覽　二年度》，大理院收發處，1916 年版，例言。

〔註14〕條文參見國民政府司法院參事處編：《增訂國民政府司法例規第一次補編》，司法院參事處，1933 年 2 月版，第 207～212 頁。

更之。前項變更判例之議決，須經最高法院院長及司法院院長贊同；如最高法院院長或司法院院長認爲有疑義時，應依司法院統一解釋法令及變更判例規則第十條之規定辦理」。實際上是對判例變更的補充性規定，前述判例變更之提議權僅限於司法院院長或最高法院院長，本規程規定各庭也有變更之提議權，並召開總會議決變更，當然仍然須經最高法院院長及司法院院長認可之後才能辦理，雖然提議權有一定的限制，但使得司法創制的變更程序更加趨於合理，畢竟各庭庭長接觸案件較之兩院院長爲多。

　　1932 年 10 月 28 日國民政府公佈了《法院組織法》，其第 25 條規定：「最高法院各庭審理案件，關於法律上之見解，與本庭或他庭判決先例有異時，應由院長呈由司法院院長召開變更判例會議決定之。」〔註15〕進一步完善了司法創制的程序，使得司法創制的運行更加有效，正是司法創制的有效實行，近代時期的刑事審判制度增加了可接受性，也適應了轉型時期法制變革的需要，而且變更後的司法創制依然具有拘束力，對下級法院具有指導意義。日本法社會學家棚瀨孝雄指出：「特定法官就特定案件作出的決定，能夠對此後出現的同類案件中其它法官將會作出的決定起一種基本標準的作用，即判決的先例化……。無論在正式的制度上採取還是不採取判例法主義，審判所作出的任何一個決定多多少少總能夠給以後的決定以影響這一現象，只要經過某種程度的合理化，在審判制度中就必然地產生」〔註16〕。而且民國時期的司法創制是由最高審判機關作出的，其權威性毋庸置疑，實際上根據客觀情況的變化適時變更解釋例、判決例，不僅體現了該種變更的合理性，也說明能近代時期的刑事審判制度的適應性。

　　縱觀古今中外，制度上的設計不可能盡善盡美，司法實踐與法律規範之間總是存在有一定程度的差異，在第三章刑事審判實證分析過程中，我們已經很清楚得看到，在刑事審判過程中，審判法官基本上嚴格遵循刑事法律規範進行裁判，而且遵循判例的傾向也很明顯，誠然在當時動盪的時局中，片面強調法律的安定性是不恰當的，更是不現實，而作爲轉型時期的最高審判機關，鑒於審判實踐的具體情況，通過司法方式創制判例，解釋法令以彌補立法的不足，應該說這樣的運作是有效的，而且在當時特定的時空背景之下，

〔註15〕丁元普：《法院組織法要義》，第 132 頁。
〔註16〕（日）棚瀨孝雄：《糾紛的解決與審判制度》，王亞新譯，中國政法大學出版社，1994 年版，第 166 頁。

對相關司法創制進行適時變更也是客觀因素變化使然，更是使法律規範趨於合理以適應社會的一種途徑。

　　另一方面，我們在分析制度、實踐的基礎上，發現傳統刑事審判制度與近代刑事審判在基本精神與制度之間存在些許相異之處，並通過對司法實踐的探討，瞭解到立法與司法之間的相互影響，以及社會情境之涉及，也進一步提醒我們，傳統審判制度自有其合理之處，近代審判制度亦有其先進之點，任何制度的法治變革既需要挖掘傳統制度之深度，也要重視現行制度之趨勢，以使傳統與現代、外來與本土產生良性互動，構建適合當下情勢之理性法治。

　　最後，謹以張晉藩先生的一段話作爲全文的結束：

　　移植來的法律既要體現出時代的先進性，又要與本國的現實國情和民情相適應，表現出與社會的適應性。法律的本土化不僅要使引進的法律與中國的現實國情和民情相協調，更主要的是在保持引進的法律本身的先進性的前提下，將其改造成適合中國現實社會需要的形式，以獲得最大程度的社會調整效能，並在此基礎上生長出新的制度和原則。〔註17〕

〔註17〕張晉藩：《中國法律的傳統與近代轉型（第三版）》，法律出版社，2009 年 1 月版，第 579 頁。

參考文獻

一、基本史料

1. （唐）長孫無忌：《唐律疏議》，中華書局，1983 年 1 版。
2. （唐）李林甫等，《唐六典》，陳仲夫點校，中華書局，1992 年 1 月版。
3. 趙爾巽等：《清史稿‧刑法志》，中華書局，1976 年 7 月版。
4. 懷效鋒點校：《大明律》，法律出版社，1999 年版。
5. 《大清法規大全》，臺灣考正出版社，民國 61 年 9 月影印版。
6. 《大清新法律彙編》，麟章書局，宣統 2 年再版。
7. 《中華民國現行法規大全》，商務印書館，1934 年版。
8. 蔡鴻源主編：《民國法規集成》，黃山書社，1999 年版。
9. 故宮博物院明清檔案部編：《清末籌備立憲檔案資料》，中華書局，1979 年版。
10. 東亞同文會調查編纂部編：《宣統三年中國年鑒》，臺北天一出版社，1975 年影印版。
11. 鄧實輯：《光緒丁未（卅三）政藝叢書》，臺北文海出版社，1976 年版。
12. 商務印書館編譯所：《中華六法（一）》，商務印書館，1913 年版。
13. 《中華民國臨時約法》，商務印書館，民國 5 年 9 月再版。
14. 郭爲校勘：《刑法》，上海法學書局，民國 23 年版。
15. 郭衛校勘：《最新中華民國刑法》，上海法學書局，民國 24 年版。
16. 黃右昌輯錄：《中華民國刑事訴訟法》，中華印刷局，民國 17 年版。
17. 余紹宋編輯：《改訂司法例規》，司法部印，民國 11 年 9 月版。
18. 大理院編輯處：《大理院判例要旨彙覽　二年度》，大理院收發處，1916 年版。

19. 《大清刑事民事訴訟法》（法律館稿本），中國政法大學圖書館藏。

20. 《東方雜誌》第八卷第十一號「中國大事記」。

21. 《東方雜誌》第二十四卷第二號「法權會議報告書」。

22. 《東方雜誌》第四年第六期「各省內務彙志」。

23. 《東方雜誌》第四年第十期「內務」。

24. 《東方雜誌》第十二卷第十一號。

25. 《政府公報》民國三年十二月份。

26. 《政府公報》1912 年 5 月 18 日。

27. 《司法公報》第 42 期。

28. 《司法公報》第 43 期增刊 3。

29. 《司法公報》第 149 期。

30. 《法律評論》第 170 期。

31. 《法律評論》第 311 期。

32. 《法律評論》第 454 期。

33. 《法律評論》第 631 期。

34. 《法律評論》第 671 期。

35. 《國民政府公報》第 62 冊。

36. 郭衛、林紀東：《中華民國憲法史料》，大東書局，民國 36 年 9 月初版。

37. 《孫中山全集》，中華書局，1981 年～1986 年版。

38. 謝冠生：《民國二十五年度司法統計（上冊）》，司法行政部統計室，1938 年版。

39. 申報館：《最近之五十年》，1923 年 2 月版。

40. 考試院考銓叢書指導委員會：《戴季陶先生與考銓制度》，臺北正中書局，1984 年版。

41. 西北政法學院法制史教研室編印：《中國近代法制史資料選輯（第三輯）》，內部印行，1985 年。

42. 中國人民大學法制史教研室編印：《中國近代法制史資料選編》（第一分冊），內部印行，1980 年。

43. 中國科學院近代史研究所史料組：《辛亥革命資料》，中華書局，1961 年版。

44. 夏新華等：《近代中國憲政歷程：史料薈萃》，中國政法大學出版社，2004 年版。

45. 桂斯斌主編：《清末民國司法行政史料輯要》，湖北省司法行政史志編纂委員，1988 年版。

46. 《中央及各省黨部工作人員從事司法工作考試辦法大綱》，載《中央周報》第 353 期。

47. 《司法儲才館季刊》，京師第一監獄，民國 16 年第一期第一號。

48. 《司法院工作報告》，司法院編印，1941 年 9 月～1943 年 6 月。

49. 《司法院最近工作概況》，司法院編印，1940 年 3 月。

50. 《司法院工作報告》，司法院編印，1939 年 11 月。

51. 《拿破侖法典》（法國民法典），李浩培等譯，商務印書館，1979 年版。

52. 宋英輝譯：《日本刑事訴訟法》，中國政法大學出版社，2000 年版。

53. 《文史資料存稿選編》，中國文史出版社，2002 年版。

54. 河南省政協文史資料委員會編：《河南文史資料》第 4 輯。

55. 北京圖書館編：《民國時期總書目（1911～1949）法律》，書目文獻出版社，1990 年版。

56. 《京師地方審判廳法曹會判牘彙編》（第一集），商務印書館，1914 年版。

57. 《直隸天津地方審判廳判牘彙刊》，北洋印刷局，1917 年版。

58. 謝森、陳士杰、殷吉墀編：《民刑事裁判大全》，盧靜儀點校，北京大學出版社，2007 年版。

59. 《大法官釋憲史料》，司法院編印，1998 年版。

60. 《司法例規》（上冊），（臺）司法院秘書處，1979 年版。

61. 國民政府法制局編：《增訂國民政府現行法規》，商務印書館，1929 年 4 月版。

62. 國民政府司法院參事處編：《國民政府司法例規》，司法院參事處，1930 年 2 月版。

63. 國民政府司法院參事處編：《增訂國民政府司法例規第一次補編》，司法院參事處，1933 年 2 月版。

64. 最高法院判例編輯委員會編：《民國十六年至二十年最高法院判例要旨第一輯》，上海大東書局，民國 35 年 1 月 3 版。

65. 郭衛編：《大理院解釋例全文》，上海會文堂新記書局，民國 21 年版。

66. 郭衛編：《大理院判決例全書》，上海會文堂新記書局，民國 20 年版。

67. 黃榮昌、唐璋、陳志學等編：《大理院法令判解分類彙要》，上海中華圖書館，1921 年 10 月初版。

68. 黃榮昌、唐璋：《大理院法令判解分類彙要補續編雜錄編三種合一集》，上海中華圖書館，1922 年 10 月版。

69. 黃榮昌新編：《最新司法法令判解分類彙要》（6 冊），1923 年 1 月版。

70. 周東白編：《大理院判例解釋新刑律彙覽》，上海世界書局，1924 年版。

71. 周東白：《中華民國憲法法院編製法合刻》，上海世界書局，1924 年再版。

72. 張盧白編：《最高法院判例彙編》（第一輯），上海中華法學社，1929 年 4 月版。

73. 郭衛、周定枚編輯：《最高法院法令解釋總集》，上海法學書局，民國 23 年版。

74. 鄭爰諏編：《最高法院判決例解釋例要旨彙覽》，上海世界書局，1929 年 4 月版。

75. 郭衛編輯：《中華民國刑事訴訟法》，上海法學書局，民國 24 年版。

二、學術著作

1. 沈之奇：《大清律輯注》，法律出版社，2000 年 1 月版。

2. 汪輝祖：《佐治藥言・續佐治藥言》，中華書局，1985 年第 1 版。

3. 張晉藩：《中國法律的傳統與近代轉型（第三版）》，法律出版社，2009 年 1 月版。

4. 張晉藩：《中國近代社會與法制文明》，中國政法大學出版社，2003 年 12 月版。

5. 張晉藩主編：《中國百年法制大事縱覽》，法律出版社，2001 年版。

6. 張晉藩主編：《中國司法制度史》，人民法院出版社，2004 年 6 月版。

7. 陳盛清：《五五憲草釋論》，中國文化服務社，1944 年 3 月第 1 版。

8. 朱勇：《中國法制史》，法律出版社，1999 年版。

9. 朱勇主編：《中國法制通史》（第九卷），法律出版社，1999 年版。

10. 朱勇：《中國法律的艱辛歷程》，黑龍江人民出版社，2002 年 1 月版。

11. 金鳴盛：《國民政府宣布中華民國憲法草案釋義》，上海世界書局，1940 年 2 月重版。

12. 謝振民編著、張知本校訂：《中華民國立法史》，中國政法大學出版社，2000 年版。

13. 馬建石、楊育棠主編：《大清律例通考校注》，中國政法大學出版社，1992 年版。

14. 熊元襄：《刑事訴訟法》，安徽法學社，宣統三年三月版。

15. 胡長清：《中國民法總論》，上海商務印書館，1934 年版。

16. 朱采眞：《中國法律大辭典》，上海世界書局，民國 24 年版。

17. 嚴復：《孟德斯鳩法意》，商務印書館，民國 28 年版。

18. 錢實甫：《北洋政府時期的政治制度》（下），中華書局，1984 年版。

19. 黃源盛：《民初法律變遷與裁判》（1912～1928）臺北：國立政治大學，2000 年版。

20. 蔡墩銘：《現代刑法思潮與刑事立法》，臺灣漢林出版社，1977 年版。

21. 《孫科文集》第一冊，臺灣商務印書館，1970 年版。

22. 林山田等著：《刑法七十年之回顧與展望紀念論文集》（一），臺灣元照出版公司，2001 年版。

23. 林紀東：《法學緒論》，五南圖書出版公司，1978 年 6 月第 1 版。

24. 張國華、李貴連：《沈家本年譜初編》，北京大學出版社，1989 年版。

25. 李貴連：《沈家本傳》，法律出版社，2000 年版。

26. 何超述、李祖蔭：《朝陽大學法律科講義：法院編製法》，北京朝陽大學，1927 年六版。

27. 蔡樞衡：《中國法理自覺的發展》，河北第一監獄，1947 年 9 月版。

28. 楊鴻烈：《中國法律發達史》，上海書店，1990 年 12 月影印本。

29. 楊鴻烈：《中國法律思想史》，上海書店，1984 年 3 月版。

30. 耿文田：《中國之司法》，民智書局，1933 年版。

31. 陶彙曾：《中國司法制度》，商務印書館，1926 年 7 月初版。

32. 張知本：《憲法論》，上海會文堂新記書局，1933 年版。

33. 謝冠生：《戰時司法紀要》，司法行政部，1948 年版。

34. 汪楫寶：《民國司法志》，正中書局，1954 年版。

35. 郭衛：《刑法總則釋義》，上海法學編譯社，民國 20 年版。

36. 郗朝俊：《刑法原理》，上海商務印書館，民國 21 年版。

37. 那思陸、歐陽正：《中國司法制度史》，臺灣國立空中大學，2001 年 2 月版。

38. 任拓石：《中華民國律師考試制度》，臺北正中書局，1984 年版。

39. 丁元普：《法院組織法要義》，上海法學書局，民國 24 年 8 月再版。

40. 李光夏：《法院組織法論》，大東書局，1946 年 11 月再版。

41. 陳瑾昆：《刑法總則講義》，北平好望書店，民國 23 年 12 月版。

42. 汪庚年編：《汪輯京師法律學堂筆記〈大清法院編製法〉》，京師法學編輯社，1911 年 5 月版。

43. 林鈺雄：《檢察官論》，學林文化事業有限公司，2000 年版。

44. 楊仁壽：《法學方法論》，中國政法大學出版社，1999 年 1 月版。

45. 丘聯恭：《司法之現代化與程序法》，臺灣三民書局，1992 年版。

46. 石松編：《刑法通義》，商務印書館，民國 23 年版。

47. 徐朝陽：《刑事訴訟法通義》，商務印書館，民國 23 年版。

48. 孫紹康編著：《刑事訴訟法》，上海商務印書館，民國 25 年 1 月再版。

49. 郭成偉等著：《清末民初刑訴法典化研究》，中國人民公安大學出版社，2006 年版。

50. 陳瑞華：《刑事審判原理論》，北京大學出版社，1997 年 2 月第 1 版。

51. 宋冰編：《程序、正義與現代化》，中國政法大學出版社，1998 年版。

52. 程燎原：《清末法政人的世界》，法律出版社，2003 年 9 月版。

53. 汪世榮：《中國古代判例研究》，中國政法大學出版社，1997 年 5 月版。

54. 韓秀桃：《司法獨立與近代中國》，清華大學出版社，2003 年版。

55. 李啓成：《晚清各級審判廳研究》，北京大學出版社，2004 年 6 月版。

56. 張麗卿：《驗證刑訴改革脈動（三版）》，五南圖書出版股份有限公司，2009 年 3 月版。

57. （法）孟德斯鳩：《論法的精神》（上冊），商務印書館，1997 年版。

58. （德）拉德布魯赫：《法學導論》，米健、朱林譯，中國大百科全書出版社，1997 年版。

59. （美）梅利曼：《大陸法系》，顧培東、祿正平譯，法律出版社，2004 年版。

60. （日）田中成明：《法理學講義》，有斐閣，1994 年版。

61. （美）昂格爾：《現代社會中的法律》，吳玉章等譯，中國政法大學出版社，1994 年版。

62. （美）愛德華·S·考文：《美國憲法的高級法背景》，強世功譯，生活·讀書·新知三聯書店，1996 年版。

三、學術論文

1. 張晉藩：中國古代監察法的歷史價值——中華法系的一個視角，《政法論壇》，2005 年第 6 期。

2. 居正：《二十五年來司法之回顧與展望》，《中華法學雜誌》新編 1 卷 2 號。

3. 居正：《十年來的中國司法界》，中國文化建設協會編，《十年來的中國》，商務印書館，1937 年版。

4. 葉楚傖：《現任法官調京訓練第一期舉行開學典禮，葉氏訓詞》，《中央周報》，第 440 期。

5. 徐謙：考察司法制度報告書清單，《大公報》，1911 年 7 月 12 日。

6. 王用賓：《二十五年來之司法行政》，《現代司法》，1936 年第 2 卷第 1 期。

7. 王用賓：《二十五年來司法官任用之檢討》，《中央周報》，第 438 期。

8. 左德敏：《訴訟法上諸主義》，《北京大學月刊》，第 1 卷第 3 期。

9. 王志強：《制定法在中國古代司法判決中的適用》，《法學研究》，2006 年第 5 期。

10. 高漢成：《簽注視野下的大清刑律草案研究》，中國政法大學 2005 年博士論文。

11. 李超：《清末民初的審判獨立研究》，中國政法大學 2004 年博士論文。

12. 歐陽湘：《近代廣東司法改革研究——以「法院普設」爲中心的歷史考察》，中山大學 2006 年度博士論文。

13. 郭樹英：《我國現行特別人事制度之研究：以司法官與警察人員人事制度爲例》，國立政治大學公共行政研究所 1992 年碩士論文。

14. 林佩瑛：《我國司法官訓練制度之研究》，國立政治大學公共行政學系 2003 年碩士論文。

15. 張永鋐：《法律繼受與轉型期司法機制——以大理院民事判決對身份差等的變革爲重心》，國立政治大學法律學研究所 2003 年碩士論文。

16. 李紀穎：《統一解釋法令制度之研究》，中正大學法律學研究所 2002 年碩士論文。

17. 黃源盛：《民初大理院司法檔案的典藏整理與研究》，《政大法學評論》第 59 期。

18. 吳鎮岳：《對於改定刑法第二次修正案之意見》，《法律評論》，第 8 期。

19. 姚瑞光：統一解釋之研究，《憲政時代》，1982 年第 1 期。

20. 華友根：董康的刑法思想與近代法制變革，《中西法律傳統（第二卷）》，中國政法大學出版社，2002 年版。

21. 郭海霞、曲鵬飛：東省特別區域法院訴訟制度研究，《北方文物》，2009 年第 4 期。

22. 吳永明：民國前期新式法院建設述略，《民國檔案》，2004 年第 2 期。

23. 李啓成：司法講習所考論——中國近代司法官培訓制度的產生，《比較法研究》，2007 年第 2 期。

24. 俞江：《司法儲才館初考》，《清華法學》（第 4 輯），清華大學出版社，2004 年版。

25. 王泰升：《清末及民國時代中國與西式法院的初次接觸—以法院制度及其設置爲中心》，（臺）《中研院法學期刊》，2007 年 9 月第 1 期。

26. （德）康·茨威格特、海茵·克茨：《普通法和大陸法中發現法律的方法和訴訟程序》，《法學譯叢》，1991 年第 2 期。

附錄：直隸天津地方審判廳判牘彙刊 （刑事）選編

吳弼智等詐騙白麵一案

判決

被告人吳弼智，年二十九歲，霸縣人，種地，住吳家臺

　　　吳二肥，年二十歲

右列被告人等因詐欺取材案件，經檢察官費蔭綬蒞庭，本廳審理判決如左

主文

吳弼智處五等有期徒刑三月

吳二肥無罪

事實

　　吳弼智、吳二肥係屬兄弟，均在天津浮住，本年十一月二十六日早，吳弼智先往八大關玉豐永飯鋪詐稱有麵出售，當與該鋪議定價值，約期送往。午後至劉家店劉發安所開面鋪，託言有人買麵兩袋，言定每百斤大洋四元七角，約同運往法租界馬家口一不知姓名人家，意圖乘隙將麵騙走，詎該處因並未買麵，拒不收納。吳弼智又令劉發安將麵拉至玉豐永飯鋪，該鋪掌王玉崑以價目與早間所說不對，且吳弼智情詞閃爍，知其中必有原故，亦不收買。吳弼智見賣主跟隨緊迫，無機可騙，隨即乘間逃走。劉發安追趕至大紅橋河邊，被吳弼智猛踢一腳險未墜水。當鳴警將吳弼智及同行之吳二肥一併抓獲，送由同級檢察廳，傳集人證，偵查終結。於十二月三日提起公訴到廳。本廳

公開審理，吳弼智飾詞狡辯，堅不承認。惟查核本案卷宗，證以王玉昆當庭所供及劉發安在檢察廳供述各情形，吳弼智確係以買麵爲名希圖詐騙財物，其犯罪事實可以證明者計有五點：

（一）吳弼智與王玉昆素不認識，且無存麵出售，或他人托其售麵之事，乃於二十六日早先往玉豐永飯鋪詐言有麵出賣，其用意蓋恐馬家口人家不肯收麵，得籍拉往玉豐永施其詐騙手段，且馬家口距北大關相離路途甚遠，中途劉發安稍不留意即可乘便拉麵遠揚。

（二）馬家口人家如果買麵，價目既已講定，劉發安同其送往必無拒絕不收之理，吳弼智憑空說謊其意何居？

（三）馬家口人家既不收麵，當時可將原物交劉發安運回吳弼智復令其拉往玉豐永，劉發安甘受愚弄，雖覺蠢笨可笑，然吳弼智存心詐騙殊屬顯然。

（四）據吳弼智供述，劉發安與王玉昆素相認識，願將該麵寄存玉豐永飯鋪等語，微論劉發安自開面鋪，貨需出賣，萬無寄存他出之理，即令劉發安果有此意，吳弼智經手買麵，麵未買妥，將原物交還本主，責任已盡，何必跟隨同往且向王玉昆講論價目，觀其言詞支飾，語不近情，益證其犯罪事實確鑿可據。

（五）吳弼智若無騙麵之意，何不乘間逃走，且因拒捕情急有踢跌劉發安墜水之意。

據上所列吳弼智犯罪證據既屬充分，自未便聽其狡展致乖有罪必罰之旨。至吳二肥雖係同時獲案，惟據供並無合謀詐騙之事，當時因找尋吳弼智，在場誤被抓獲等語，質詢王玉昆，據稱是日早間託詞至該鋪賣麵僅係吳弼智一人，並未見吳二肥同來。核閱劉發安在檢察廳供詞，亦稱拉麵至玉豐永時，吳二肥雖在旁邊，始終並未說話，是其對於吳弼智詐騙情節果屬知情與否，尚難鑿切證明，不能以其係屬兄弟，當時在場旁觀，即斷定其有同謀情事也。

案經審核明確，均認爲確定事實，分別判決。

理由

據右事實，吳弼智詐欺取材未遂被獲，依暫行新刑律第三百八十八條之規定，適構成同律第三百八十二條第一項之罪，應依同條項於本刑所定三等至五等有期徒刑範圍內判處有期徒刑，酌定刑期三月。吳二肥共同犯罪既無確實證據，應即宣告無罪。判決如主文。

中華民國四年　月　日

天津地方審判廳刑庭
推　事　　張德滋

馬得勝等和誘婦女及偽造私文書

判決

被告人馬得勝，年二十九歲，任邱縣人

　　　庹王氏，年二十四歲

右列被告人等因和誘婦女及偽造私文書案件，經同級檢察官劉炳藻蒞庭，本廳審理判決如左。

馬得勝意圖營利和誘婦女之所為，減本刑一等，處四等有期徒刑一年又四月，終身褫奪公權；全部偽造私文書之所為，處五等有期徒刑八月，褫奪公權全部五年；應執行有期徒刑一年一年又八月，終身褫奪公權全部。

庹王氏共同偽造私文書之所為，處五等有期徒刑八月。

馬得勝、庹王氏未決期內羈押二日均抵徒刑一日。

事實

庹王氏素營妓業，與馬得勝舊日認識，後出嫁庹三，仍與馬得勝兩相來往。舊曆六月間，馬得勝、庹王氏因戀姦情熱，約同潛逃至奉天省城。馬得勝並將該氏送往娼窯賣娼。庹三及庹王氏之父母王德山、王曹氏等找人不見，訪知係被馬得勝誘拐，控由南區檢察分署轉送同級檢察廳傳案偵訊。嗣庹三詢悉，庹王氏等現在奉省。當赴該處將該氏及馬得勝一併由娼窯訪獲，據實報告經同級檢察廳函至瀋陽地方檢察廳，將庹王氏等解津歸案。訊據馬得勝等供稱，庹王氏係由庹三手租來，並非誘拐，且提出偽造租字作證等因。偵查終結，認定馬得勝和誘婦女，並與庹王氏共同偽造私文書屬實，於三年十二月十一日提起公訴到廳，本廳公開審理。被告馬得勝堅不承認誘拐情事，並謂庹三因借用洋元將庹王氏出租於我，立有租字為證。我同該氏前往奉天省，庹三及王曹氏均知其事，租字實係當時所立，並非由我偽造等語，質訊

庹王氏，供詞狡飾，大致與之相同，查本案馬得勝始因與庹王氏戀姦情熱，約同潛逃至奉，繼復意圖營利，誘令賣娼及被庹三等訪明告發，乃商同庹王氏偽造租約一紙，籍圖掩飾罪狀，核閱全案卷宗，證以庹三、王德山、王曹氏及該被告等當庭供述，並本廳派警調查各情形，馬得勝、庹王氏確有犯罪，實據分論於左。

（甲）馬得勝犯和誘婦女罪之證據

（一）馬得勝、庹王氏供詞不符也。查馬得勝在本廳檢察廳均供，原與庹三並不認識，據庹王氏供稱，馬得勝與庹三素日認識；馬得勝供與庹王氏動身時，王曹氏等在場眼見走的，據庹王氏供稱，與馬得勝走時，伊父母並不在場，由伊到伊父母院內說明的。同一事實而兩方供詞各異，情弊顯然。

（二）庹王氏等去津日期與租字日期之不符也。查馬得勝提出，租字係舊曆後五月二十五日立的，庹王氏去津日期則在陽曆七月間，如果馬得勝有租庹王氏之事，一經立約之後，庹三當然須將庹王氏移轉與馬得勝，即或仍營妓業，亦應由馬得勝出名將庹王氏送至他處，斷無仍在庹三家混事之理。

（三）庹三當初所告發並非馬得勝也。查此案初起之時，庹三所告發者係屬陳八。當時庹三僅知伊妻被人拐走，尚不知馬得勝何往。且據本廳法警調查報告，庹三先同其鄰人楊震邦赴營口尋覓無著，然後借錢至奉詢找，其無出租之事殊屬顯然。可見，如先租給馬得勝而後籍端無賴，應即指名控告馬得勝，且如當時知道該氏與馬得勝同走，定知其係赴奉省，何至竟不知馬得勝之下落，而先赴營口訪尋。據此以觀，則庹三所訴各節自屬確鑿不誣。

（四）庹三出租庹王氏及馬得勝與庹王氏同往奉天，鄰右人等均不知情也。查馬得勝在本廳供述，庹三將伊妻立約出租於伊，彼處鄰近居民均知其事，後伊將其帶往奉省，亦係說明同走，故知之者頗眾。據本廳派警嚴密查訪，據其鄰人楊震邦聲稱，並不知有出租等事。馬得勝飾詞狡展，欲蓋彌彰。

（乙）馬得勝、庹王氏共犯偽造私文書罪之證據

（一）租字上並無庹三手印也。查訂立契約係權利轉移，必由原立約者署名蓋印以免日後發生轇轕。庹三如果將伊妻租給馬得勝，則書

立租字應由庹三親筆書寫或蓋用手印，否則馬得勝絕無收受之理。乃核閱馬得勝呈案字據，僅有庹王氏手印，並無庹三手印，其為偽造不辯自明。

（二）租字上中證人等查傳無著也。查租字係舊曆後五月底在津所立，距今不過半載，中證人等絕不至查傳無著著，該租字所著中保人王長清、徐連城等經檢察廳屢次傳訊均未到案，本廳詰詢馬得勝，令其指出伊等住址，以便傳案質訊。據供詞甚含混，無可查傳，足見署名者之並無其人，且馬得勝在檢察廳供稱租字在穆姓小店內寫的，嗣經派警詢問，據穆姓云不知道其事，租字既無中證，謂非偽造而何？

（三）租字上有庹王氏手印，且庹王氏供述與馬得勝同一狡飾也。查庹王氏在本廳警察廳迭次供述與馬得勝同一口吻，均謂伊係由庹三出租與馬得勝，並非誘拐，租字上面又有該氏親蓋手印，其為夥同偽造，籍圖為馬得勝脫卸和誘罪狀已屬毫無疑義，且本廳於辯論將峻諭以偽造字據與馬得勝共同犯罪等語，該氏答云我年輕不懂什麼事，玩其語意，不啻自白。

綜觀以上各論點，馬得勝、庹王氏犯罪證據均屬充分，自未便聽其狡展，案無遁飾，應即判決。

理由

據右事實，馬得勝意圖營利，和誘婦女，構成暫行新刑律第三百五十一條第二項之罪，依律應處二等或三等有期徒刑。惟查該被告誘拐原因係因與庹王氏戀姦情熱，且庹王氏本營妓業，較之引誘良家子女賣娼圖利者情究有間，審按犯罪事實及其心術不無可原，援用同律第五十四條酌減本刑一等，在三等或四等有期徒刑範圍內判處四等有期徒刑一年又四月，並依同律第三百五十六條終身褫奪公權全部。又偽造私文書構成同律第二百四十三條第一項之罪，應依同條項在本刑三等至五等有期徒刑範圍內判處五等有期徒刑八月，並依同律第二百五十一條褫奪公權全部五年，係俱發罪。查照同律第二十三條第三款之文例，於各刑合併二年二月一下，其中最長一年四月以上，酌定執行刑期一年又八月，終身褫奪同律第四十六條所列公權全部。庹王氏共同偽造私文書，依同律第二十九條之規定，亦構成同律第二百四十三條第一項之罪，應依同條項在本刑三等至五等有期徒刑範圍內判處五等有期徒刑

八月以上。二人未決期內羈押日數均依同律第八十條准以二日抵徒刑一日。
判決如主文。

中華民國四年　月　日

天津地方審判廳刑庭

推　事　張德滋

郝長林等殺人一案

判決

被告人郝長林，年三十三歲，南皮縣人，住康莊子

郝董氏，年二十五歲，同上

右列被告人等因殺人案件經檢察官華國文蒞庭，本廳審理判決如左。

主文

郝長林處死刑，褫奪公權全部二十年

郝董氏無罪

事實

郝長林、郝長樹、郝禿籍隸南皮康莊，係屬同胞兄弟。郝長樹及妻郝董
氏與郝禿同居一處。郝長林獨自居住，郝長樹性情兇暴，平日行動甚不正當，
其族長郝信屢加訓責，不知悛改。郝長林因郝長樹霸占房產，懷狹仇隙，於
前年陰曆九月初三日用槍將郝長林打死掩埋，威逼郝董氏、郝禿不許聲張，
事峻復逼令郝董氏等隨其來津一同居住，郝禿在圖乘間逃逸，郝長林、郝董
氏到津之後即被警察廳偵緝隊訪查拘獲，郝禿聞信趕至天津，在在同級檢察
廳具狀告訴。經檢察廳函至警廳，將郝長林、郝董氏解案偵訊，並詳請高等
檢察廳敕令南皮縣就近刨驗，填注屍格，俾成信讞。嗣據該縣復稱已如法檢
驗，驗得已死郝長樹仰面，皮肉乾枯，兩眼睛腐爛無存，致命左耳根有槍傷
一處，圍圓三分，槍子透入腦部，腮骨微損，下根芽一枚粉碎，黑色兩胳膊
曲，兩手微握，十指甲脫落，兩腿微曲，十趾甲骨節脫落，沿身均皮枯肉化，
兩腳皮肉消化無存，餘無別故，委係受傷身死等因，附送屍格一本及地鄰人

等甘結一套案由，同級檢察廳偵查終結，於三年八月十五日提起公訴到廳，本廳公開審理。被告人郝長林供認自己打死郝長樹屬實，惟稱郝長樹素常非偷即盜，無惡不作，本村人等均不容其進村，闔村大小亦皆深惡痛絕，族長郝信時常管教郝長樹，不但不服且有加害之意，郝信因命我將伊打死以絕後患。我之殺害郝長樹係受郝信教唆指使，實非懷狹私恨，並謂當時打死郝長樹係用鎬把，並非洋槍各等語。質訊告訴人郝禿及郝董氏，均謂郝長林將郝長樹打死掩埋，威迫我等不許聲張，如對旁人言說即將我等一併處死，以故當時在縣不敢告發。詰其郝長林殺人原因是否由於郝信教唆，及殺人凶器究係洋槍抑或鎬把，據郝禿供稱實係洋槍，當時我聞槍聲，疑係西鄰看家人放槍，及起身看視，郝長樹已被擊死，郝長林手持槍柄威迫我與郝董氏不准對人講說。族長郝信平日既不同居一處，郝長樹被害身死，不惟事前不知即掩埋，以後亦尚絕無聞見。事閱數日，始行知悉。郝信實無教唆殺人之情事。郝董氏供郝長樹被害之時我已睡熟，熟不知郝長林持何凶器將夫打死及我被叫醒，倉猝之際亦未見凶器究爲何物？餘供與郝禿大致相同。本廳以案關人命審理不厭求詳，當函請南皮縣關傳郝信到案，質訊俾得眞相。訊據郝信供稱，我係郝家族長，與郝長樹等居住相隔里許，郝長林打死郝長樹當時我絕不知道，後聞旁人傳說始悉其事。郝長樹人極凶惡，鄉鄰不齒，因我素日管教，意欲加害我。平時氣忿，誠有「得便將其處死，以免後患」之語，惟詞係隨便講說，並謂喝令郝長林實行加害。郝長樹被害之先我且不知道情，何得謂爲教唆殺人云云。查本案郝長林殺人致死業據自行供認不諱，核閱驗注屍格，死者僅有致命左耳根透腦槍傷一處，此外並無他器打傷痕迹，且郝長林對於郝董氏等持槍威逼，又係郝禿目睹，是殺人凶器決爲洋槍已可充分證明。郝長林謂爲鎬把，微論係屬虛僞。即果爲實事，亦與殺人罪成立與否並無何等關係。蓋同一殺人無論被害者死於火器、死於鐵器，其爲所加害致死則一也。至郝長樹身死原因係由郝信教唆一節，審核郝禿等當庭陳述事實，已足見郝長林所供全係狡飾諉過之詞，既就理論上言之，郝長樹與郝長林係同胞兄弟，較之郝信關係切近郝信即有殺害之意，僅可自行下手或囑託族中他人代爲下手，斷無喝令其胞弟實行殺害之理。郝信因郝長林行爲不當有玷家聲，氣忿之下雖有將其處死一語，然既非具體特對郝長林一人講說，則絕不得謂爲教唆指使，在郝長林人雖至愚，苟無他項原因亦斷不能聽信族長隨便之言即致其胞兄於死地也。郝長林在本廳初次供述謂，因郝長樹霸占房產欲致我於死，故我將其打死等語果係郝信教伊加害，何以彼時隱晦不言，直

至辯論將竣，見罪無可逭始籍此以為卸責地步，狡謀畢露，欲蓋彌彰。又況郝信喝令殺人，僅據郝長林一人所供，既無何確實憑證。質訊郝禿等亦稱並無其事，是所為教唆知指使一節，純係郝長林一人諉罪卸責之詞。按之理論，既不可通徵諸事實，又全無據。總之，郝長樹身死實行下手加害者為郝長林，即有郝信教唆，郝長林殺人之罪亦當然成立，況實施造意係出一人，郝信並無教唆犯罪之情事乎！至郝董氏係郝長樹配偶，郝長樹慘遭殺害，以常理論，苟非知情幫助，似決不應袖手旁觀，且事後跟隨來津尤屬出乎情理之外。惟據郝禿等供述當時郝長林將人打死，持槍威逼禁勿聲張，事後迫同赴津亦同一手段，如不依順即將伊等一併處死。在郝長林性成梟獍，既敢劃刃兄腹，則其對於郝董氏等用強暴脅迫手段自屬實在情形。郝董氏與郝長林雖同來天津居住，惟究不能證明其實有曖昧情事，且郝禿目睹郝長樹被害，因而來津告發，如郝董氏果有共犯事蹟，郝禿為兄雪恨方將攻擊之不暇，更不能代為隱飾使其倖逃法網。據此以觀，郝董氏並無共同犯罪嫌疑自可充分證明，案無疑議即應判決。

理由

查暫行新刑律第三百十一條載，殺人者處死刑、無期徒刑或一等有期徒刑等語。本案被告人郝長林殺害胞兄弟郝長樹致死，悖倫滅紀，情罪較重，應依同條所定最重主刑判處死刑，並依同律第三百三十一條褫奪第四十六條所列公權全部二十年，郝董氏共同犯殺人罪，審無確實證據，應即宣告無罪以昭覈實，判決如主文。

中華民國四年　月　日

　　　　　　　　　　　天津地方審判廳刑庭
　　　　　　　　　　　推　事　張德滋

陳士珍訴徐玉發侵佔洋元並偽造借字一案

判決

被告人徐玉發，天津楊柳青人，年六十六歲，使船

右列被告因侵佔案件，經檢察官俞登瀛蒞庭，本廳審理判決如左

主文

徐玉發犯侵佔業務上屬於他人之財物罪，減本刑二等，處五等有期徒刑六月，未決期內羈押日數，准以二日抵徒刑一日，侵佔之洋五百六十五元，責令徐玉發返還，還應交李永福大洋三百四十元，陳士珍大洋二百二十五元，分別具領。

事實

緣徐玉發及伊弟徐子厚同為陳士珍代表買房，由李永福煤窯計工本私查兩項價值洋八百四十元，陳士珍如數交出，徐玉發、徐子厚私自花用，經徐子厚捏寫陳士珍借字一紙，計洋五百元，交李永福收執。後經李永福向徐玉發索欠，僅付洋二百七十五元，李永福執據向陳士珍追索欠款，陳士珍始知徐玉發、徐子厚從中侵佔，當即告訴到區。

經警署轉送同級檢察廳起偵查訴到廳，本廳開庭審理，訊據陳士珍供稱，商人價買李永福煤窯，囑徐玉發、徐子厚作代表人，緣徐玉發在商人處向辦銀錢事務信實多年，故將該窯款一千七百元如數交出，經徐玉發、徐子厚共同領收，言明交給李永福名下窯款洋八百四十元，乃竟私自花用，捏寫五百元之借據交給李永福收執，後李永福追索欠款，徐玉發僅付洋二百七十五元，李永福持據向商人追索是以知徐玉發、徐子厚有侵佔行為，當即告訴由檢察廳處置，囑商人墊付洋二百二十五元，連徐玉發所付之二百七十五元，合洋五百元以清借字之款，後由徐玉發補償商人，遵諭先後呈交在案。該煤窯自商人買後，仍派徐玉發經管，因生意不旺已於民國三年三月專賣與徐玉發另立借券，以房契兩張作押，徐玉發侵佔原買窯價，商人一概不知等語。徐玉發供稱，民人代陳士珍購買煤窯當領價洋一千七百元，應給李永福窯價八百四十元，被民人之弟將款挪用，代寫五百元借字一紙，又欠洋三百四十元，後經付洋二百七十五元，今由陳士珍代付李永福欠款二百二十五元，民人願照數賠償，並願償李永福欠款三百四十元，此五百元之借據是徐子厚所立，民人不知等語。查徐玉發為陳士珍之代表購買煤窯共計價洋一千七百元，均由徐玉發、徐子厚共同領收，並未交給李永福窯款，是徐玉發、徐子厚有合同侵佔之行為，所立五百元之借約既經徐子厚署名，又據李永福供稱，原立借約之時，徐玉發實不在場，應認定徐玉發僅有侵佔財物之事實。

理由

據右事實，徐玉發侵佔財物之所為適構成新刑律第三百九十二條侵佔業

務上屬於他人之財物罪，應處二等或三等有期徒刑，惟受徐子厚所愚其犯罪之事實及心術情節較輕，依第五十四條酌減本刑二等，於四等或五等有期徒刑範圍內處以五等有期徒刑，並依第八十條未決期內羈押日準以扣抵刑期。私訴部份依私訴暫行規則第一條審理，侵佔之洋共計五百六十元，責令徐玉發返還，由李永福、陳士珍分別具領。徐子厚在逃，候緝獲另結，故判決如主文。

中華民國四年　月　日

天津地方審判廳刑庭

推　事　　劉金選

塗乘魯傷害張國枝致死並燙烙許應奇有傷一案

判決

被告人塗乘魯，蔚縣人，年三十一歲，前充區官

右辯護人張務滋律師

右列被告因瀆職傷害案件，經檢察官華國文蒞庭，本廳審理判決如左

主文

塗乘魯犯二個瀆職罪，處二個三等有期徒刑四年；又犯傷害張國枝致死罪，處無期徒刑；又犯傷害許應奇致廢罪，處二等有期徒刑八年，係俱發，執行無期徒刑，褫奪全部公權二十年。

事實

緣塗乘魯向充蔚縣第三區區官，陰曆甲寅年六月二十七日，因局內失去馬槍一枝，子彈十二粒，遍尋無著，疑爲已革馬巡張國枝、許應奇所竊，遂於七月十三日將張國枝、許應奇傳局，因未訊出偷槍情事，即用香火及燒紅鐵剪等物燙烙成傷，經各該家屬訴由蔚縣知事，驗明傷痕，一面詳請將塗乘魯撤差歸案。訊辦張國枝問年二十七歲，左胳膊有鐵器燙傷三處，均皮肉潰爛，右胳膊有鐵器烙傷三處，上一處斜長七分，寬五分，皮破有膿，中一處斜長九分，寬三分，皮破結痂，下一處斜長一寸一分，寬六分，皮有膿。兩

手微握，右肩甲有鐵器烙傷一處，相連胸膛皮肉潰爛，脊背左右有鐵器烙傷數處，皮肉潰爛。其餘沿身上下並無別故，委係因傷潰爛越日身死，填格附卷。許應奇傷愈一月亦未痊癒，當經詳奉。巡按使飭發高等檢察廳，送由高等審判廳決定移送管轄，發交同級檢察廳偵查起訴前來本廳開庭審理。塗乘魯堅不承認有燙烙張國枝、許應奇等情事，惟稱張國枝胸膛素有瘡疾，此次又復發作，曾延醫生胡鳳祥爲之調治，張國枝之死實係因瘡所致，並非有燙烙情事，請爲調查等語，並委任張務滋律師到廳辯護，意旨相同。即經函致蔚縣，旋准復據醫生胡鳳祥供稱，張國枝、許應奇沿身並無瘡痕、瘡疤形迹，張國枝脊背左右燒傷數處，起有潦泡，內潰有膿。許應奇傷痕較輕，均由清凉膏調治，未服湯藥等語，並出具甘結、診視書送案前來。查塗乘魯因局內失去馬槍、子彈等物，勒迫張國枝、許應奇等供招擅用，非刑致張國枝因傷斃命，許應奇因傷成廢，實屬慘無人理，既由蔚縣檢驗明確復據醫生胡鳳祥具結證實，且塗乘魯在蔚縣繕遞親供，亦有情急怒起舉措失宜之語，是不啻自承罪狀。塗乘魯傷害張國枝致死、傷害許應奇致廢情事，既有種種證明，雖庭訊之時不肯吐實，自未便聽其狡展，認定塗乘魯犯罪是實。

理由

據右事實，塗乘魯在區官職內濫用職權，妄施凌虐，對於張國枝、許應奇等加強暴凌虐，因而致張國枝、許應奇等致死、致廢，證據確鑿，自應按律治罪科刑。其凌虐張國枝、許應奇之所爲，依第一百四十四條處以二個三等有期徒刑四年，因而致張國枝身死情罪較重，依同條第二項之規定，適用同律第三百十三條第一款處以無期徒刑，又傷害許應奇致廢之所爲，依第二十三條，亦依第一百四十四條第二項，適用適用第三百十三條第二款處以二等有期徒刑八年。罪係俱發，依同律第二十三條第二款之規定，執行無期徒刑，並依第三百三十一條褫奪全部公權二十年。判決如主文。

中華民國四年　　月　　日

天津地方審判廳刑庭
推　　事　　劉金選

陸文利等互毆輕微傷害一案

判決

被告人陸文利，年二十六歲，天津縣人，住西沽，抬木頭負苦

　　　劉長起，年二十二歲，天津縣人，住西沽，抬木頭

右列被告人等因輕微傷害案件，經同級檢察廳檢察官提起公訴，本廳審理判決如左

主文

陸文利傷害劉長發之所為，處五等有期徒刑三月，傷害劉長起之所為，處五等有期徒刑二月，應執行刑期四月。

劉長起傷害陸文利之所為，減本刑一等，處拘役三十日。

事實

緣陸文利與劉長發、劉長起兄弟同在西沽傭工，素日認識並無嫌隙。本年舊曆八月十六日，劉長發、陸文利因口角細故互相爭吵，陸文利輒將劉長發額門、胳膊、手指毆咬成傷。十九日，劉長起忿恨其兄被陸文利傷害找往理論，陸文利不服，雙方爭鬥，致陸文利將劉長起額顱、腮頰、項頸等處抓傷，劉長起亦將陸文利腋肕、右膝、後肋抓受傷痕，經警署抓獲，送由同級檢察廳傳案偵驗屬實，起訴到廳，本廳公開審理，該被告等均各供認前情不諱，本案供證確鑿，應即認為確定事實，分別判決。

理由

據右事實，陸文利傷害劉長發、劉長起致各受輕微傷害，均構成暫行新刑律第三百十三條第三款之罪，應依同條款各於本刑三等至五等有期徒刑範圍內判處五等有期徒刑，酌定傷害劉長發一罪處刑期三月，傷害劉長起一罪處刑期二月，罪係俱發，按照同律第二十三條第三款之規定，於各刑合併，五月以下最長三月以上定其執行刑期為四月。劉長起傷害陸文利致受輕微傷害，亦構成同律第三百十三條第三款之罪，依律應處三等至五等有期徒刑。惟查該被告犯罪原因係胞兄無端被辱，找往理論以致互相傷害，覈其情節確有可原，合援用同律第五十四條酌減本刑一等，於四等以下有期徒刑、拘役範圍內，判處拘役三十日。判決如主文。

本案經同級檢察廳檢察官俞登瀛蒞庭，執行檢察官之職務。

中華民國四年　月　日

天津地方審判廳刑庭
推　事　　張德滋
代理書記官張文濱

魏金奎竊盜俱發一案

判決

被告人魏金奎，即魏二，年三十歲，天津縣人，住南門內四條胡同，機器手藝。

右列被告人因竊盜俱發案件，經同級檢察廳檢察官提起公訴，本廳審理判決如左。

主文

魏金奎犯一次侵入竊盜罪，處一個三等有期徒刑三年，終身褫奪公權全部，犯三次侵入竊盜未遂罪，減本刑一等，處三個四等有期徒刑各一年，各終身褫奪公權全部，犯兩次竊盜罪，處兩個五等有期徒刑各四月，各褫奪公權全部三年，應執行刑期三年又四月，終身褫奪公權全部。

事實

緣魏金奎即魏二，先於本來九月七日在北門外竊取不知姓名人棉袍一件，賣洋九角使用，九月十五日，又在小西關木廠竊取鋸木人外邊懸掛南布大褂一件，賣銅元四十枚使用，九月十六日，又在邵家園子侵入籬笆，竊取種白菜人窩鋪，裏白布褲褂各一件，賣銅元七十枚使用，九月十九日午後九時，又在日租界侵入北方日報社竊取包袱未遂被獲，經日界警署送由警察廳，轉送同級檢察廳偵訊屬實，並調卷訊明。魏金奎另於本年五月二十五日早，在香店胡同侵入張宗祥屋內，竊取夾袍等物，由張宗祥瞥見追捕，鳴警截獲送警察廳判罰工作二十五日。七月五日午後，在城內鼓樓北侵入王宅門房，竊取毛毯、銅元等物，未及攜走即被追獲，送警察廳判罰工作六十日。案經偵查終結，認魏金奎通犯竊盜俱發罪，於九月三十日提起公訴到廳，本廳公開審理，該被告供認迭次行竊得贓各情事不諱，供證確鑿，應即任認為確定

事實依律判決。

理由

據右事實，魏金奎先後犯竊六次，竊取王宅門房毛毯等物未遂，及竊取張宗祥夾袍等物未遂兩案，均經警廳分別判罰工作，惟係行政上警察處分，並非司法上刑事制裁，應仍以六罪俱發論。其侵入竊盜既遂一罪，依暫行新刑律第三百六十八條第一款處一個三等有期徒刑三年，並依同律第三百八十條終身褫奪公權全部。侵入竊盜未遂三罪，依同律第三百七十九條，適用同律第七十條第三項，減同律第三百六十八條本刑一等，處三個四等有期徒刑各一年，並依同律第三百八十條，各終身褫奪公權全部。竊取他人所有物二罪，依同律第三百六十七條，處兩個五等有期徒刑各四月，並依同律第三百八十條各褫奪公權全部三年。罪係俱發，按照刑律第二十三條之規定，於各刑合併六年八月以下最長、三年以上，酌定執行刑期三年又四月，終身褫奪同律第四十六條所列公權全部。判決如主文。

本件經同級檢察廳檢察官華國文蒞庭，執行檢察官之職務。

中華民國　年　月　日

天津地方審判廳刑庭
推　事　　張德滋
代理書記官張文濱

張世鐸殺人既遂及未遂一案

判決

被告人張世鐸，年二十四歲，天津人，住城內，天津監獄看守。

右列被告人因殺人既遂及未遂案，經同級檢察廳提起公訴，本廳審理判決如左。

主文

張世鐸鎗殺張其正既遂一罪，處死刑；又鎗殺任鳳鳴未遂一罪，處一等有期徒刑十年；執行死刑。

槍彈空殼一顆，交天津監獄領回。

事實

張世鐸於民國三年七月考入天津監獄，充當看守警，先在工廠值崗。本年三四月間調至病監值崗，曾與該監巡視警任鳳鳴借衣質押，嗣因鳳鳴追索過急，積有微嫌。又任鳳鳴因常見張世鐸令遊民帶出罪犯、携取對象，屢向勸阻不聽，遂據實報告該管長官，以張世鐸廢弛職務、後監責任重要、該警不稱職守等情，遂於本年九月間將張世鐸調至大門站崗，與大門崗警張紹川及已死之張其正同事。同月十七日晚間，從九點鐘到十二點鐘是張世鐸值班，其次歸張其正接換（蓋該監向章各看守警值崗三時、休息六時，盡夜輪換。大門崗位係歸張紹川、張世鐸、張其正輪值也）。該晚因張其正遲接半句鐘，張世鐸向其詰問，其正隨口答稱，任鳳鳴未經催崗，張世鐸既與任鳳鳴有微嫌，愈不悸。隨至後面叫出任鳳鳴，質對其意。蓋在與任鳳鳴為難，比經質對，任鳳鳴云已向其正催過，張其正見無可抵飾，疑張世鐸故意挑剔，即向世鐸詈罵，順用手中槍柄向毆，世鐸回身跑至醫院門口，見其正仍在後追罵，即轉身施放一槍，正中張其正右鼻竅，子彈由腦後穿出，當時倒地身死。初當張世鐸、張其正、任鳳鳴爭吵時，張紹川在大門口耳室內睡歇，聞聲即披衣趨出排解，甫行至門口忽聞槍聲砰然，火光迸裂，見其正前撲倒地，又見張其正舉槍抽出槍機，將子彈空殼退出，復行關上槍機，又欲對任鳳鳴打擊，張紹川趨前將張世鐸槍機摁住，以好言解勸，奪過槍支，而張世鐸復因任鳳鳴對其斥說數語，掌擊任鳳鳴腮頰，復從張紹川手中奪槍，幸張紹川緊握槍支，揪住張世鐸皮帶，以腳踢任鳳鳴，口中連稱部長，鳳鳴會意，即趨報部長轉稟該管長官，將張世鐸捆縛，電請同級檢察廳詣驗。當經檢察廳派員督吏前往，眼同屍叔張俊朋、被告張世鐸及證人張紹川、任鳳鳴等驗得已死看守警張其正，問年二十四歲，額顱近右磕傷兩處，斜長五六分不等，寬三四分不等，皮破，右耳竅有血流出，右鼻竅有子彈傷一處，圍圓一寸二分，深透至合面，皮肉破爛，傷口作焦黑色，腦後係仰面透過子彈傷一處，圍圓三寸三分，皮肉破爛，有血流出，沿身上下餘無別故，委係被槍彈打傷身死。填寫屍格，取具切結附卷，將被告張世鐸連同空子彈殼一顆，軍帽一頂，文憑一張，小木箱一口，一併送由同級檢察廳集證。一再偵查，以張世鐸犯新刑律三百十一條殺人既遂罪，又犯同律同條殺人未遂罪一罪，於十月初一日訴請公判前來，同日據天津監獄函稱，任鳳鳴病逝沉重，請求速訊。隨電傳

任鳳鳴到廳，訊據供稱，張世鐸因張其正接崗稍遲口角，其正先向世鐸辱罵，並用槍柄追擊，世鐸跑至醫院門口，回身放槍打死張其正。我對世鐸斥說，他又托槍拉開槍機要打，幸經張紹川趕至，將機子按住各等語在卷。當以其病甚危篤，即照該監來函仍交其帶回醫治。提訊張世鐸供稱，與張其正素無仇恨，該晚因其遲來接崗半句鐘，我同任鳳鳴向其質問，其正即開口辱罵，並持槍追擊連被搗後肋數下，我回身用槍撥槍，不料誤觸槍機將其打死，實非故意，並謂無欲槍擊任鳳鳴情事。復詢以槍彈何時裝入，據稱新典獄長到差後，曾下命令，飭巡邏各警於值班時一概裝置子彈云云，當因案開槍斃人命，罪名慕重。該被告是否轉身撥鎗誤觸機關？抑係故意殺害，且荷鎗塞彈是否奉有長官命令？抑係臨時擅自填塞，均非詳慎。研鞫加以切實調查，不能發現真實案情，而成信讞。隨經函致天津監獄詳查，有無飭令各警等塞彈情事，一面復傳集當時在場目擊之張紹川及部長劉錫恒，已死張其正族叔張俊朋等到案。據張紹川供稱，當張世鐸槍殺張其正時，中間距離約有一丈以外，並謂張世鐸既經槍殺張其正，復舉槍欲槍擊任鳳鳴，被我用好言勸止，始將槍械奪回，而張世鐸仍從我手中奪槍等語具結附卷。至袋裝子彈，據部長劉錫恒、巡警張紹川等所供，前後一致，毫無猶移。嗣據天津監獄覆函亦稱，並無命令各警於值班時一概裝入子彈情事，據此該被告所供回身撥槍誤觸鎗機及奉長官命令塞彈等供顯係捏飾其詞，希圖脫卸重罪。任鳳鳴業經因病回籍。查已身故。本案送經審訊，依以上各供語認定，張世鐸犯殺人既遂一罪，又犯殺人未遂一罪是實，合即判決。

理由

據右事實，張世鐸鎗殺張其正既遂之所為，構成新刑律第三百一四條之罪，按律應處死刑、無期徒刑或一等有期徒刑。查該被告因被追回擊，論情似有可原，然而身充看守警一年有餘，監獄規則故所稔知，槍械使用亦所諳練，不過口角事故，竟敢於監獄重地違章塞彈，逞忿殘殺。審按犯罪情節實屬目無法紀，況既擊斃張其正，尤復不知畏懼，仍欲槍擊任鳳鳴，設非張紹川好言解勸奪過鎗支，而任鳳鳴亦斃於一擊之下矣。按諸該被告犯罪惡性實屬重大，其槍斃張其正一罪處以死刑，又槍殺任鳳鳴未遂之所為，亦構成同律同條之罪，惟係未遂，合依第三百二十七條及第十七條第三項規定，於既遂罪刑上減一等為無期徒刑，或二等以上有期徒刑，於此範圍內判處一等有期徒刑十年，係俱發罪依第二十三條第一款，科死刑者不執行他刑例，執行

死刑。空子彈殼一顆，雖供張世鐸犯罪所用之物，惟查係監獄之公有物，應與軍帽一頂交由天津監獄領回，其餘木箱一口、文憑一張，查係被害人所有物，當飭其親屬具領。特爲判決如主文。

本案經同級檢察廳檢察官費蔭綬、董邦幹先後蒞庭，執行檢察官職務。

中華民國四年　　月　　日

天津地方審判廳刑庭

推　事　　屠銓

書記官　　馮葆眞

王振揚等侵佔一案

判決

被告人王振楊，年八十二歲，遵化縣人。

藍　海，年四十八歲，遵化縣人。

右列被告人等因侵佔案件，經同級檢察廳檢察官提起公訴，本廳審理判決如左。

主文

王振楊處二等有期徒刑六年又六月，褫奪公權全部十年。

藍海處二等有期徒刑五年又二月，褫奪公權全部十年。

劉得貴俟獲案後，另行判結。

煙土十二包，沒收。

事實

緣王振楊、藍海均係遵化縣人，王振楊向在該縣充當司法巡警，藍海係備補警役。民國三年十二月十二日，即甲寅年十二月二十六日晚，王振楊、藍海同該縣游緝隊現已在逃之劉得貴因冬防吃緊，奉派查夜。在縣屬南關外東昇客店，查獲私帶煙土客王雨久、韓鶴臣、夏清會等三名，馬三匹，騾一頭，煙土十二包，店東王振東其時適因養病在店。當請該縣商會副會長李紹堯至店，囑爲保護。及李紹堯到店，而劉得貴等葉將人煙騾馬帶走。是夜王

振楊、藍海、劉得貴聯名稟告縣府，將所獲烟土隱匿六包，僅以六包呈交到縣。經該縣陳知事訊明，分別刑法判結在案。嗣因該縣訪聞王振楊有共同隱匿烟土情事，當將王振楊、藍海先後管押，劉得貴聞風逃匿，屢緝未獲。該縣派人至其寓所售出隱匿烟土六包，提訊王振楊等錄其供詞，詳請合辦。十二月二十二日，巡按使公署據函派委赴縣，查明王振楊等隱匿烟土屬實，將本案飭發高等檢察廳，送由高等審判廳決定移轉管轄，同級檢察廳接高等檢察廳飭知提集卷宗、人犯，偵查終結。認王振楊、藍海共犯侵佔公務上管有物罪，於本年十月三十日訴請公判前來，本廳公開審理，被告人王振楊、藍海均各飾詞狡辯，堅不實供，惟本案證據確鑿，該被告等犯罪情事殊屬無可諉飾，據下列各點認定本案事實論斷如左：

（一）王振楊、藍海、劉得貴平日同在該縣辦公，素相認識。當日既同奉派查夜，獲案之後又繫聯名報案領賞，則拿獲烟土實在數目，王振楊決無事前毫不知情之理，若如王振楊等所供查烟帶案均係劉得貴一人辦理，當時報案領賞盡可自己出名，否則同隊之人可以聯名者甚多，何必獨拉同司法巡警王振楊等一人，而使伊等得以分用賞金（五月十五日，王振楊在檢察廳供稱分洋三元），王振楊等所供虛偽，即此一節已可概見。

（二）檢閱遵化縣原卷，是日拿獲烟犯王雨久等三名，係由三河縣人何瑞成途遇查知，馳赴警隊報告，藍海、劉得貴等因而得以截獲，嗣該縣知事訪得王振楊等有共同隱匿烟土情弊，即先票傳何瑞成到案質訊，據何瑞成在縣供述，（四年二月九日供）當時所獲烟土數目經伊目睹，確係十二包。藍海供詞亦有搜獲烟土十二包，經劉得貴隱匿六包之語（二月十日供）。本廳詳加研訊，王振楊等並不承認有何瑞成聞風報信之事，藍海且堅稱，在縣並謂如此供過。觀其供詞支捏，故意隱晦當時實在事實，足見情虛畏罪，欲蓋彌彰。

（三）本案經禁烟善後局派員馳往該縣嚴密調查，當日王振楊等查緝烟犯王雨久等三人，實在情形，所獲烟土數目、分量以及王振楊、藍海、劉得貴隱匿分肥各情弊，言之確鑿，均係訪諸與論證以耳聞，使王振楊、藍海果無共犯行為，何至眾口一詞，咸指為本案分肥之主要。檢閱禁烟局詳覆巡按使文件，案內真相殊屬瞭然。

綜觀以上各論點，王振楊、藍海、共同在逃之劉得貴隱匿獲案烟土，希圖朋分獲利，證據鑿切，自未便聽其狡展，除函至遵化縣嚴緝劉得貴，務獲解案，另行核辦外，本案供證確鑿，應即認爲確定事實，依律判決。

理由

據右事實，王振楊、藍海身充司法巡警，於辦理烟土案時，共同在逃之劉得貴隱匿獲案烟土六包，實屬公務上之管有物，均構成暫行新刑律第三百九十二條之罪，應依同條各於本刑二等或三等有期徒刑範圍內，判處二等有期徒刑，酌定王振楊刑期六年又六月，藍海刑期五年又二月，並依同律第三百九十五條之規定，各褫奪同律第四十六條所列公權全部十年，共犯劉得貴應俟緝獲到案後另行判結。煙土十二包係供犯罪所用之物，依同律第四十八條第二款沒收之。爰爲判結如主文。

本件經同級檢察廳檢察官華國文蒞庭，執行檢察官之職務。

中華民國四年　月　日

天津地方審判廳刑庭
推　事　　張德滋
書記官　　張文濱

張輔廷詐欺取材一案

判決

被告人張輔廷，即張恩綸，年四十一歲，天津人，監務河東義界。

右列被告人因詐欺取材案件，經同級檢察廳檢察官提起公訴，本廳審理判決如左。

主文

張輔廷處四等有期徒刑一年又八月，褫奪公權全部八年。

事實

緣張輔廷與姜桐軒及前充本廳民庭執行處繕寫員王相衡即王爕夫素相認

識，姜桐軒前因債務經李紹蓮控告，判決執行被押，並須拍賣、查封傢俱備抵債款。張輔廷當以能保不令拍賣傢俱必須用洋五百元運動，王相衡可以贖出等語，高由姜桐軒家屬，於本年舊曆二月二十、二十七日等日陸續付洋二百九十元，乃事閱未久，姜桐軒前輩查封之傢俱仍由本廳發交商會拍賣，並經本廳發見張輔廷、王相衡有籍端索詐情事，將王相衡免職，函送同級檢察廳實施偵查。據姜桐軒供明前情，並提出張輔廷原信二封及王相衡抄批一件，認為詐財屬實。送傳張輔廷在逃未獲，當將王相衡訴經本廳先行判決徒刑，轉送執行在案。嗣張輔廷潛回津埠山義界，工部局扣獲、報知同級檢察廳繕票飭提歸案，偵訊終結，於十一月三十日訴請公判前來，本廳公開審理，被告人張輔廷供認姜桐軒交案各信係伊寫給唯於收受姜桐軒洋元暨認識王相衡均各飭詞狡展，堅不承認。據其當庭所屬各節無非以支離掩飾之語，希圖脫免罪狀，不惟不能提出絲毫反證，有時情詞自相矛盾，揆之情理多不可通。查本案張輔廷共同王相衡藉代姜桐軒保存傢俱為名，先後索詐洋銀二百九十元，前本廳於審理王相衡案時，業經質證明確並核對抄批，字迹確係王相衡親筆書寫，現張輔廷既供認姜桐軒交案信件係伊寫給，按之當時事實因果關係頗相關聯，犯意、犯行已極顯著。況查本廳執行處傳票期日，張輔廷均先知悉，屢函報告，而姜桐軒家交付洋元時日舊曆二月二十日即四月四日、二月二十七日即四月十一日，又各在四月三日查封以後詐財情弊尤為確切，可徵張輔廷既云於王姓認識、共事多時，乃於其名號、住址、職業均不能明確答覆，豈非故意捏飾力為自己認識王相衡解脫地步，則所謂河南人王姓者即係王相衡之變語反覆推勘，益可證明。案經審訊明確，證據充分，未便聽其狡辯，應認定張輔廷共同詐財為本案確定事實，依律判決。

　　理由

　　據右事實，張輔廷共同王相衡詭稱為姜桐軒運動保全查封傢俱，索取運動洋費二百九十元，覈其情節，係意圖為自己之所有，而以欺罔手段使人將所有物交付於己，適構成暫行新刑律第三百八十二條第一線之詐欺取材罪，應依同律第二十九條前段之規定，適用同條項於本刑三等至五等有期徒刑範圍內判處四等有期徒刑，酌定刑期一年又八月，並依同律第三百八十九條，褫奪同律第四十六條所列公權八年。爰為判決如主文。

　　本案經同級檢察廳檢察官華國文蒞庭，這些檢察官之職務。

中華民國四年　　月　　日

天津地方審判廳刑庭
推　事　　張德滋
代理書記官張文濱

劉壽岩瀆職詐財案

判決

被告人劉壽岩，年三十四歲，天津人，住西門外，前看守所所丁長。

右列被告人因瀆職詐財，經同級檢察廳檢察官提起公訴，本廳審理判決如左。

主文

劉壽岩對於楊筱峰詐欺取財未遂之所爲，處五等有期徒刑六月，褫奪公權全部二年，又對於楊筱峰凌虐之所爲，處三等有期徒刑三年，褫奪公權全部六年，因而致楊筱峰身死之所爲，處二等有期徒刑五年，應執行刑期爲六年，褫奪公權全部八年。

事實

劉壽岩於前清宣統三年，在天津看守所充當所丁，去年三月升充所丁長。本年八月十七日因天津警察廳移送形迹可疑人犯楊筱峰一名，同級檢察廳偵訊後發交該所看管。九月九日，據該所詳報，楊筱峰於夜半三時許突將同號押犯姚德全、朱二、齊錫朋等毆傷，似有精神病狀，因即施以鐐銬以防不測等情，經同級檢察廳檢察官單豫升提案偵查，據楊筱峰供稱，因同號人姚德全等向其逼要三元，無錢給付致被虐待，故無法毆打云云。姚德全因傷惟以手形容，未能供述。據齊錫朋供稱，並未向要三元，僅要銅子三四枚爲買茶葉之用，復詢其僅要三四枚銅子何致被毆，則稱因有人用鐵器將其劃傷，故他打我們。詰係何人將其劃傷？又稱不知。據朱二供稱，向要三個銅子屬實，據丁六供稱，聞係因錢毆打，可不知要什麼錢？末謂昨日我父給我送洋一元，換成銅子，分給同號每人三枚各等語，分別具結在卷，飭吏驗明姚德全、朱二、齊錫朋傷痕，並驗明楊筱峰右中指實被鐵器劃傷二處，出具鑒定書存卷，

當庭將楊筱峰鐐銬摘下，還所管收，而該看守所即於是日將楊筱峰撥入第一號籠內看押矣。九月十二日，同級檢察廳檢察官單豫升因公入所，楊筱峰極口鳴冤，隨據該所所長詳稱：據所丁長劉壽岩報稱，楊筱峰於初十日午後七時在號喊嚷並捶董籠門，因又加以繩縛械具等情，經檢察官單豫升批「呈報太遲，是否屬實，候查明核奪」，一面提訊楊筱峰，據稱前我在庭供出伊等，勾串所丁長向我勒索洋元，伊等忿怒，收所後，所丁長多人將我捆打周身是傷，三十日內亦未給我伙食等語，飭驗楊筱峰額顱左右、兩太陽穴、右肩甲、兩手腕、胸膛、肚腹、右胯、左臁肋等處，共有繩縛及磕擦傷十餘處。同時又驗得楊筱峰面貌焦黃、言語氣短、行動艱難，病恐加重，均取具鑒定書在卷。而從是日起，即據該看守所呈報，楊筱峰患病矣。月之十七日，該所報稱，楊筱峰病勢加重。當經同級檢察廳提交地方吳起升領出醫治。至二十七日，據地方吳起升報稱，楊筱峰於早六時身死。復經同級檢察廳派員詣驗，驗得楊筱峰周身繩勒及磕擦傷痕均已結痂，委係因病身死，填注屍格附卷。此楊筱峰於八月二十七日收所，至九月十七日領出後在外身死之經過情形也。嗣高等檢察廳以所丁長劉壽岩對於楊筱峰確有虐待及詐財嫌疑，停職歸案訊辦。經同級檢察廳檢察官董邦幹實施偵查，認劉壽岩有刑律第一百四十四條及第三百八十二條俱發罪之嫌疑，添具理由書請求預審。本廳預審推事張德滋預審終結，分述理由兩則，認劉壽岩犯暫行新律第一百四十四條及同律第三百八十二條之罪，轉由同級檢察廳送請公判前來。本廳提集人證公開審理，劉壽岩供詞閃爍，異常狡展。齊錫朋業因另案執行死刑無從訊問。姚德全、朱二、丁六等均力為劉壽岩諱飾，堅稱無詐財、虐待情事。傳訊地方吳起升供稱，於陰曆八月初十日（即九月十七日）將楊筱峰領出，身上、胳膊等處均有繩縛傷及劃擦傷屬實。復訊劉壽岩，供仍狡執，對於虐待、詐財兩點，恃無質證，多方狡辯。惟本案於偵查及預審中分列各論點已足，充分證明。茲經本廳依審訊所得並綜覈筆錄始末，復經調查認定劉壽岩確有犯罪事實，縷分如下：

（一）關於劉壽岩詐財之證明

查已死楊筱峰九月初九日生供，謂姚德全等向其逼索三元，齊錫朋、朱二等亦稱向要銅子三四枚為買茶葉之用，當時並無一人謂楊筱峰係因瘋打人者，據此無論所索為三元抑為銅子三四枚，總之，楊筱峰初八日夜半毆打姚德全等，非由於精神病，而由於被逼索錢。按照初九日人手各供詞，皎然明

白。查初九日該所長詳報，楊筱峰似有精神病之一報呈，實以劉壽岩之報告為基礎（見十月十七日偵查筆錄、十月二十五日預審筆錄、十二月十四日公判筆錄劉壽岩之供述），劉壽岩果無迫令姚德全等逼索楊筱峰銀洋情事？何以同號押犯因錢爭毆，而該所丁長不據實報告，捏稱為似有精神病狀，籍圖掩蓋真實，究屬是何居心？查丁六供詞亦稱，他們因錢毆打，可不知為什麼錢？丁六與姚德全、楊筱峰同居七號，果係因銅子三四枚啓釁，丁六何以不肯據實直陳？姚德全傷甚輕微，何以偵查時僅以手形容，不肯供述。試觀丁六之語，多顧忌姚德全之緘默不言，此種情弊顯然可見。再查丁六供稱，昨日我父給我送洋一元，換成銅子分給同號，每人三四枚，其敢怒不敢言之情況，似若重有隱恨者。劉壽岩身充所丁長，凡各押犯之一舉一動，豈得諉為不知。至九月十二日，楊筱峰第二次供詞，直明指為勾串所丁長向索三元，楊筱峰果有瘋疾，何以兩次供述清楚明白，而所稱之洋數又復前後符合，劉壽岩果未向其詐財，楊筱峰與之素無仇怨，何以不指所長、所官、所丁，而曰所丁長，前後互證，參觀劉壽岩之詐財顯然無疑。

（二）關於劉壽岩對楊筱峰強暴凌虐之證明

查楊筱峰偵查中供稱，他們虐待我甚苦，齊錫朋亦供稱，因有人用鐵器將他劃傷。檢閱初九日驗單，楊筱峰右中指確被鐵器劃傷兩處。又丁六前後供詞均有楊筱峰弄開手銬打人云云。可見，楊筱峰未打同號人之先，業經被加械具矣。而劉壽岩對於此點，在預審中供稱，是否帶有手銬我不敢斷定，在公判中稱進去時就帶有手銬（見十二月十四日劉壽岩供詞），查看守所規則，第六十四條，被告人入所時原帶有刑具者，須將刑具名色詳細登簿。本廳調閱原簿，據看守所復稱無從檢呈，則楊筱峰初九日以前之手銬，究屬何時所加。劉壽岩職司所丁長萬無不知之理。試觀其前後供詞，岐異情虛，詞絀弊實顯然，此可為劉壽岩凌虐楊筱峰之證明一。

查九月十二日看守所呈報，楊筱峰於九月初十日午後七時許暴動，因即施以械具云云，何以十一日匿不呈報，質訊劉壽岩供稱，因十一日是星期（見十二月十七日劉壽岩供詞）。本廳檢閱本年曆書九月十一日是星期六九月十二日是星期，該所丁長果係以適法行為於星期五晚間對於楊筱峰加以械具，何以不呈報於星期六辦公之日，而呈報於星期休息之日，而且不呈報於檢察官未入所之先，而補呈報於楊筱峰呼冤之後（批有呈報太遲字樣），其為對於楊筱峰私加刑具情節昭著，此可為劉壽岩凌虐楊筱峰之證明二。

查所官黎遐齡在檢察廳清供一紙，內稱單檢察官令將楊筱峰所帶鐐銬摘下，仍就還收。我為預防危險起見，即將楊筱峰撥入第一號籠內看押，此九月初九日之事等語。本廳審訊劉壽岩供稱，初八日當晚就撥到一號去的。查九月十二日楊筱峰生供稱，因我前在庭供出他們勾串所丁長向我勒索銀洋三元，他們忿怒，收所後，將我捆打周身是傷云云。證所官之清供與楊筱峰之供述，可見楊筱峰撥入第一號看押確在初九日供出詐財以後。劉壽岩改稱係初八日，供詞虛偽，明係百計彌縫，希圖卸責。加之楊筱峰自撥入一號看押後，即遍體傷痕累累，復證以劉壽岩匿不具報之種種情形，愈可認為因忿凌虐之鐵證，此可為劉壽岩凌虐楊筱峰之證明三。

查楊筱峰從八月二十七日因嫌疑案收所，經歷十餘日之久，並未有絲毫病症，迨九月初九日偵訊時，除右中指驗有劃傷兩道外，其它亦無何等傷痕，何以僅隔兩日至十二日復驗，楊筱峰乃受傷至十二處之多，同時並驗得楊筱峰面黃氣短、行動艱難，病狀已形沉重，可見因初九日供出詐財入所後，百般凌虐之狀況矣。據楊筱峰供稱，三四日未給飲食，按照十二日驗病鑒定書觀之，實非虛語。此可為劉壽岩凌虐楊筱峰因傷致病之證明四。

（三）關於劉壽岩凌虐楊筱峰因而致死之證明

楊筱峰身死一節是否因傷所致，應以其傷害行為與結果間有無因果關係之聯絡為斷，檢閱九月十二日楊筱峰傷單，除周身繩勒、磕擦傷外，其最重要者為胸膛繩勒傷二處及肚腹擦傷一片，傷痕零星難量分寸，同時復驗其傷勢甚重，是其受傷之日即其罹病之時，因傷致病已可立證。覆查同日該所報告，楊筱峰病呈稱肚腹疼痛。十三日報稱腹痛身疼，顯係因傷致病。

據地方吳起升供稱，領出楊筱峰時身上有劃傷胳膊上有繩勒傷，每日瀉泄黏水等語。迨至楊筱峰身死後，復經同級檢察廳驗明，傷痕、繩勒痕均結痂，肚腹繩勒痕處已結痂，當日受傷之重概可想見。如果因施加械具僅縛十餘分鐘，何至閱七八日後繩跡傷痕儼然俱在。據此楊筱峰之死雖因於病，而致病之由實緣於傷，其死亡之結果既未加入其它有責任人之行為，則其因果之聯絡當然不能認為中斷，而劉壽岩即應負其責。

依上述各論點劉壽岩對於已死楊筱峰，因詐財未遂收所後泄忿凌虐致令楊筱峰得病身死，證據確鑿，合即判決。

理由

據右事實，劉壽岩迫令朱二、姚德全等對於楊筱峰詐財未遂一罪，犯罪

主體雖在三人以上，惟據檢察及當庭論告稱，姚德全等均係看守所管押人犯，係被劉壽岩利用，處於被動的地位，實無自發之能力，即不能謂爲有共同犯罪之意思，自與三人以上共犯詐財者，其情形有別等語，劉壽岩應依新刑律地三百八十二條，同律第三百八十八條及第十七條第三項規定處斷，惟審按犯罪情節較重不予減等。於第三百八十二條三等至五等有期徒刑範圍內判處五等有期徒刑六月，並依第三百八十九條褫奪公權全部二年，又因詐財未遂將楊筱峰改押一號後凌虐楊筱峰一罪，應依第一百四十四條處斷，審按犯情較重，於三等至五等有期徒刑有期徒刑範圍內酌從高度判處三等有期徒刑三年，並依第一百五十條褫奪公權全部六年，又因而致楊筱峰身死一罪，合依同律同條第二項援用第三百十三條第一項規定，於無期徒刑或二等以上有期徒刑範圍內酌定從低度判處二等有期徒刑五年，係俱發罪依第二十三條第三款，於合併刑期八年六月以下、最長刑期五年以上，酌定執行刑期爲六年，褫奪公權全部八年。至朱二、姚德全等與劉壽岩共犯詐財，查檢察廳請求預審理由書，雖以朱二等具列於嫌疑人之列，惟是否共犯起訴，文中未經確定。迨本案送付公判，亦未對於朱二、姚德全訴追。當庭知照檢察官請求處分，檢察官論旨謂朱二等同爲該所押犯，處於劉壽岩積威之下，受其強迫，免予起訴等語，應即無庸置議外，特爲判決如主文。

本案經同級檢察廳檢察官蔯庭，執行檢察官之職務。

中華民國四年　月　日

天津地方審判廳刑庭

推　事　屠　銓

代理書記官馮葆眞

高寶珍殺人一案

判決

被告人高寶珍，年二十七歲，東光縣人，住天津楊柳青津浦鐵路六號，道房作工。

右列被告人因殺人案件，經同級檢察廳檢察官提起公訴，本廳審理判決如左。

主文

高寶珍殺害謝進才之所為，處無期徒刑，褫奪公權全部二十年。

事實

緣高寶珍籍隸東光縣，旋來天津，與被伊擊斃謝進才均在津浦鐵路清站北六號道房作工。謝進才係二工頭，隨同大工頭尹和瑞帶領工人作活。高寶珍自謝進才升為二工頭後，即抱不平。旋謝進才於去年十一月間，忽將高寶珍與同夥尹炳福對調，工資減為六元六角（高寶珍本繫月薪七元），高寶珍是又懷恨，乃謝進才仍欲尋隙將伊開除，因此益憤。本年一月六日上午九時頃，謝進才帶同高寶珍等在該站十五啓羅八百米達東西軌道作工，高寶珍乘謝進才首枕軌道頭北臉東視察路線時，即用作工鐵鎬將謝進才額顱、右耳、右腮頰相連上下唇吻及頜頦毆傷、奇重，移時殞命。高寶珍意圖遁逸，即經尹和瑞喚飭同夥陳新有當場抓獲，送經鐵路警備隊駐津辦公處，轉送同級檢察廳，飭吏驗明屍身，謝進才委係檢鐵器毆傷身死，填格附卷，提起公訴到廳。訊據尹和瑞、陳新有，並同夥作活之高玉端供述，前情無異，送經研鞫，高寶珍秖認砸石做活誤碰謝進才後腦云云。查謝進才最重傷處即在額顱、右耳、右腮頰相連上下唇吻及頜頦等處，如上所稱，不特核與屍格及傷痕鑒定書所載情狀不符，即與該被告在檢察廳偵查時初訊結稱（身正與謝進才在鐵道上作工之際，念及伊恨，心覺眩暈，將鐵鎬舉起，將伊打傷身死云云）亦背，果係誤傷，當時何必意圖遁逸？並何以不供明於該被告被捕及在檢察廳初訊時，而翻異於已具結供之後，矧無何種反證提出，足以證明純係空言遁飾，冀圖脫免罪刑，自未便任其狡展致滋輕縱，然猶恐不足以成信讞，用資折服。復經詰訊尹和瑞結稱，高寶珍將謝進才打死後，據稱與謝進才有恨，早要將他打死云云。據此益足證明高寶珍擊斃謝進才早具決心，洵非誤傷，實係故意無疑義。供證確鑿，應認定高寶珍故意殺害謝進才屬實。

理由

據右事實，高寶珍乘謝進才首枕軌道查路線之際，觸念宿恨，頓起殺機，遂用鐵鎬將謝進才擊斃，實構成暫行新刑律第三百十一條之殺人罪。惟查該犯雖因積忿所致，實因謝進才減資尋隙所致，覈其情節不無可原，如除本條所定最高度主刑，轉失情法之平，應於本條所定死刑、無期徒刑或一等有期

徒刑範圍內酌處無期徒刑以懲兇實而昭公允。並依同律第三百三十一條及第四十七條、第四十六條之規定，褫奪公權全部三十年，除鐵鎬一柄查係津浦鐵路公司所有物，應傳物主認明給領外，特爲判決如主文。

本案經同級檢察廳檢察官華國文蒞庭，執行檢察官之職務。

中華民國五年　　月　　日

天津地方審判廳刑庭

推　事　　俞　鍾

書記官　　王學書

郭成章等傷害一案

判決

被告人郭成章，年三十三歲，天津縣人，住小辛莊，種地。

　　　郭金聲，年二十二歲，同

　　　王　二，年十九歲，天津縣人，住河東，在哈利洋行當馬夫。

右列被告人等因傷害致廢疾案，經同級檢察廳檢察官提起公訴，本廳審理判決如左。

主文

郭成章處五等有期徒刑六月。

郭金聲、王二均無罪。

事實

郭成章住天津小辛莊，有園地數畝，與武長清園地毗連，兩家素有嫌隙。本年六月二十一日（即陰曆五月二十一日），郭成章以大車載麥子經過武姓地內，武長清斥其軋毀麥苗，持斧恐嚇，郭成章奪斧將武長清砍傷，其兄武長元向四鄉警察第五分署訴稱，郭成德弟兄、侄甥等四人持斧將伊弟砍傷等情。郭成章旋亦自行到區，該區添傳郭金聲一併送由同級檢察廳，飭吏驗明武長清額門、左肩胛、左手腕、左手大拇指鐵器傷四處，右後肋木器戳傷兩處，右肩甲、右腿近上墊擦傷各一處。又驗得郭成章左手四指口咬牙齒痕兩個，

右胳膊、右膝、左肐肘等處各有墊擦傷痕。偵訊中，據武長清供稱，係郭成德、郭成章、郭金聲、王二分持斧棍毆傷。復添傳郭成德、王二到案偵查終結，除以武長清咬傷郭成章之所爲係出於正當防衛外，認郭成章、郭金聲、王二共犯新刑律第三百十三條第二款之罪，訴請公判前來，本廳開庭審訊。據武長清供稱，五月二十日，郭成章趕大車從伊地內行走，伊向其攔阻口角。次日，郭成德率領郭成章、郭金聲、王二截伊於路，先由郭成德劈頭一斧，將伊砍昏倒地，嗣郭成章執斧，郭金聲、王二各執木棍亂向毆砍，致傷多處，並稱郭成章手指係伊奪斧咬傷云云。據郭成德供稱，伊從五月半間到西沽義昌永酒店幫忙，至檢察廳票傳時，始知伊弟與武長清有互毆情事，請求調查。據郭成章供稱，伊家有地四畝，四圍皆武姓田地，前因武姓欲買伊地，未允有隙。五月二十日，伊用大車拉麥子經過武姓地內，武長清不讓行走，持斧恐嚇，繼一揚手被伊將斧接過，復因武長清咬傷伊之手指，情急將武長清砍傷，王二、郭金聲實均爲在場，並稱斧頭係武姓所有物，有解勸人李西氏、劉二目睹可以證明。據王二供稱，伊向在英界哈利洋行充當馬夫，今年五月二十八日始被裁撤，何能於前此數日有幫毆情事，請傳哈利洋行馬夫頭宋德發訊問。據郭金聲供稱，前在景德合洋貨莊學徒，本年四月間歇業，回家每天學習寫算，向不出門，實無幫毆情事。票傳案內各人證，續經開庭審訊。據義昌永司賬徐潤生供稱，五月間鋪長陳仲三患病，請郭成德到鋪中幫忙，由五月半間起，始終並未離鋪，至前次檢察廳傳喚時，郭成德始行來案云云。據宋德發供稱，五月二十一日，王二尚在哈利洋行，至五月二十八始被裁退。據劉二供稱，該日路過南河邊，聞李西氏喊叫拉架，趕往見郭武二人臥地揪扭，旋武大亦趕到，拉開完事，並親見有大車一輛停放路側，至因何打架，鋼斧係何人所有？伊係爭打後趕到，故不知道。據李西氏供稱，該日伊拾取麥子，見武二（即武長清）至水車房內拿出鋼斧一柄，旋見與郭洛（郭成章）互毆，侍伊往勸，武二已經受傷，未幾劉二、武大均趕到拉散。當時除郭武二人互毆外，實未見何人在場幫助各等語。分別飭令具結附卷。覆訊郭成章與武長清，對於鋼斧均不承認爲自己所有物，且武長清堅稱，五月二十日郭成章趕大車軋毀伊地麥苗，次日郭成德率眾將伊毆傷。郭成章則稱，大車經過武姓園地及伊砍傷武長清均係五月二十一。同日之事，兩造供詞各執，再三究詰，矢口不移。當庭飭吏覆驗被告人武長清額門、肩甲等處，均已結痂，惟左手腕外皮雖已結痂，尚有紅腫，恐有減衰機能之虞。覆驗被告人郭成章

左手第四指，業已結痂，察其痂痕，色赤，大約平復甫二十餘日，均出具鑒定書在卷。除郭成德未經同級檢察廳起訴毋庸置疑外，本案依迭次審訊及證言所得，武長清所受傷害確爲郭成章奪斧砍傷，郭金聲、王二均不在場。試分述其認定各點於下：

（一）認定郭姓大車經過武姓園地及砍傷武長清，同在五月二十一日

此案發生之原因，是否因郭成章於五月二十日大車軋毀武姓麥苗口角，次日郭成章等持斧邀截武長清砍傷？抑係五月二十一日郭成章大車經過時與武長清口角爭毆，遂將武長清砍傷？此點爲本案最要關鍵。據武長清先後供述，雖稱五月二十日郭成章大車軋毀伊地內麥苗，向其理論，故次日郭成德率眾即將其砍傷云云。然郭姓果於五月二十日軋壞武姓麥苗，次日武姓既未計較，郭姓何至反行率眾尋仇，此種供述姑無論於情理不合，即就武長清一面觀察，恐亦未能如此情甘退讓，矧引李西氏、劉二均在場目擊，郭洛（郭成章）與武二（武長清）爭毆時，有大車在路側停放，愈可證明被害人捏飾其詞，爲圖牽涉多人地步。至李西氏、劉二證言是否眞實，查閱郭成章在檢察廳偵查中，即狀請添傳李西氏、劉二作證，而武長元、武長清亦曾在檢察廳狀稱，郭成德糾眾行凶，附近各村無不周知。除趙中慶及該村巡警與郭姓有密切關係外，其它無論何人皆可徵求證言，則李西氏、劉二自不在該被害人拒卻之列。再查該被害人在檢察廳另狀復稱，幸經鄰祐多人勸解，伊等方始住手云云。其所謂附近各村、所謂鄰祐多人，究係誰？何人？何以本廳一再訊問，始終不能將姓名舉出，輒以砍傷之際不省人事，何人在場不能辨識各等語，搪塞之供狀顯有齟齬。據此，李西氏及劉二之證言既非虛僞，則依此有傚之證言，即可證明郭成章大車經過武姓田地及砍傷武長清，均爲五月二十一日天日之事。

（二）認定鋼斧係被害人所有物

鋼斧係何人所有物爲本案重要問題。據上述第一點觀之，郭成章大車行走武姓地內及砍傷武長清，既爲同一日之事實，當郭成章趕車從武姓地內經過時尚未預見有互毆情事，自無傷害人之意思，何須攜鋼斧？況李西氏結稱，見武長清從水車房內取出鋼斧，旋見與郭成章打架，而武姓並不能提出反抗證據。再按照武長清供稱，伊與郭姓均係園地、不是田地，採取麥子用手拔，不用刀割，尤可見鋼斧非郭成章代替鐮刀爲割麥所用。鋼斧既非被告人所有物，又經證人李西氏親見武長清從水車房內取出，其屬於被害人所有無疑。

（三）認定武長清之傷害係郭成章一人所為

武長清究被郭成章一人砍傷，抑被郭成章、郭金聲、王二共同砍傷，自應按照檢驗傷單與各證人之證言及被害人之供述為斷。查傷痕鑑定書載，武長清除被斧砍傷數處外，右後肋有木器戳傷兩處，圍圍二寸三四分，此外無何等木器傷痕，而武長清在同級檢察廳偵訊中狀稱，王二、郭金聲兇惡異常，舉棍亂打；公判中稱，郭金聲、王二持棍打伊多下，郭金聲、王二果係持棍在場，自無不幫毆之理，何以被害人並無木器毆打傷痕，驗單謂係戳傷，與毆擊成傷者自有區別。且據證人宋德發、李西氏、劉二各供結，均可證明郭金聲、王二並未在場，而郭成章身上復有墊擦傷多處，可知武長清之木器戳傷兩處，係與郭成章臥地奪斧時為斧柄戳傷所致，按之情形較為符合。

依以上各論點認定，郭成章奪斧傷害武長清，郭金聲、王二均無幫毆情事是實，合即判決。

理由

據右事實，郭成章傷害武長清至廢疾之所為，應依新刑律第三百十三條第二款處斷，惟查犯罪原因，由於武長清持斧向其威嚇、攔阻行走，故奪斧將武長清砍傷，釁端非由該被告發生，論理尚有可原。合依第五十四條於所犯本刑一等至三等有期徒刑上酌減二等，判處五等有期徒刑十月。王二、郭金聲不能證明有犯罪情事，應即宣告無罪。鋼斧既據證人證明為被害人所有物，自應飭其具領。本上理由，爰為判決如主文。

本件經同級檢察廳檢察官費蔭綬蒞庭，執行檢察官之職務。

中華民國五年　月　日

天津地方審判廳刑庭

推　事　屠　銓

代理書記官馮保眞

馮月如等竊盜一案

判決

被告人馮月如，年十六歲，任邱縣人，住豐潤縣，無事

　　　馮恩甲，年二十五歲，天津縣人，住本埠，在萬能小輪船查票

右列被告人因竊盜案件，經同級檢察廳檢察官提起公訴，本廳審理判決如左。

主文

馮月如犯三個竊盜罪，處三個五等有期徒刑兩月，執行刑期三月。

賠償贓物銀洋四十一元，交馮恩甲具領。

青緞皀鞋一雙，當票一張，男女名片十六張，均著馮月如領回。

馮恩甲無罪。

事實

緣馮月如年少輕浮，慣事遊蕩。於本年九月二十三日，由津乘萬能小輪船赴大沽遊玩。當由該輪艙房內會晤查票人馮恩甲，充認族叔，見馮恩甲出示北京銀行鈔票四十一元，研究價值，嗣馮恩甲到船內查票，乘間將該票洋全數竊去，到大沽下船。經失主知覺查尋未獲，越日在南市撞過，扭交偵緝隊，供認竊票情事，並究出竊去妓女曹雙玉金戒指及蘭芬衣服等情，送由警廳轉送同級檢察廳偵訊。馮月如、馮恩甲兼有共同賭博行為，併案起訴到廳，本廳開庭審理。據馮恩甲供稱，在萬能小火輪查票，本年陰曆六月二十六日，馮月如搭船到塘沽，坐頭等艙，該艙距票房甚近，至鹹水沽時，他進我票房問我姓名，敘及同宗。他說伊父亦恩之派，稱我為叔，言到塘沽閒玩。當為談及北京鈔票顏色等事，我當從腰中取出鈔票予伊看視，係北京中國銀行票四十元、交通票一元，看過即放在皮匣內，我出去驗票。該票洋四十一元被被馮月如竊去，船抵塘沽，馮月如下船去後，我開皮匣查看，知票洋被他竊去。當尋馮月如無著，後至天津稟告探訪局。第三日在廣益大街撞見馮月如面，扭歸偵緝隊訊明行竊情由，送案到廳等語。馮月如供稱，因與繼父母淘氣出來，由張蘭芝引進認識萬能小火輪司帳人馮恩甲。那日我在天津搭輪至塘沽遊玩，上午九句鐘開輪，二句餘鐘到塘沽，三句鐘由馮恩甲約我、連船上車姓、并在岸上開鞋鋪之人，共四人在船打牌。我輸去現洋六十多元，連戒指作洋十一元，供七十五元。後向馮恩甲借錢不允，同往盆塘洗澡，竊他票洋四十一元，給馮恩甲留封信交給車姓，令車姓侍我下船後再給馮恩甲，

信在船上寫的。後馮恩甲在天津南市將我抓獲送案。曹雙玉之金戒指是送我的，蘭芬女掛兩件是他托我修飾起油，我當四元用了等語。查本案馮月如竊取馮恩甲鈔票情節顯然，然至曹雙玉之金戒指及蘭芬女掛等件，雖未明認竊得，已當庭承認取得該物是實，前經偵緝隊在娼窯查明，該被告已無狡展之餘地，應認定馮月如行竊屬實，所供因賭行竊不能證明確有賭博行為，依此即下判決。

理由

據右事實，該被告馮月如竊取馮恩甲票洋四十一元，又曹雙玉金戒指一個及蘭芬女掛兩件之所為，均犯新刑律第三百六十七條之罪，處以三個五等有期徒刑，至賭博行為，查據馮月如供稱，下午兩句餘鐘船到塘沽，三句鐘時約集岸上之人來船打牌，事實上有所不能。既供澡堂同時洗澡竊去票洋，何肯復到船上寫竊洋之信交給船上之人，種種謊言不過圖陷他人犯罪，毫無理由，不能成為事實。核與第二百七十六條之罪不相當，賭博罪當不成立，馮恩甲因宣告無罪。故判決如主文。

本件經同級檢察廳檢察官華國文蒞庭，執行檢察官之職務。

中華民國五年　月　日

天津地方審判廳刑庭

推　事　　劉金選

代理書記官張文濱

李少卿竊盜一案

判決

被告人李少卿，年二十四歲，天津縣人，住西頭鞋作。

右列被告人因竊盜案件，經同級檢察廳檢察官提起公訴，本廳審理判決如左。

主文

李少卿無罪

事實

緣李少卿與張三均以鞋作爲生，係住同院。去年九月六日晚，張三外出，將門閉抵，稍遲即回。檢點屋內對象，失去物彩華鞋鋪交來工作鞋六雙。後由張三師兄弟侯林起說出，在李少卿手買過未作成之鞋一雙，係物彩華字號，計價銀洋一元。旋因上成不合腳穿携，向李少卿之兄李少山退回，退出大洋一元。張三即據所證，以李少卿竊鞋六雙是實，鳴警送署，轉送同級檢察廳偵查起訴到廳，本廳開庭審理。據告訴人供稱，李少卿與我住同院，他亦是鞋作，因那日晚間我出外回歸知屋內失去未作成之鞋六雙，後遇侯林起談及此事。他說買過李少卿未作成之鞋一雙，係物彩華字號，價洋一元，後因不合穿，又將原鞋在李少卿之兄李少山手內退回，交還大洋一元，以此知鞋六雙均爲李少卿所竊，求實追究等語。證人侯林起供稱，民人係鞋作手藝，與張三是師兄弟。那日張三說迷了物彩華交來之鞋六雙，民人即言曾向李少卿手內買過該字號未作成之鞋一雙，計洋價一元，因不合穿携，向李少卿之兄李少山手退回，還我大洋一元，我買鞋之錢係八月初五日在內福興鞋鋪賣皮子一把，計價洋一元又銅子五十枚等語。被告人李少卿供稱，民人與張三住同院，實未竊張三之鞋，並無買鞋與侯林起之事，侯林起前在我處做過工，因辭工移至鄭七處，帶去我錐子兩把，我哥子向彼索要，大爲爭吵，依此挾嫌，故謊言民人有賣鞋與彼之事，以圖民人犯罪，求恩調查追究等語，當派警查明侯林起同院鄰居，均不知侯林起買鞋情事。又據李少卿同住鄰人均稱不知侯林起到李少山處退鞋，李少山退還鞋錢等情，並傳及內福興鞋鋪掌櫃汪竹卿，問有無買侯林起皮子之事。據稱，本鋪買皮子時常有之，記不清買侯林起皮否？有帳可查，當即查閱該號賬簿。八月初五日並無此賬。又查初四日賬內有買皮子，計銅子一百八十枚。核與侯林起所供價洋一元、銅子五十枚之賬不符。案經切實查明，證據不確認，無犯罪之事實。

理由

據右事實，李少卿竊鞋一案證據甚不充分。據證人侯林起所供，因李少卿所賣之鞋價值一元七角，僅一元買得甚爲便宜，既有便宜，何肯經自手上好復爲退還？據稱鞋不合穿，侯林起本係鞋作，豈有識貨之人故買此不合穿之鞋？又供退鞋時向李少山退回，毫無異言。查該鞋經李少卿手賣出，李少山何肯即爲退還？原價即允退還？何竟不爲留難？當時將現洋交付！又供買鞋之錢係由買皮子與內福興所得，細查內福興賬本又無此款。總之，查此案

情節支離，證言不實，不能認爲犯罪。核與新刑律第三百六十八條之罪不相當，應即宣告無罪。判決如主文。

本件經同級檢察廳檢察官張乘運涖庭，執行檢察官之職務。

中華民國五年　月　日

天津地方審判廳刑庭

推　事　劉金選

代理書記官張文濱